Psicanálise e Linguagem

Dados Internacionais de Catalogação na Publicação (CIP)
(Câmara Brasileira do Livro, SP, Brasil)

Psicanálise e linguagem : do corpo à fala / D. Anzieu ... / et al. / ;
tradução Monique Aron Chiarella, Luiza Maria F. Rodrigues. – São
Paulo : Casa do Psicólogo, 1997.

Outros autores: B. Gibello, R. Gori, A. Anzieu, B. Barrau, M.
Mathieu, W. R. Bion.
Bibliografia.
ISBN 85-85141-84-0

1. Psicanálise 2. Psicolingüística I. Anzieu, Didier. II. Gibello, B.
Gori, R. IV. Anzieu, Annie. V. Barrau, B. VI. Mathieu, M. VII. Bion,
Wilfred Ruprecht, 1897-1979.

97–0674   CDD–150.195

Índices para catálogo sistemático:
1. Psicanálise e linguagem : Psicologia   150.195

Editor: Anna Elisa de Villemor Amaral Güntert
Capa: Yvoty Macambira, a partir de *Vocal fabric of the singer rose silber*,
guache e gesso sobre tela de Paul Klee, 1922
Revisão: Maria Senatore
Editoração eletrônica: Poato Composite

coleção estudos psicanalíticos
dirigida por Latife Yazigi

Psicanálise e Linguagem

DO CORPO À FALA

D. ANZIEU - B. GIBELLO - R. GORI
A. ANZIEU - B.BARRAU - M. MATHIEU
W.R. BION

Tradução:
Monique Aron Chiarella
Luiza Maria F. Rodrigues

Revisão Técnica:
Anna Elisa de Villemor Amaral Güntert

Casa do Psicólogo®

Título original:
Psychanalyse et Langage
Du corps à la parole

© 1998 Casa do Psicólogo® Livraria e Editora Ltda.

© 1989 Bordas, Dunod – Paris

Reservados os direitos de publicação em língua portuguesa à
Casa do Psicólogo Livraria e Editora Ltda.
Rua Alves Guimarães, 436 – CEP 05410-000 – São Paulo – SP
Fone: (011) 852-4633   Fax: (011) 3064-5392
E-mail: casapsi@uol.com.br
http://www.casapsicologo.com.br

É proibida a reprodução total ou parcial desta publicação, para qualquer finalidade, sem autorização por escrito dos editores.

Impresso no Brasil/*Printed in Brazil*

Notas sobre a tradução

O Ministério da Cultura e da Comunicação da França – Direção do Livro e da Leitura patrocinou a tradução desta obra.

Como os demais títulos desta coleção, o *Dicionário de psicanálise* de Laplanche e Pontalis serviu como fonte de referência, visando unidade terminológica.

Sumário

1. Para uma psicolingüística psicanalítica. Breve balanço e questões preliminares, *Didier Anzieu* 9

2. Fantasia, linguagem, natureza: três ordens de realidade, *Bernard Gibello* 43
   1. Elementos sobre a linguagem e a função simbólica 44
   2. Do corpo às imagens, aos algoritmos e à linguagem 63
   3. Realidades físicas, realidades psíquicas e linguagens 90
   4. Conclusão 102

3. Entre grito e linguagem: o ato de fala, *Roland Gori* 105
   1. Preâmbulo 105
   2. Ilustrações clínicas 109
   3. Apresentações teóricas 122
   4. Perspectivas clínicas 147

4. Da carne ao verbo: mutismo e gagueira, *Annie Anzieu* 149
   1. A palavra, metáfora do corpo 149
   2. A gagueira, fronteira da psicose 157
   3. O mutismo psicógeno 181

5. Gagueira e violência oral, *Bernard Barrau* 189
   1. A 'gagueira' de Emmy von N. 189
   2. A gagueira de Xavier 195

6. Do que foi lavrado o ato, *Michel Mathieu* 199
   *1. As relações entre o ato e a palavra em
   psicoterapia infantil* 199
   2. Passagem ao ato e regressão 217

7. O código ou a máquina de significar, *Roland Gori* 231
   1. Resumo do artigo de Tausk e comentários 232
   2. O código, máquina de significar 237
   3. Conclusões 240

8. As marcas do corpo na escrita: um estudo
   psicanalítico do estilo narrativo, *Didier Anzieu* 243

9. A linguagem e o esquizofrênico, *Wilfred R. Bion* 265

10. O corpo fantasmático do gago, *Annie Anzieu* 289

BIBLIOGRAFIA 303

Para uma psicolingüística psicanalítica

1

Breve balanço e questões preliminares

Didier Anzieu

A função semiótica para Piaget e para o psicanalista

Em 1945, bem antes de as ciências humanas terem aderido à moda lingüística, Jean Piaget, em seu livro *La formation du symbole chez l'enfant,* descobre, no que os psicanalistas denominam aparelho psíquico, a existência de uma função semiótica. Essa função, que consiste em emitir e receber significações e a elas responder, precede a atividade propriamente lingüística e vai além dela. Para Piaget, a infra-estrutura da comunicação significante é adquirida primeiramente por meio da ecopraxia, ou jogo de gestos pelos quais o adulto e a criança imitam um ao outro. Em seguida, essa imitação gestual se prolonga, de um lado com jogos de imitação vocal que permitem à criança isolar e dominar os fonemas significantes da língua natural falada pelo seu *entourage*, e de outro lado com jogos de simulacro em que a criança, na presença do adulto, imita a si própria, ou seja, imita uma atividade que lhe é habitual, por exemplo quando finge adormecer diante de um espectador. A simbolização é, em seguida, adquirida pela criança quando sua atividade de simulacro vem acompanhada de um comentário verbal constituído pelas primeiras palavras que ela sabe dizer: a continuidade semiótica do gesto corporal ao significante linguístico consuma-se então (para nós, é essa experiência que o desenho animado reaviva e pereniza: o que explica seu sucesso atual). A etapa seguinte faz com que a criança entre no universo da linguagem propriamente dita: o do encadeamento dos vocábulos em conformidade com as leis da semântica e da gramática (a frase-tipo que ela adquire por volta de dois anos de idade, conforme ficou conhecido mais tarde, compõe-se de um substantivo-sujeito, de um verbo e de um substantivo – ou adjetivo – complemento). A criança, a partir de então, é capaz de falar para, de modo cada vez mais elaborado, designar a seus interlocutores familiares os objetos e os atos que quer conhecer, adquirir ou evitar, e também para se posicionar diante do que lhe é designado pelos interlocutores. Mesmo que o faça ainda por hábito, prudência, prazer ou um meio de exercer pressão sobre o próximo, ela se vê cada vez menos obrigada a acompanhar seu discurso de gestos, posturas e mímicas expressivas. Ela se libera aos poucos da relação de semelhança ou de contiguidade entre o simbolizante e o simbolizado, para entrar no tipo de relação completamente diferente que existe entre o significante e o significado, e que Ferdinand de Saussure estabeleceu como arbitrária e convencional. Acrescentemos, ao que diz Piaget, que a fala, até a idade adulta, continua a atuar nos dois registros: o linguístico, da língua como código regulador da ordem e do uso dos significantes; e o pré-linguístico, da expressão corporal que sustenta essa fala e da entonação que a modula. A escrita, pelo contrário, termina por desembaraçar a significação de suas origens corporais: o traçado gráfico feito a lápis ou a caneta registra ainda em sua forma alguns traços da subjetividade do escrevedor; mas a máquina de escrever reduz impiedosamente a mensagem a uma pura e estrita combinação de letras do alfabeto e de sinais de pontuação e acentuação. Mais ainda que a escolha dos caracteres tipográficos e a disposição destes no espaço da página, é o estilo que permite que o caráter do autor e sua imagem do corpo deixem sua marca no texto, como procuro mostrar no capítulo oito desta coletânea. Simultaneamente, voltando a Piaget, as aprendizagens escolares e as experiências por ele feitas, não mais com os objetos, mas com as relações entre os objetos, permitem que a criança que sabe falar e escrever compreenda operações lógicas cada vez mais complexas, adquirindo outros códigos diferentes dos lingüísticos, que o adolescente inteligente, por sua vez, compreenda a lógica dessas operações, e, por fim, que o sábio formalize eventualmente a lógica desses códigos. Tal é, resumida de modo suscinto, por vezes sistematizada ou por nós complementada em função da clareza da demonstração, a posição de Piaget. É dela que partiremos para denotar nossa aprovação, nossos desacordos ou nossos questionamentos.

A função semiótica surge, de início, na história individual na esfera pré-lingüística e infra-lingüística, mas é na aquisição, no uso e no domínio da língua natural que ela encontra um de seus principais acabamentos. Essa constatação fundamental é confirmada por nossa experiência de trabalho psicanalítico com a criança, o neurótico, o psicótico, os grupos, as obras da cultura; e lastimamos que Piaget tenha abandonado, em suas pesquisas posteriores, essa intuição fecunda, da continuidade do gesto ao sentido, para voltar à psicogênese das operações lógicas apenas, dedicando-se em seguida somente à epistemologia das ciências, embora alguns de seus discípulos tenham recentemente voltado a trabalhar a partir dessa 'esquecida' hipótese de 1945. Para os que contribuíram para esta coletânea, todos eles psicanalistas, o sentido nasce do corpo, do corpo real e do corpo fantasmado da criança, em interação com o corpo privilegiado da mãe e com os corpos circundantes, seres e objetos. Só existe comunicação significante por intermédio do peso de carne que ela veicula, pelas zonas erógenas ou dolorosas do corpo de onde ela provém ou a que visa, por meio dos vividos corporais e, em seguida, psíquicos que ela evoca. Vem daí um primeiro tipo de patologia da linguagem, em que, para um sujeito, a língua funciona por ela própria, em caso extremo, sem remetente e sem destinatário, porque a ancoragem corporal da fala foi para ele precocemente 'curto-circuitada' ou posteriormente desinvestida. Mas a fala só se afirma ao se arrimar ao código da língua materna (depois, eventualmente, ao de outras línguas). Ao combinar as palavras do léxico conforme as regras da gramática e da sintaxe, a fala adquire o extraordinário poder de gerar infinitamente enunciados que permitam dizer aos outros (e depois a si próprio pela fala interior) o que se sente a respeito do mundo, deles e de si. Vem daí uma segunda série de patologias: os distúrbios da articulação verbal, da leitura, da escrita, por alergia a essas regras, ou por extinção do dinamismo gerador sob a influência negativa do *entourage*, ou por nostalgia da fusão empática com a mãe; e a soma dessas causas pode levar ao mutismo.

Desde já, nossa formulação nos diferencia de Piaget (e de Ferdinand de Saussure). Para nós, a língua não é apenas aquilo que permite ao ser humano prestar contas de sua experiência do mundo, totalizando-a e unificando-a. O vocábulo *mundo* é compreendido por todos os lingüistas e psicólogos no sentido de mundo exterior. Só podemos aceitá-lo se aí estiver incluído o mundo interior; e, mais precisamente, se for levada em consideração a *dupla referência*, de um lado, da vivência interna em correspondência (salvo no caso de certos psicóticos) com objetos ou atos externos, e, de outro lado, dos objetos ou dos atos 'reais' que evocam (salvo no caso de certas *inorganizações* por indiferenciação somato-psíquica) um traço mnésico ou uma imagem fantasmática. A fala só pode ser adquirida se a criança, ao estabelecer a diferença entre a realidade externa e a realidade interna, for capaz de estabelecer uma relação analógica entre elas (o que Winnicott denomina área transicional): caso contrário, para que sair da beata indiferenciação primitiva?

Em outro estudo, ressaltei a necessidade prévia constituída por um "Eu-pele" (Didier Anzieu, 1974), apoiado em uma experiência unificante e estimulante da epiderme como delimitação, como pára-excitações, e como filtro para as trocas mútuas entre o dentro e o fora, e, mais precocemente ainda, apoiado na necessidade formada por um "invólucro sonoro do Eu" (Didier Anzieu, 1976).

Em sua presente contribuição, Annie Anzieu insiste em uma outra condição que parece ter escapado tanto aos lingüistas quanto aos psicólogos experimentais (mas que René Spitz observou): a aquisição da fala depende da aquisição do andar, ou seja, da possibilidade de a criança introduzir ativamente a separação espacial real de sua mãe, uma vez que até então ela sofria passiva e dolorosamente a separação, cuja iniciativa era deixada apenas àquela. Para falar, ou seja, para comunicar à distância, a criança deve ter passado pela angústia da separação e estabelecido, com a mãe ou substituto desta, boa distância entre o contato fusional, em que ela (a criança) se perde, e o afastamento extremo, em que perde a mãe. O símbolo como presença possível de um ser ou objeto ausente concretiza mentalmente essa distância. René Spitz ressaltou uma outra razão: a partir do momento em que anda, e portanto corre riscos, a criança se torna um objeto de ordens e proibições verbais para os membros de seu *entourage*, o que contrasta com o discurso-prazer anterior que ela recebia da mãe como puro 'desdobramento' narcísico.

A ecopraxia – reprodução intencional que a criança faz de um gesto do adulto, o qual produz intencionalmente diante dela um gesto que a criança sabe fazer – seria o substrato primeiro do sentido, como o afirma Piaget? E a ecolalia – reprodução intencional em frente de um espelho, por meio do jogo entre a criança e o adulto, de um som que a criança sabe articular – não se desenvolveria, sempre segundo Piaget, apenas conforme o modelo da ecopraxia que essa viria reforçar e generalizar? Nosso desacordo quanto a esta questão é nítido. Por que utilizar um vocábulo do registro sonoro: 'eco', para designar um fenômeno – a imitação viso motora em espelho – considerado anterior à troca sonora significante?

As observações de René Spitz, pediatra e psicanalista, sobre o 'banho de palavras' no qual vive a criança pequena (considerando-se um ambiente normal) e sobre a constituição primitiva de uma cavidade olfativa, tátil e sonora, envolvendo a mãe e a criança em uma troca de sensações e prazeres, parecem, desde os anos 50, ter feito a hipótese pender para o sentido inverso: a experiência de uma comunhão sincrética pontuada pelo banho de palavras e feita de prazeres partilhados com a mãe (ou seu substituto) é indispensável à criança para que asceda à comunicação mediatizada pelos gestos simbólicos, depois pelos signos lingüísticos, e subsiste como um fundo sobre o qual as trocas verbais emergem a título de figuras tanto ambíguas quanto pregnantes. Eu mesmo adotei essa hipótese para fundamentar a operatividade da interpretação psicanalítica (independentemente dos conteúdos que ela aponta) sobre a reatualização de um procedimento antigo e fundador, em que um primeiro prazer partilhado é redobrado ao ser verbalizado, e um segundo prazer é sentido ao ser reconhecido no que se sente e em que se ganha dez vezes mais no plano simbólico aquilo a que se renuncia na realidade (Didier Anzieu, 1970). Como nos fez observar François Jodelet, o prazer de estabelecer similitudes substitui-se ao prazer da fusão, e depois o prazer de controlar o gesto ou a emissão sonora simbolizante substitui-se ao prazer da similitude. O artigo de Winnicott (1967) sobre o primeiro espelho que, para a criança, é o rosto da mãe, ajudou-me mais tarde a precisar a origem de certos distúrbios da comunicação (dificuldade de tomar a iniciativa desta; decepção permanente diante do que os outros dizem de si a esse respeito; pobreza da comunicação em afetos e imagens; ou brusca interferência, desconcertante para o interlocutor, de uma forte carga afetiva ou sensorial no discurso): esses distúrbios instauraram-se a partir de disfunções do espelho materno (ou paterno, e, de um modo geral, familial). É o caso, por exemplo, de uma mãe que reflete para seu filho, por meio de seu olhar, e também de seus gestos, sua postura, e antes de tudo por meio de sua voz, rouca ou metálica, não aquilo que sente em relação a ele, mas apenas o que sente em relação a si mesma (ou sobretudo o que sente de mau em relação a ele). As formas, os campos, as intensidades dessas disfunções, as fases da evolução infantil em que ocorrem, sua acumulação traumática, a aspereza com que podem romper uma troca compreensiva e satisfatória devem ainda ser tomadas em consideração de modo diferencial (Didier Anzieu,

1976). Uma forma particularmente patogênica da troca verbal pode, mais tarde, instaurar-se: trata-se da injunção paradoxal repetida, pela qual a mãe ou o *entourage* encerra a criança em um duplo entrave; o sujeito não consegue mais falar 'com segurança' dele próprio a uma outra pessoa e nem estar seguro do que sente (Didier Anzieu, 1975a).

A leitura de *Symbiose Humaine et Individuation* de Margaret Malher (1968) com sua diferenciação de duas fases de fusão e simbiose, leva-me, contudo, a introduzir uma reserva em relação ao 'modelo' da comunicação inspirado por Spitz: a criança pequena que sente uma enorme satisfação na fusão com a mãe, não tem o menor motivo de se individuar e começar a falar se não for para isso motivada pela pergunta que lhe é dirigida ou se essa pergunta tomar a forma de uma exigência violenta, e se ela sentir, por outro lado, como particularmente perigosa qualquer outra realidade diferente dessa fusão indiferenciadora. Na fase seguinte, não mais de fusão, porém de simbiose, ou seja, de dependência mútua entre a mãe e a criança diferenciadas, a aquisição da fala pode efetuar-se; no entanto, como observaram Serge Lebovici e seus colaboradores (1963) a respeito de fases de mutismo na criança, certas mães não suportam "a autonomia que o aprendizado da linguagem confere à criança", e se tornam-se cúmplices de uma linguagem denominada "simpráxica" por Luria e Youdovitch, na qual a fala se confunde na atividade imediata e se torna apenas um modo de sublinhar o gesto, a mímica ou a ação: como conseqüência, há um investimento negativo das funções lingüísticas pela criança, podendo chegar até à suspensão do exercício destas. Isso nos leva a considerar o terceiro organizador de Spitz: uma criança que não quer e não pode dizer "não" à sua mãe, porque a mãe não soube dizer "não" ao desejo de ambas de mútua dependência, pode adquirir uma competência lingüística, mas ao preço de uma restrição da *performance*: ela diferencia mal as seis funções lingüísticas postas em evidência por Roman Jakobson (1960): a função denotativa ou referencial centrada no contexto; a função expressiva ou emotiva centrada no remetente;

a função conativa centrada no destinatário; a função fática centrada na manutenção do contato entre os interlocutores; a função poética centrada na mensagem; e a função metalingüística centrada no código. Para essa criança e para sua mãe, a fala continua sendo um simulacro. O artigo de Michel Mathieu, que encontraremos adiante, examina nessa perspectiva as duas vertentes das relações entre o ato e a fala nas psicoterapias de crianças: uma passagem ao ato perturbador pode tomar o lugar de uma fala falha ou reprimida; mas uma ação pode ser também uma mensagem simbólica, e quanto mais o sentido conservar sua proximidade originária com o corpo, mais ela será eficaz.

Ressaltemos de modo mais sucinto dois novos pontos de desacordo com Piaget. De um lado, ele negligencia a distinção objeto inanimado – ser animado, cujo domínio prepara a criança para a aquisição da fala: gestos e atos simbólicos exigem de fato uma relação com um parceiro que tenha com a criança movimentos isomorfos, antagonistas ou coordenados. De outro lado, a linguagem não nos parece ser necessariamente o caminho ou a condição de acesso aos outros códigos. Na condição de analistas, nossa tese é de que todo código deriva do corpo, tanto do esquema corporal (estudado na origem por neuro-fisiologistas), quanto da imago corporal (que, para Roland Gori, em sua contribuição para a presente coletânea, é a origem estruturante de todo sistema semiótico). Será que o código musical não é intuitivamente assimilado antes do código lingüístico por toda criança a quem o *entourage* propõe um 'banho de sons' qualitativa e quantitativamente suficiente? A organização precoce do corpo vivido – indissociavelmente intricado ao corpo fantasmado – seria, então, a raiz comum a partir da qual se diversificaria a variedade dos códigos. Bernard Gibello, que pretende fazer a síntese de Piaget e Freud (e de Melanie Klein também), ressalta, nesse volume, essa diversidade: ele afirma, ao que voltaremos mais adiante, a heterogeneidade das três grandes estruturas fontes de sentidos: a ordem da linguagem, a da fantasia, a da Natureza (tal como o revelam os algoritmos matemáticos)[1].

Acabamos de apresentar alguns dos princípios ou postulados de uma psicolingüística psicanalítica. Isso significa que lingüística e psicanálise podem fazer um bom par ? A história de suas relações, que examinaremos a seguir, vai nos deixar com reservas quanto a esse ponto.

Freud e a linguagem

A psicanálise foi descoberta por Sigmund Freud quase ao mesmo tempo em que a lingüística era fundada como ciência por Ferdinand de Saussure. As descobertas do segundo permaneceram desconhecidas por tanto tempo quanto as do primeiro. Isso explica, pelo menos em parte, que não tenha havido durante muito tempo influência nem da psicanálise sobre a lingüística e nem da lingüística sobre a psicanálise. Talvez essa situação permaneça inalterada nos dias de hoje, após o brilho fulgurante com que o estruturalismo lingüístico iluminou as ciências humanas e que parece, agora, embaciar-se. Embora haja matéria para sustentações orais, embora os considerandos possam ser abrandados, o veredicto da história é claro, mesmo que pronunciado com circunstâncias atenuantes: a lingüística, mesmo a mais recente, a das gramáticas gerativas, não trouxe quase nada à teoria, à técnica, à clínica psicanalítica, e a psicanálise até agora não serviu em quase nada aos lingüistas[2].

---

[1] Na obra coletiva de Bronckart J.P. e coleções sobre *La Genèse de la Parole* (1977), o leitor encontrará uma bibliografia bem detalhada e contribuições sobre a comunicação gestual no recém-nascido, sobre as relações das atividades de comunicação e representação, sobre as relações entre desenvolvimento cognitivo e aquisição da linguagem, sobre as trocas verbais entre crianças e entre adultos e crianças, etc.

[2] A partir da redação do presente capítulo (1977), o desenvolvimento das teorias da enunciação, da pragmática, e o estudo dos paradoxos da comunicação abriram um campo de aproximação possível entre lingüística e psicanálise.

O campo da lingüística é, por essência, o da língua, mesmo que ela alimente às vezes a esperança de dominar um dia a fala, mesmo que o 'levar em conta' do sujeito que fala perturbe os estruturalistas e que os adeptos da gramática gerativa o reduzam a um sujeito impessoal. A lingüística instituiu uma ciência dos fonemas, do léxico, da gramática, mas ela é incerta ou pouco rigorosa no que diz respeito à semântica. A psicanálise não tem nada a dizer sobre a língua, e, em sua prática, ela não constata nenhuma diferença fundamental entre as diversas línguas. Seu domínio é o da fala – e do silêncio: o paciente é convidado a discorrer conforme as associações livres de seus pensamentos e sentimentos; o psicanalista fala – quando fala – por interpretações. Falas, de um e de outro, bem particulares. Fazer falarem os desejos recalcados, de um modo geral dar a palavra ao que está morto no psiquismo, dar novamente vida ao que encontra novamente sentido, inventar as palavras para dizê-lo... Já em 1956, o lingüista Emile Benvéniste registrava esse fato em sua obra *Remarques sur la fonction du langage dans la découverte freudienne*: a psicanálise pode quando muito tornar claro o estilo, concluia. É esse o desafio que tentei lançar em minha contribuição para a presente obra, analisando os processos de recuperação, na escrita, do corpo vivenciado e fantasmado, próprios ao estilo e ao gênero narrativo.

Os psicanalistas, aliás, têm tendência a considerar a fala mais como um instrumento de trabalho do que como um objeto possível de estudo. Eles multiplicaram os trabalhos sobre o sonho, a lembrança, os sintomas, as fantasias, os mecanismos de defesa. Publicaram observações sobre as falhas do discurso associativo, sobre os distúrbios da fala ou da escrita. Não existe teoria psicanalítica satisfatória sobre a linguagem. A de Lacan fala muito sobre a linguagem, mas não oferece propriamente uma teoria psicanalítica.

A cura psicanalítica, no entanto, é por excelência uma situação semiótica: "deite-se e fale", ou seja, faça encadeamentos sintagmáticos. A ordem é, aliás, uma injunção paradoxal: "a regra que eu mando seguir é a de falar livremente". Os lógicos acharam que a forma mais pura dos paradoxos lógico-matemáticos se enunciava assim: "Eu minto", pois é muito difícil a decisão de saber se esse enunciado é verdadeiro ou falso. A forma semântica mais pura do paradoxo não seria esta: "Fale"? Porta aberta para as ambigüidades, para as contradições internas, para os conflitos psíquicos, para os ardis da resistência e da transferência. Aliás, interpretar os sonhos, as associações livres, significa passar de um conteúdo manifesto a uma estrutura latente, que é a da fantasia: a hermenêutica freudiana serviu mais ou menos confusamente de modelo para a análise dos contos segundo Propp; para a das imagens plásticas na iconografia segundo Panofski; para a dos mitos segundo Lévi-Strauss, para a das estruturas latentes da língua segundo Chomsky. Revelação do eixo paradigmático subjacente a todo encadeamento de sons, sinais, imagens.

A partir de então, os problemas começam. Será que o inconsciente é da mesma natureza que um texto a ser decifrado, concepção que Freud pode deixar entender com sua primeira teoria do aparelho psíquico, mas que se vê afastada por seu segundo tópico? Em que condições de diferenciação interna e de relação com o meio ambiente o aparelho psíquico da criança lhe permite a aquisição da fala? Que níveis sucessivos de simbolização, ou melhor, de semiotização, o ser comunicante percorre em sua evolução e em suas regressões? Que correspondências, oposições e homologias a fala estabelece com a realidade psíquica? Enfim – para pôr um termo provisório a essa série de interrogações – uma língua é um código comum a todos aqueles que a falam, mas aqueles que a falam a atualizam, infletem-na, modulam-na, transgridem-na, pervertem-na para expressar, para fazer reconhecer, para impor sua subjetividade. Novo paradoxo: o ser humano só se torna um sujeito, uma pessoa, ao adquirir a linguagem de todos, e o código, como diz mais adiante Roland Gori, pode tornar-se "uma máquina de exercer influência", e servir a um falar mecânico que não significa mais nada. Para esse autor, o discurso da mãe é o aparelho de exercer influência da criança. Esta aloja aí por ilusão, a massa indiferenciada de suas vivências corporais, que aí tomam forma e sentido. O código tem a dupla validade de referência e *gestalt* para o self, como meio de acesso ao sentido para o eu. O tempo da ilusão é aquele em que corpo e código estabelecem uma correspondência global continente-conteúdo em uma *gestalt* unificada da imago corporal. A desilusão permite mais tarde a objetivação do outro; os fenômenos transicionais a preparam, anunciando a articulação entre subjetividade e objetividade; se ela for por demais brusca e brutal, essa objetivação exila a subjetividade fora do *self*; o sentido e o corpo tornam-se outro; o duplo narcísico do corpo próprio constitui-se de um modo defensivo e a experiência corporal caracteriza-se pela falta. Sempre segundo Gori, o destino da dupla correspondência de continentes a continentes e de conteúdos a conteúdos varia conforme os níveis de patologia. Na neurose clássica, conteúdos da experiência corporal não encontram lugar nos conteúdos do código; o recalque e o retorno do recalcado ao sintoma marcam essa *alteração* nas relações de conteúdo a conteúdo entre o corpo e o código, mas nem o distanciamento entre o corpo e o código, nem a função unificante e semântica deste são questionados. Nas neuroses ditas narcísicas e de caráter existe *dissociação* entre a persistência da função unificante do código em relação à imago corporal e o desvio da função semântica; os conteúdos da experiência corporal não encontram no outro um continente em que se possam imprimir. Na psicose, corpo e código estão em uma relação de continente a continente marcada pela *forclusão*; eles se encontram confundidos nas agruras da fragmentação, da fusão e do contra-senso; na esquizofrenia, não há limite unificante; na paranóia, é o código do outro o sentido da experiência, a subjetividade aparecendo como a estranheza a si próprio.

    A presente coletânea passou por vários avatares antes de chegar a sua composição atual. Queríamos que dela fizesse parte uma exposição histórica e crítica dos pontos de vista de Freud sobre a linguagem. Tivemos de renunciar a isso, a contragosto, deixando aos cuidados de um pesquisador, que dispusesse de tempo, de um número de páginas não limitado de antemão e de uma tripla competência: em psicanálise, em lingüística e em língua alemã, o nascimento dessa monografia tão desejável sobre Freud e a linguagem. O primeiro livro publicado por Freud, enquanto ele ainda era neurologista, *Sur la conception de l'aphasie* (1891), diz respeito sobretudo à linguagem: ele aí critica a teoria mecanicista das localizações cerebrais, recorre à hipótese, na época totalmente nova, de Jackson sobre a "dissolução" e propõe uma teoria funcionalista da afasia, a qual, provavelmente avançada demais para sua época, não obteve sucesso algum.

Pouco antes de descobrir sozinho a psicanálise, ele faz, juntamente com Breuer, o balanço de seus conhecimentos sobre a histeria e de sua experiência sobre a hipnoterapia: são os *Études sur l'hystérie* (1895a). Vários casos citados apresentam em primeiro plano distúrbios da linguagem. Anna O. sofre, entre outras coisas, de inibição brusca e total da língua materna; é um caso de mutismo psicogênico tardio. Ela exalta para Breuer as virtudes da "depuração narrativa", permitindo-lhe assim inventar o método que ele denomina catártico (do grego *Kathartikós*), mas que Anna O., que em suas crises fala inglês em vez de alemão, formula como *talking cure* (cura 'fala'). A evolução feliz e depois infeliz do caso evidencia, por trás da tosse nervosa dessa jovem, um investimento fantasmático da região buco-faringiana, que escapa, então, aos dois autores, mas no qual o leitor de hoje decifra uma fantasia de felação relacionada às palavras e ao sexo – o que Roland Gori (1973a) formula como "prazeres da boca". A senhora Emmy von N. vai a uma consulta por causa de uma gagueira e de um estalar da língua que reproduz - mas será que ela sabia? - o grito do tetrax durante o acasalamento: Bernard Barrau propõe na presente obra uma nova leitura dessa observação que ressalta o investimento sádico-oral das palavras. É essa mulher, conforme se sabe, que ajuda Freud a descobrir o método das associações verbais, ao criticar-lhe as perguntas muito diretivas e extenuantes, rogando-lhe que a deixe falar livremente; é ela também que o leva a compreender a equivalência entre narração e vômito. Por último, a senhora Cécilie traz a Freud uma outra descoberta, a da simbolização no sentido de figuração simbólica: ela sofre de dores fulminantes na testa desde que uma parente temível a encarou com um "olhar penetrante"; ela apresenta um quadro de nevralgias faciais porque seu marido lhe dirigiu palavras ofensivas que lhe deram um "golpe em pleno rosto". Assim, Freud pensa que o corpo pode ser um modo de comunicação inconsciente e que as referências corporais de que se reveste a linguagem corrente podem ser tomadas pelos doentes ao pé da letra. Os *Études sur l'hystérie* trazem outras observações de alcance geral: a decifração do inconsciente é análoga à de uma língua estrangeira; as lembranças patogênicas aparentemente esquecidas são comparadas a arquivos mantidos em ordem.

O manuscrito enviado pouco depois a Wilhelm Fliess, cuja edição póstuma surge com o título *Esquisse d'une psychologie scientifique* (1895 b), vê na utilização do grito do bebê como sinal de sofrimento a origem da compreensão mútua entre seres humanos. As cartas para Fliess, cuja edição também póstuma surgirá com o título igualmente apócrifo de *La naissance de la psychanalyse* (1887-1902), registram o aparecimento de noções novas e capitais: a fantasia como coisas vistas e ouvidas (o 'barulhinho'), a existência de uma censura psíquica que deixa lacunas no texto dos pensamentos inconscientes; a noção de aparelho psíquico, composto de três sistemas (o consciente, o préconsciente, o inconsciente), os dois últimos sendo definidos como sistemas de 'inscrições'; o romance familial como narrativa imaginária, de suas próprias origens feitas pela criança. *Sur les souvenirs-écrans* (1899) cita o exemplo, que se revelará autobiográfico, do prado verde com o ramalhete de flores amarelas tiradas à força da menininha, do qual a interpretação mostra: 1) uma organização de imagens visuais baseada no modelo gramatical da prótase e da apódose: se eu tivesse me casado e deflorado a menininha de Freiberg (prótase, ou proposição condicional, representada pelas flores), eu, Sigmund, teria sido feliz (apódose, ou proposição principal, representada pelo pão); 2) uma transposição em imagens do sentido normal de uma palavra para esconder – e evocar – o sentido grosseiro desta: em alemão, *tirar uma à força* significa *masturbar-se*.

O livro primeiro da psicanálise, *L'interprétation des rêves* (1900), é particularmente rico em considerações sobre os efeitos da fala. Ele expõe a regra das associações livres (no caso da autoanálise, estas são feitas por escrito), as regras da interpretação, a distinção entre representações inconscientes de coisa e representações pré-conscientes de palavra[1]. Ele constata que a condensação opera tanto sobre as palavras e as sílabas quanto sobre as imagens, que os cálculos e as frases presentes nos sonhos provêm de restos diurnos, que a ambigüidade da enunciação e o duplo sentido do enunciado têm relação com uma ambivalência latente. Ele define o sonho como rébus, comparando-o primeiramente à pictografia, e mais tarde, em uma reedição posterior, aos hieróglifos. Ele fala de "pontes verbais" utilizadas pelos pensamentos latentes para se manifestar. Ele esboça o léxico da figuração simbólica. Em meu trabalho sobre *L'auto-analyse de Freud et la découverte de la psychanalyse* (1975 d), ressaltei a abundância dos sonhos freudianos com cartazes, tabelas, fórmulas e histórias em quadrinhos e pensei ter captado nessa imediatez de transcrição da imagem visual em um código abstrato um dos traços marcantes do gênio criador de Freud.

Psychopathologie de la vie quotidienne (1901) estuda os lapsos de fala e de escrita, os esquecimentos de nomes próprios, a escolha de pseudônimos e dos algarismos, e faz com que a análise da condensação das sílabas chegue até os fonemas e as letras. A

---

[1] Freud retoma essa distinção e a torna mais precisa no livro *Formulations sur les deux principes du fonctionnement psychique*: "O pensamento, segundo toda verossimilhança, é, na origem, inconsciente, na medida em que se limita a se erigir acima da pura atividade de representação, voltando-se para as relações entre as impressões deixadas pelos objetos; mais tarde, ele não adquire qualidades perceptíveis à consciência a não ser pela ligação com os restos verbais." (Freud, 1911, tradução inédita de J. Laplanche.)

lembrança é concebida como um vestígio escrito, sem pontuação e com lacunas. *Trois essais sur la théorie de la sexualité* (1905a) vê na pergunta sobre as origens feita pela criança à mãe ("de onde vêm as crianças?", "o que é que tem na sua barriga?") a origem de toda pergunta; a equivalência entre a fala e a luz é também notada a partir da observação de um garotinho amedrontado no escuro: "Titia, fala comigo; fica claro quando você fala comigo". Não poderíamos resumir aqui *Le mot d'esprit dans ses rapports avec l'inconscient* (1905b), pois todo ele diz respeito à fala. Evocaremos apenas a importância da polissemia e da homofonia para o inconsciente; a dinâmica do recalque e do retorno do recalcado, não somente no duplo sentido das palavras e das frases, mas também na elipse (o subentendido), o curto-circuito feito pelo dito espirituoso ao pôr em contato direto o inconsciente e o consciente, sem passar pelo pré-consciente e acarretando um deleite. *Délire et rêves dans la "Gradiva" de Jensen* (1907) nota que a plasticidade própria ao material verbal facilita a ambigüidade fundamental do romance, que é análoga à dupla determinação do sintoma pelo desejo e pela defesa. Essa mesma dinâmica surge em relação a *Des sens opposés dans les mots primitifs* (1910). O papel das palavras - tabu em relação ao tabu do incesto é analisado em *Totem et Tabou* (1912-3). A teoria da origem sexual da linguagem do lingüista Sperber é comentada em *Introduction à la psychanalyse* (1916-7). O jogo da criança com o carretel que marca os desaparecimentos e os reaparecimentos deste, dizendo *Fort* e *Da* é descrito em *Au delà du principe du plaisir* (1920). A origem acústica do superego é afirmada em *Le moi et le ça* (1923). A consciência que percebe sem memorizar é comparada a um *bloco de anotações* ou *ardósia mágica* (1925a). A (de)negação é estudada como mecanismo de defesa e como condição de possibilidade de julgamento (1925b). E não temos a pretensão de ter sido exaustivos.

O aporte dos sucessores de Freud

Outro projeto que tivemos, foi, em um dado momento, reunir os principais textos sobre a fala, feitos pelos sucessores de Freud. Acreditáramos, de início, que esses escritos eram pouco numerosos, e grande foi nossa surpresa ao constatar, quando os inventariamos, que bastou Freud ter discípulos para que a fala fornecesse aos psicanalistas *um tema* constante de observações sobre seus pacientes e reflexões teóricas, que permanece até hoje. Cinqüenta artigos sobre certos aspectos da fala na clínica psicanalítica do adulto e na técnica da cura talvez merecessem ser retidos, sem contar a massa de literatura consagrada aos distúrbios da fala na criança, vistos sob uma perspectiva psicanalítica, quanto à sua etiologia e (ou) tratamento. Vários deles são citados na presente coletânea. Uma obra de Roland Gori, *Le corps et le signe dans l'acte de parole* (1978), nos fornece uma bibliografia mais detalhada sobre o assunto[1]. Ao me inspirar nela, vou, ainda uma vez de maneira não sistemática, examinar os trabalhos mais importantes. Ferenczi analisa o poder alucinógeno de certas palavras obscenas e seu valor de agressão sexual (1910): ele destaca a importância da ponte verbal na determinação dos sintomas histéricos (1912); ele estuda as anomalias psicogênicas da fonação (1915) e revela o elo da vocalização e da elocução com o erotismo anal (*"Le silence est d'or"*, 1916). Jones descreve o mito da concepção da Nossa Senhora pelo ouvido durante a *Anunciação* (1914). Abraham explica a resistência dos pacientes narcísicos ao método psicanalítico, pelo deslocamento do controle esfincteriano dos produtos do corpo para o discurso (1919): depois, estendendo essa intuição da analidade à oralidade, ele mostra como a avidez em receber (alimentos) pela boca, no caso de indivíduos com fortes componentes orais, pode transformar-se em compulsão a dar (palavras) pela boca. Desse modo, a valorização oral e narcísica leva ao fluxo de palavras e à necessidade constante de

---

[1] O leitor pode se reportar também ao capítulo de J. Say, *Psychanalyse et langage*, in Sempé e outros, 1969.

comunicar, ao passo que a valorização anal leva ao silêncio ou à economia das frases (esses pacientes são "avarentos" quanto às palavras) (1925). Dos dois artigos fundamentais de Ella Sharpe, o primeiro, *Mécanismes du rêve et procédés poétiques*, foi traduzido (1937, tradução francesa de 1972). Nele, a autora estabelece o paralelo, que depois se tornou comum, entre os processos utilizados no trabalho do sonho de um lado, e as figuras de retórica e os procedimentos literários de outro; a metáfora, por exemplo, é o estabelecimento na linguagem de uma experiência corporal recalcada e deve, portanto, ser tomada ao pé da letra nas curas. No segundo artigo (1940), ela mostra que a fala, como substituto das substâncias corporais, só pode surgir quando a descarga somática das pulsões é barrada pela aquisição do domínio dos esfíncteres anais e uretrais. Isidore Berenstein (1978) faz a análise exaustiva do sonho de um paciente em termos de figuras de retórica.

Nessa linha, apontamos a identificação inconsciente entre as palavras e o leite (Wormhoudt, 1949), a identificação entre a comunicação vocal e o coito em certos tabus (Baker, 1949), o investimento imaginário e erógeno, pelo paciente, da regra das associações livres e dos tipos de silêncio, (uretral, anal ou oral,) que nele ocorrem (Robert Fliess[1], 1949); nenhum desses artigos foi traduzido para o francês. Em nosso país, e em nossa língua, um psicanalista de origem húngara, Fonagy, dedicou dois artigos às bases pulsionais da fonação: haveria uma significação inconsciente dos fonemas: por exemplo, as oclusivas surdas como *[t], [k]*, traduziriam a agressividade; a palatização dos sons, traduzida a suavidade, pelo menos em francês (1970, 1971). Roland Gori comentou, nessa linha (1972), o curioso relato autobiográfico de Wolson, *Le schizo et les langues* (1970), e também protocolos de grupos de formação (1972; 1973a; 1973b) e, a partir daí, desenvolveu a noção de teorias sexuais espiritualistas (1972-1973b).

---

[1] Trata-se do filho de Wilhelm Fliess; a amizade com ele e a correspondência que mantiveram ajudaram Freud a descobrir a psicanálise.

A esse aporte estritamente freudiano veio sobrepor-se, em um tempo relativamente curto, o de Melanie Klein e seus discípulos. A partir de *L'analyse des jeunes enfants* (1923), ela lança a hipótese de uma função sublimativa e reparadora do jogo e da fala: "na fala, fixações orais canibalísticas e sádicas anais são fixações das fases de organização anteriores, sob a supremacia das fixações genitais" (1923, tradução francesa de 1967, p. 135). A fala, o canto, os movimentos da língua e da pena são investidos de um simbolismo genital: a palavra representa o pênis; o movimento da língua ou da pena, o coito. Esse investimento articula-se com o prazer de ouvir, que tem sua origem em uma cena primitiva percebida pelo modo sonoro, e que estaria na origem do interesse pela música. Tudo isso seria reforçado mais tarde pelo investimento do erótico anal. Já se observa aí a diferença de orientação entre Freud e Klein: ele privilegia as raízes sexuais do inconsciente e a patologia mental e funcional daí decorrente; ela preocupa-se sobretudo com a transformação das pulsões libidinais e sádicas em processos lúdicos, simbólicos e criadores e com os meios de facilitar essa transformação. O jogo é, para ela, a sublimação primária, e o parentesco entre jogo e fala a autoriza a substituir aquele por esta na cura psicanalítica das crianças. O estudo de Annie Anzieu, aqui presente, sobre o mutismo infantil psicogênico situa-se nessa linha; e sua abordagem da gagueira acrescenta aos traços históricos e obsessivos, que aí se encontram misturados, a consideração de um núcleo persecutivo em total conformidade com a visão kleiniana.

Em 1928, em *Les stades précoces du conflit oedipien*, M. Klein ressalta a influência do conflito edipiano e da pulsão de saber, no desenvolvimento da linguagem. Em 1930, *L'importance de la formation du symbole dans le développement du Moi* situa o símbolo em sua potencialidade reparadora e sublimativa como um agente e um produto da superação da posição depressiva, que ela então descreve, mas que só denominará em 1934. Esses pontos de vista serão retomados por Melita Schmideberg, que aproxima as inibições intelectuais dos distúrbios da criação (1938); por L.G.

de Alvarez de Toledo, que ilustra os investimentos fantasmáticos, pelo paciente, do "associar", do "interpretar" e do "falar" na cura (1954); e por A. Pinchon-Rivière, em seu artigo *Dentition, marche, parole et position dépressive* (1958). Todos esses autores, não é inútil lembrar, são mulheres e seus artigos não são encontrados em francês. Mas é o trabalho de uma outra mulher, Hanna Segal, *Notes sur la formation du symbole* (1957, tradução francesa: 1970), que representa a contribuição decisiva. Ela sistematiza, na perspectiva kleiniana, a teoria da simbolização esboçada por Ferenczi (1913) e Jones (1916). Estes haviam mostrado que a formação do símbolo exige a identificação feita pela criança, entre objetos externos, principalmente os sons, e suas próprias *zonas corporais* auto-erotizados, e que somente o que foi recalcado pode ser simbolizado. Hanna Segal vai mais longe. Para ela, a formação do símbolo é uma atividade do eu que busca integrar as angústias primárias de medo dos maus objetos, bem como o desejo de fusão ao objeto ideal. Na posição esquizoparanóide, em que a ausência e a totalidade do objeto são negadas pela clivagem, partes do *self* e objetos internos são contudo projetados, deslocados sobre objetos do mundo exterior aos quais eles são narcisicamente identificados, constituindo pontos de 'ancoragem' para a formação do símbolo. Esses primeiros símbolos não são reconhecidos como tais pela criança pequena, que não é ainda um sujeito: eles são confundidos com os objetos que presumivelmente representam: são *equações simbólicas*. Estas estão na base do "pensamento concreto" do esquizofrênico[1]. Com a maturação do eu e o desenvolvimento das relações de objeto, que acarretam a passagem à posição depressiva, a totalidade do objeto e sua ausência possível são reconhecidas, as realidades interna e externa se encontram diferenciadas; e o aparelho psíquico pode então elaborar verdadeiros *símbolos*. O símbolo não é mais identificado com objeto; ele é reconhecido

---

[1] H. Segal cita o exemplo daquele esquizofrênico, antigo violinista, que se recusava a tocar em público: "O senhor não vai querer, doutor, que eu me masturbe diante deles". Para ele, tocar violino era não um equivalente, mas um ato masturbatório.

pelo sujeito como um representante do objeto, destinado a superar no mundo interno a perda real deste no mundo externo; essa perda não é então negada. Somente essa simbolização, que denominarei secundária, permite a sublimação e a comunicação; ela se elabora a partir do recalque, o qual separa na realidade o objeto de sua figuração simbólica, reunificando-os quanto ao sentido. Devo acrescentar que ela se elabora a partir também de uma simbolização primária, cuja lógica, por ser muito diferente, permanece desconhecida e mesmo rebatida e rejeitada por todos aqueles que não podem ou não querem mais pensar senão em termos de símbolos propriamente ditos. Esse trabalho de H. Segal permite então explicar a atitude de Freud ao considerar as psicoses contra-indicações do tratamento psicanalítico, porque Freud funcionava ao nível da simbolização secundária que lhe permitira descobrir o sentido dos sonhos e que dava, de fato, bons resultados com os neuróticos. Existe aí um ponto fundamental de teoria da técnica: pode-se tratar psicanaliticamente não apenas psicóticos, mas também o núcleo psicótico de toda neurose, se, por uma regressão que permanece controlada pelo eu, for entendida a linguagem primária das equações simbólicas.

Simultaneamente, desenvolve-se a obra de Bion, antigo psiquiatra militar, de início especialista em grupos de formação não-diretivos, depois teórico rigoroso do pensamento. O leitor encontrará aqui a tradução francesa de seu artigo sobre *Le langage et le schizophrène* (1955). Seu aporte mais original diz respeito à emergência do que ele denomina a função *alfa*, a da simbolização, ou ainda, segundo diz, do "pensar". Ela exige a constituição de um self continente ou contentor, apto a representar a ele mesmo a ausência do seio nutridor e protetor, sem ser por este destruído. Inversamente, a função *beta*, específica da posição paranóide, projeta – espalhando-os – pedaços do self e dos objetos internos em objetos ou pedaços de objetos externos; constituindo assim um mundo, inquietante para o doente, de self-objetos bizarros. O discurso do esquizofrênico oscila entre um tratamento das palavras como self-objetos bizarros e um emprego correto do código lingüístico, mas isso de um modo mecânico, sem nada expressar de pessoal. Falar aos outros, de modo comunicativo, a respeito de sua experiência de si, (deles e do mundo), exige o desenvolvimento da função *alfa*, o qual é correlato da passagem da posição paranóide à posição depressiva e percorre os níveis sucessivos da simbolização que, segundo Bion, são os seguintes: objetos-sons-imagens primitivos (que arriscarei aparentar às equações simbólicas de Segal); depois sonhos e mitos; em seguida formação das noções (em três etapas: pré-concepção, concepção, conceito); e finalmente, às vezes, formalização lógico-científica (conforme Grinberg L. e outros, *Introduction aux idées psychanalytiques de Bion*, 1972, tradução francesa: 1976). Salomon Resnik (1973), em *Personne et psychose; études sur le langage du corps*, apresenta a síntese dos aportes da escola kleiniana à aquisição do espaço bucal e da fala, ao deciframento das mensagens corporais dos psicóticos e à técnica interpretativa que lhes permite o acesso à verbalização.

Um etnólogo psicanalista situou-se anteriormente entre a influência de Freud e a de Melanie Klein, na linhagem húngara de Ihmre Hermann (1943, tradução francesa: 1972) que fazia com que a maturação da criança resultasse do antagonismo entre uma "pulsão de agarramento" à mãe e uma "pulsão de busca" que a levaria, por separação e frustração, a encontrar objetos substitutivos no seu próprio corpo e (ou) no mundo exterior. Trata-se de Géza Róheim. Em *Origine et fonction de la culture* (1943, tradução francesa: 1972), ele propõe a noção de *objeto intermediário*: "O objeto cultural, ou a sublimação, está a meio caminho entre a posição narcísica e a posição objetal erótica; é um ponto de estabilização na oscilação da libido" (obra citada, p. 120). O símbolo é, assim, um ponto de estabilização no antagonismo entre a pulsão de busca e a pulsão de agarramento. Participando dos dois, os símbolos apresentam um valor considerável para os seres humanos: "eles são egossintônicos e libidinais, sociais e individuais, condutores das noções de extraversão e introversão; o que representa uma grande segurança obtida pelos homens em sua luta contra o perigo e a perda do objeto, é algo que é ao mesmo tempo uma parte deles próprios e um representante dos seres amados" (obra citada, p.147). Desses símbolos e desses objetos culturais resulta a civilização, o bem, psicologicamente, mais precioso de todos. Como mostra Gori (1978), essa tese prefigura o conceito de Donald D. Winnicott sobre *Les objets et les phénomènes transitionnels* (1951, tradução francesa: 1959, completada em 1975). A criancinha se protege da angústia depressiva da separação, na hora de adormecer, recorrendo a atividades bucais, tais como segurar e chupar um pedaço de pano, "primeiro bem" que não é uma parte do corpo e tampouco reconhecido como pertencente à realidade exterior. Trata-se de um objeto intermediário, de uma transição entre a atividade auto-erótica precedente (chupar o dedo) e a relação ulterior com um objeto externo (o ursinho de pelúcia). Ora, entre os objetos transicionais figura a emissão de sons diversos, de murmurinhos, de ruídos de tiroteios, de primeiras notas musicais. Em sua contribuição à presente coletânea, Roland Gori amplia a hipótese winnicotiana : não apenas o material sonoro, porém toda a fala constitui um fenômeno transicional.

> A partir de então, o ato da fala não está mais na ordem simbólica, nós o deportamos a um *ponto de equilíbrio quase-estacionário* onde o mantêm as oscilações constantes dos investimentos narcísicos e dos investimentos erótico-objectais, entre a libido e a pulsão de morte, entre o corpo e o código, entre o imaginário e o simbólico (R: Gori, 1978).

Desse modo, a fala se estruturaria a partir da imago corporal (R. Gori, 1974). Ela pode também se perder "no inchaço formal do código", como o mostra mais adiante uma segunda contribuição de Gori, e tornar-se um "envelope vazio de todas as fantasias e conteúdos corporais", uma máquina de exercer influências. Nessa mesma linha, Gori descreveu as "muralhas sonoras" (1975). O trabalho psicanalítico individual ou em grupo restabelece a aliança dialética "da força e do sentido" e faz com que o sistema semiótico não seja o contraste da experiência corporal, mas o lugar da inscrição metafórica das pulsões. O fenômeno transicional garante um lugar vazio entre o sujeito e o objeto, em que podem vir introduzir-se a linguagem, o jogo e a cultura. O que ocorre na França durante esse tempo? A questão da linguagem pouco interessa aos primeiros psicanalistas franceses. Um deles no entanto, Edouard Pichon, é lingüista, autor de uma gramática francesa em colaboração com Damourette; ele sugere que a gramática seja um modo de exploração do inconsciente (1925). Porém, em sua crítica (1938) do trabalho de Emmanuel Vélikovsky, *Jeu de mots hébraïques*. *Une langue nouvellement acquise peut-elle devenir la langue de l'inconscient?* (1938), ele sustenta que o pensamento inconsciente não está ligado a uma língua, que ele busca fragmentos de linguagem onde lhe convém, e que a língua serve sobretudo para disfarçar o pensamento inconsciente.

É a palestra de Jacques Lacan sobre *Fonction et champ de la parole et du langage en psychanalyse* (1956), feita em Roma, em setembro de 1953, no congresso inaugural da Sociedade Francesa de Psicanálise, que chamou a atenção, na França, sobre uma corrente de pensamento já antiga na Europa Central, nos países anglo-saxões e na América do Sul como acabamos de examinar. Lacan nem sempre cita seus predecessores: quando por exemplo, aproximando-se de certo modo de Ella Sharpe, retoma a idéia de um paralelismo entre os mecanismos do sonho e do sintoma e as figuras de retórica:

> Hieróglifos da histeria, brasões da fobia, labirintos da *Zwangneurose* – fascínios da impotência, enigmas da inibição, oráculos da angústia – armas falantes do caráter, chancelas da auto-punição, disfarces da perversão – tais são os hermetismos que nossa exegese resolve, os equívocos que a invocação dissolve, os artifícios que nossa dialética absolve, em uma liberação do sentido aprisionado, que vai da revelação do palimpsesto à palavra dada do mistério e ao perdão da palavra (Lacan, 1956, p.281).

Ou ainda quando esboça uma utilização do aporte kleiniano, então ignorado na França, sobre a equivalência das palavras, dos produtos corporais e dos objetos parciais:

a linguagem não é imaterial. Ela é corpo sutil, mas ela é corpo. As palavras estão presas em todas as imagens corporais que cativam o sujeito; elas podem engravidar a histérica, identificar-se ao objeto do *penis-neid*, representar o jato de urina da ambição uretral, ou o excremento retido da fruição avarenta (*ibid.*, p. 301).

A palestra de 1953 circunscreve o campo da psicanálise ao da fala, opõe fala vazia (ou discurso do imaginário) e fala plena (ou linguagem do desejo), ou seja, vê na fala que se inscreve em um registro edipiano o meio de liberação do desejo captado pela imagem narcísica de si-próprio na fase do espelho, distingue desejo, pedido, necessidade; introduz, sob o termo "nome do pai", inspirado na análise de Lévi Strauss (1949), estruturas de parentesco, a função dita simbólica, que melhor teria sido chamar 'semiótica', para evitar qualquer confusão entre o símbolo e o código, promove a distinção saussuriana entre significante e significado, sustenta "que o inconsciente do sujeito seja o discurso do outro" (*ibid.*, p. 265), e enuncia, em uma forma que depois se tornará mais concisa, a tese fundamental: "o sintoma se resolve inteiramente em uma análise da linguagem, porque ele próprio está estruturado como uma linguagem, porque ele é linguagem cuja fala deve ser libertada" (*ibid.*, p. 269); a interpretação, enfim, está fundamentada na estrutura em espelho da comunicação, "onde o remetente recebe do receptor sua própria mensagem sob forma invertida" (*ibid.*, p. 298). Mais tarde, Lacan (1957) introduz a noção de "instância da letra" no inconsciente, e retoma por sua conta, mas invertendo-a, a aproximação feita pelo lingüista Jakobson (1956) entre o deslocamento, de um lado, e a condensação e a metonímia, de outro lado (para Lacan, a metáfora está do lado da condensação e a metonímia, do lado do deslocamento). A visão de Lacan suscitou em nosso país – muito mais do que no exterior – um grande número de comentários, discussões, paráfrases, elogios, objeções; e um dos projetos a que nos ativemos em dado momento, reunindo as contribuições mais variadas quanto a suas orientações, teria sido o de proceder a uma apreciação crítica da tese segundo a qual "o inconsciente seria estruturado como uma linguagem". Duas considerações retiveram nossa atenção. A primeira diz respeito às críticas. Houve as que logo foram publicadas, e houve as fundamentais: nosso projeto não poderia ter provocado senão repetições inúteis. Como esta, por exemplo, de dois psicanalistas, à época alunos de Lacan, Jean Laplanche e Serge Leclaire (1961), que, em 1960, no colóquio de Bonneval sobre o inconsciente, modificaram a proposição lacaniana segundo a qual a linguagem é a condição do inconsciente, para "o inconsciente é a condição da linguagem". A do lingüista Mounin (1970) que criticava em Lacan um uso puramente analógico, logo, pseudo-científico, dos conceitos do estruturalismo lingüístico (linguagem, fala, significante, significado, etc.): dizer que o sintoma histérico é uma linguagem não passa de... um modo de falar. Há também a crítica de André Green (1973) que aponta o desconhecimento do afeto e do ponto de vista dinâmico-econômico em Lacan, em contrapartida a sua valorização tópica do registro simbólico. Há também minha crítica sobre os inconvenientes técnicos e clínicos de tratar um paciente como um texto em caso extremo, sem sujeito (D. Anzieu, 1969a).

Nossa segunda consideração diz respeito à raridade da continuidade. A tese de Lacan sobre o inconsciente como linguagem gerou, bem além de seus discípulos, inúmeras glosas e repetições de caráter bem geral ou aplicações em domínios variados e estranhos à cura psicanalítica. Mas, ela quase não produziu trabalhos concretos e novos no campo privilegiado da linguagem e da fala, examinado à luz da psicanálise. Sua fecundidade científica nesse campo está ainda para ser demonstrada. No que tange a sua verdade, essa tese, tal como está enunciada, é simplesmente indemonstrável. Serge Leclaire, em *Psychanalyser* (1968), tentou articular ao corpo a letra segundo Lacan, invocando as sensações "deliciosas" provocadas em certas zonas, tornadas erógenas, pelo toque da mãe; a diferença dos prazeres sentidos dessa maneira seria originária, introduzindo o sujeito na diferença; essa visão difere da de Freud, para quem a primeira diferença é a das duas qualidades psíquicas primárias: o prazer e o sofrimento.

Lacan situa-se em uma tradição filosófica e epistemológica germânica que vai de Humboldt a Cassirer e a Heidegger: o que é passível de conhecimento o é apenas pela linguagem; é a linguagem que constrói as estruturas do mundo. Na presente coletânea, Bernard Gibello, como dissemos, alega a falsidade desse postulado: ele demonstra que o mundo natural, a linguagem, a fantasia inconsciente pertencem a três ordens distintas de realidade, e também deplora a evoluçaõ de sentido que leva a confundir o símbolo, signo por ele próprio evocador da coisa, com o significante, ligado ao significado por um elo puramente convencional e arbitrário. Ele lembra que a linguagem permite não somente evocar estados (imagens, afetos, sentimentos, objetos, etc.), mas também as operações aplicáveis a esses estados (movimentos, projetos, táticas, estratégias, meios, raciocínios, lógica, etc.) para transformá-los em outros estados. Estados e transformações são também os dois aspectos, figurativo e operativo, do pensamento representativo ressaltados pelos trabalhos de Piaget (particularmente em 1960). Esses dois aspectos do pensamento representativo encontram-se respectivamente nas duas grandes formas de linguagem: a linguagem 'falada' habitual e a linguagem matemática.

Os trabalhos dos matemáticos epistemólogos (M. Klein, 1973) mostram que, contrariamente ao que muitas vezes se acredita, as matemáticas, longe de constituir em um corpo único de verdades lógicas e não-contraditórias, são na verdade um conjunto de linguagens que permitem enunciar raciocínios complexos cuja verdade é circunstancial e contingente, cuja generalização é sempre problemática e no qual os paradoxos se infiltram necessariamente, mesmo que se tomem precauções. Herman Weyl (1949), matemático intuicionista, chegava a formular a seguinte hipótese:

"Talvez 'o trabalho matemático' seja uma atividade criadora do homem, como a linguagem ou a música, essencialmente original, cuja evolução histórica desafia uma completa racionalização objetiva". Para expor o lugar desses aspectos operativos do pensamento e das linguagens faladas e matemáticas, Bernard Gibello chegou a propor, como complemento do conceito freudiano clássico de "representante de coisa", a noção de "representante de transformação", cujos desenvolvimentos normais constituem a lógica, o raciocício, as estratégias, e cujos desenvolvimentos patológicos realizam as desarmonias cognitivas, o pensamento paradoxal e as *armadilhas do duplo entrave* (*double bind*). Ele é então levado a propor que se distingam três produções na atividade psíquica: a fantasia, a representação do mundo psíquico, e os discursos construídos pelo sujeito com a linguagem. Cada uma dessas três produções constitui uma realidade distinta, com suas leis próprias, que podem ser completamente dissociadas umas das outras em certos casos patológicos, ou, ao contrário, contribuir para o mesmo objetivo. É surpreendente constatar que as hipóteses psicanalíticas, bem como as observações diretas, tanto dos psicanalistas quanto dos neurologistas ou geneticistas, fazem com que as experiências corporais da criança desempenhem um papel fundamental na elaboração e no domínio dessas três ordens de realidade.

Se é bastante sabido que se pode utilizar a linguagem para não pensar, é cada vez mais certo que existe um pensamento sem linguagem: é o caso dos mamíferos superiores, da criança antes dos 18 meses, dos surdo-mudos de nascença. O neuropsicólogo François Lhermitte (1976) observou: "Existem no cérebro sistemas anátomo-funcionais inatos que, sob a pressão do meio lingüístico, permitirão a aquisição da linguagem; mas existem também sistemas de alcance mais geral que, sob a pressão do meio ambiente, permitem o desenvolvimento das atividades cognitivas. E eles são independentes, mesmo que haja entre eles influências recíprocas." A afasia por lesão do hemisfério esquerdo não diminui necessariamente a inteligência geral: alguns matemáticos, físicos, químicos, compositores, pintores acometidos por esse mal deram provas de conservar essa inteligência. A supressão, acidental ou terapêutica, das conexões entre os dois hemisférios do cérebro mostrou que o hemisfério direito, independentemente de qualquer linguagem, pode elaborar um conceito e ter *performances* superiores às do hemisfério esquerdo. A dominância deste na criança destrímana só se estabeleceria após os dois anos de idade, favorecendo uma certa forma de pensamento de tipo analítico e conceitual, sem impedir, contudo, o ressurgimento ou o desenvolvimento de outras atividades mentais, eventualmente criadoras, no hemisfério direito, desprovido de linguagem, mas cujas funções foram as que primeiramente despertaram no início da vida. A diferença entre as percepções do material verbal e não-verbal encontra-se, pois, ressaltada. Um sujeito reconhece melhor uma melodia que o fazem escutar com o ouvido esquerdo e que vem diretamente a seu hemisfério direito, bem como um discurso que o fazem escutar com o ouvido direito e que alcança imediatamente o hemisfério esquerdo. Se o discurso for escutado com o ouvido esquerdo, ele é retransmitido do hemisfério direito para o lado esquerdo, que o interpreta; se as palavras forem deformadas, o hemisfério direito, desorientado, não retransmite nada. Vem daí a hipótese de que o hemisfério esquerdo seria o centro da aprendizagem dos códigos, aprendizagem esta que sempre acaba se substituindo ao funcionamento inato. Para ilustrar tal hipótese, é dado o fato de que os neófitos reconhecem melhor, por meio de uma percepção global ingênua, um tema ou um ritmo musical tocado em seu ouvido esquerdo, ao passo que os melômanos, habituados a uma análise seqüencial, nota por nota, têm um ouvido direito melhor.

Voltando a nosso panorama de pesquisas psicanalíticas sobre a linguagem, resta-nos falar sobretudo da corrente que se desenvolveu nos Estados Unidos, a qual ressalta a importância da linguagem na formação do eu e do superego. Otto Isakower, em seu artigo inacessível em francês *De la position exceptionnelle de la sphère auditive* (1939), explica que a esfera auditiva regula a posição do sujeito no espaço ambiente e contribui para consolidar a função de julgamento e a prova de realidade; ela se torna desse modo o núcleo do superego e ajuda a manter a censura sobre o recalcado. O autor oberva, aliás, que Freud em *Le Moi et le ça* (1923) representa em um esquema, ao lado do eu, um lobo auditivo, e que, nas *Nouvelles conférences sur la psychanalyse* (1923), ele substitui esse lobo pelo superego.

René Spitz, com base em suas observações psicanalíticas sobre os recém-nascidos, evidencia o papel das identificações na comunicação semântica: efeito gravemente patogênico da ausência destas ou da ruptura das mesmas nos casos de hospitalismo (1945); existência de um organizador psíquico, vindo em terceiro lugar, após o sorriso diante de um rosto humano no 3º mês e a angústia diante dos estranhos no 8º mês, e marcado pela aquisição do "não", ou seja, pela identificação ao agressor por volta do 15º mês (1957, tradução francesa de 1973). Spitz mostra que, uma vez que se sabe andar, as falas da mãe não são mais apenas convites ao prazer, mas elas enunciam ordens, proibições, reprovações, ameaças. A mãe diz 'não' com a boca e (ou) por meio de um gesto. A tripla experiência que a criança tem então da denegação, da frustração e da regra, leva-a, por identificação ao não da mãe (precursor do nome do pai, ou seja, da lei), a se apropriar desse primeiro símbolo semântico e a passar da comunicação intuitiva e sincrética à comunicação semiótica e de linguagem.

A observação psicanalítica de pacientes que falam várias línguas representou uma outra fonte de interesse com Edith Buxbaum: *Le rôle d'une seconde langue dans la formation du Moi et du Surmoi* (1948); Ralph R. Greenson: *La langue maternelle et la mère* (1950) e *A propos du son 'mmm...'* (1954); H. Krapf: *Le choix des langues dans l'analyse de patients polyglottes* (1955). Na cura psicanalítica o paciente usa uma língua estrangeira em proveito do superego, como resistência às associações por demais conectadas ao recalcado, sobretudo maternal, resistência esta que convém, aliás, respeitar em um primeiro tempo.

A *Ego-psychology* americana forneceu mais amiúde o enquadre teórico dessas pesquisas; a aquisição do código lingüístico exerce uma função reguladora, *assinala* a maturação do sujeito, garante sua adaptação ao meio. Seu resultado está consignado nos artigos de Victor H. Rosen, *Les troubles de la communication en psychanalyse* (1967) e de Henry Edelheit, *Parole et structure psychique: l'organisation auditivo-vocale du Moi* (1969); e nós o encontramos como uma das notas dominantes do painel sobre "Linguagem e psicanálise", por ocasião do Congresso da Associação Psicanalítica Internacional, em Roma, em 1969 (Rosen V.H., 1969; Edelheit H., 1970).

Eu próprio tentei desenvolver nesse painel outros pontos de vista: pareceu-me ser importante para o psicanalista localizar, por exemplo, o lugar do corpo a partir do qual a fala do paciente é proferida, para se ater à distinção platônica das três sedes que correspondem às partes da alma: saber se ele fala com a cabeça (intelectualmente), com o coração (emocionalmente) ou com 'as tripas' (ou seja, com a angústia e as fantasias que se correlacionam com essa região); eu, aliás, aparentei a interpretação psicanalítica com a interpretação musical: a forma, o tom, a harmonia das sonoridades, para o paciente, sobretudo em início de cura, têm muitas vezes mais importância que seu conteúdo semântico (Anzieu D., 1970c). Também em divergência com a corrente americana, o inglês Charles Rycroft propusera anteriormente um *Essai sur la fonction des mots dans la situation psychanalytique* (1958, tradução francesa de 1969) no qual ressalta que "uma das propriedades específicas das palavras é sua função permissiva", que a formulação do recalcado exige coragem do eu para afrontar o superego, que "as palavras utilizadas em análise são... símbolos, visto que se referem a idéias que existem no espírito do analista e do paciente, mas as inflexões e as acentuações do discurso são signos porque informam diretamente sobre o estado afetivo daquele que fala" (p. 149); a partir daí, ele estuda a maneira pela qual a interpretação é entendida pelo paciente. Mais próximo de nós, Howard Shevrin, em *Condensation et métaphore. Le rêveur rêvant et le créateur rêvant* (tradução francesa de 1972), destaca, em operação no texto literário, um princípio de modelo repetitivo que age em diferentes níveis; repetição das cenas na narrativa, equacionamento da forma e do conteúdo, dupla significação dos termos, repetição dos sons no interior de uma mesma palavra. O inconsciente se faz distinguir assim, segundo ele, pela insistência de alguns esquemas sonoros, semânticos e cênicos na linguagem, que convergem para a mesma estrutura latente, apesar do processo do deslocamento que põe o acento psíquico em um tema manifesto diferente. Ao contrário do sonho noturno, cujo sentido latente só pode ser restaurado pelas associações livres do sonhador, a metáfora preserva o elo com a vivência corporal originária, tanto exteriormente, por sua significação, quanto interiormente, pelo seu ritmo. No sonho, a condensação, bem como o deslocamento, sofre um recalque que disjunta a significação, ao passo que a metáfora, sendo da mesma natureza da condensação, conjunta o sentido na própria forma dos tropos. *"A construção metafórica não intervém diante do conflito intrapsíquico, mas por detrás deste"* (p. 125). Donde resulta que a interpretação psicanalítica das obras literárias é possível, apesar da ausência de associações livres do autor, uma vez que estas são implicitamente dadas pelas comparações e pelas ambigüidades do texto.

Daremos ainda algumas breves referências. O silêncio em psicanálise foi examinado por Barande (1963), Brockbank (1979), Loewenstein e outros (1958). René Major estudou o logogrifo obsessivo (1968) e a linguagem da perversão (1972). Guy Rosolato estudou "a voz" entre corpo e linguagem (1974 a) e descreveu a oscilação metáforo-metonímica (1974 b). Jean Laplanche (1970) mostrou a dupla derivação, metafórica e metonímica, dos conceitos psicanalíticos. A revista argentina de psicanálise, *Imago,* dedicou seu número 3 (novembro de 1975) à linguagem, com artigos de D. Madavsky, D. Meltzer, G.A. Maci, D. Liberman, R. Harari, I. Berenstein, D. Rosenfeld. A *Revue française de psychanalyse* (40, julho-agosto de 1976, n° 4), também dedicou um número a "Psicanálise e linguagem" (R. Diatkine, J. Mehler, J. Gillibert, R.

Cahn, C. Guédeney, S. Mehler, M. Perron-Borelli, J. Schimmel, R. Bérouti, A. Brousselle, P. Wilgowicz, C. Balkanyi, J.L. Donnet). Pierre Fédida (1977) examina "o corpo da fala" e "uma fala que não preenche nada".

Esperamos que o rápido e incompleto confronto de textos a que nos consagramos tenha convencido o leitor, por sua diversidade, mas também por sua densidade e sua dificuldade, sobre a imensidão do campo de estudos aberto pelas relações entre psicanálise e linguagem, bem como sobre a impossibilidade de dominá-lo. Seria então conveniente abandonar qualquer projeto demasiado histórico, demasiado bibliográfico, demasiado polêmico. Os que contribuíram para este volume são psicanalistas que foram levados a refletir sobre as relações entre a fala e o inconsciente com base em sua prática.

Sem termos combinado, tivemos a surpresa, que fez com que nos reuníssemos, de constatar que tínhamos chegado às mesmas convicções científicas: a saber, que a fala – permitam-me esta metáfora – é a linha entre duas vertentes, uma constituída de representações inconscientes de coisas articuladas às vivências sensoriais, cinestésicas e cenestésicas, e a imagens do corpo, e a outra fornecida pelo sistema da língua. Como eu tinha sido o primeiro a usar a expressão em meu artigo: *Le corps et le code dans les Contes de Borges* (Anzieu D., 1971), chegamos a pensar durante algum tempo em intitular a presente coletânea: *Do corpo ao código*.

Nota de 1989. Duas novas obras devem ser citadas. J. Forrester, *Le langage aux origines de la psychanalyse* (1980, tradução francesa Gallimard, 1984), procede a um estudo minucioso dos textos de Freud sobre a linguagem e a psicanálise. Na obra coletiva *Langages* (Les Belles Lettres, 1984), André Green comenta e discute os escritos de Freud, e principalmente de Lacan, sobre a linguagem. Mais tarde ele tenta repensar o *enquadre* psicanalítico centrando-o na fala emitida e recebida. Ele propõe as noções de dupla significância, de dupla referência e de dupla representação.

Fantasia, linguagem, natureza: três ordens de realidades

2

Bernard Gibello

Introdução

A fórmula de Didier Anzieu "do corpo à palavra" abarca perfeitamente nossa pesquisa atual, que tem por objetivo a elaboração do pensamento e suas anomalias. A preocupação de dar forma à nossa reflexão levou-nos à necessidade de determinar com rigor, em um primeiro capítulo, as noções de linguagem e função simbólica. Quisemos sobretudo evidenciar aquilo que, na linguagem humana, é particular ao homem. Em um segundo capítulo, retomamos o desenvolvimento dos primeiros meios de codificação das experiências que se criam a partir das reações do corpo da criança: fomos então levados a estudar o funcionamento psíquico, arcaico dos pontos de vista econômico e genético, bem como a nos interessar por algumas anomalias patológicas desse funcionamento.

Em um terceiro e último capítulo, examinamos de que maneira o aparelho psíquico usava os meios de codificação que tinha a sua disposição, e de que maneira elaborava modos de pensamento, como as diferentes linguagens, faladas ou matemáticas, das quais uma das particularidades essenciais é a de poder modelar-se conforme as necessidades, pelo efeito de uma retroação metalingüística, para constituir a realidade da linguagem. Essa realidade da linguagem aparece tão viva quanto a realidade da fantasia ou a do impacto da natureza na realidade psíquica.

1. Elementos sobre a linguagem e a função simbólica

A. Algumas definições

A *linguagem* de que tratamos aqui é a linguagem humana em sua especificidade. É importante determinar o que a define e o que a diferencia dos outros meios de comunicar. Com efeito, os meios de trocar informações entre humanos são múltiplos: o corpo em suas posturas, seus movimentos e mímicas, seus ruídos de funcionamento, as modificações de cor de seus tegumentos, pálidos ou eritematosos; e, no campo fonatório, os gritos, os silêncios, os cantos, o riso, os suspiros, os grunhidos, etc.

Nós podemos também trocar informações por meio de odores, perfumes ou desodorantes por exemplo, por meio de desenhos, pinturas, esculturas, por meio da música, e, de um modo geral, por meio das diversas manifestações da arte.

As informações são dadas igualmente por meio de *imagens convencionais*, as placas de sinalização de estradas, ou então as bandeiras de sinalização utilizadas na marinha, por exemplo.

Como demonstra G. Mounin (1968), o que faz a especificidade das línguas naturais humanas reside em uma característica que não foi fácil tornar evidente. Não que elas sirvam de meio de comunicação intencional, inúmeros outros sistemas de comunicação podem ser utilizados para tanto.

Eric Buyssens (1967) distingue, entre outros, os meios de comunicação *assistêmicos* em que, como nas produções artísticas, se existe a possibilidade de distinguir um estilo, não é possível isolar unidade mínima de comunicação, nem regras constantes de construção utilizáveis para toda construção. Trata-se de comunicações nas quais os elementos constitutivos adquirem intensidades que podem variar muito (tamanho, superfície, luminosidade, etc.).

Buyssens isola igualmente os *sistemas de comunicação*: as mensagens são aí constituídas de unidades "discretas", isoláveis e idênticas quanto à forma, de mensagem a mensagem. Essas unidades formam mensagens segundo regras de combinação estáveis. É o caso da sinalização marítima com bandeiras, do código das estradas, da linguagem humana. Observemos que, nesses sistemas de comunicação, a relação entre o que é utilizado para representar (o significante) e o que representa o significante (o significado) pode ser intrínseco ou extrínseco. *Intrínseco*, se o significante tem alguma analogia com o significado (como a cruz de Santo André na placa de sinalização de estradas indicando um cruzamento, ou o aumento de volume da voz para expressar o que é importante, ou o cochicho para expressar o segredo). Essas unidades significantes, nas quais se percebe uma analogia com o significado, são o que os lingüistas denominam "símbolos" no sentido estrito do termo.

A relação entre significante e significado é considerada *extrínseca* quando não existe nenhuma ligação analógica entre a forma do significante e seu sentido. No código dos radioamadores, "*je ris*" ("eu rio") é transmitido por estas duas letras: H I. Subsiste aí uma analogia entre o significante e o significado (hi, hi, hi). No mesmo código, a analogia desaparece completamente em "7 3", significante de 'amizade'. Ferdinand de Saussure assinalou o caráter *arbitrário do signo*, o que significa que o elo entre significante e significado é inteiramente convencional, sem que intervenha qualquer analogia. As unidades significantes das línguas humanas têm essa característica, ou ainda, para enunciar esse fato essencial de um modo menos rigoroso, porém mais expressivo, as palavras utilizadas na linguagem têm elo apenas convencional com o que significam. Por exemplo, para significar a mesma coisa, em francês se diz *porte*, em alemão *Tür*, em árabe *bab*: nenhuma dessas unidades significantes tem analogia de forma com o que representam.

A noção de que existe um *sistema de signos* também não é característica da linguagem humana. O exemplo mais simples de um sistema de signos que não é a linguagem humana nos é dado no sistema de signos dos semáforos, no qual cada cor só tem sentido em oposição às duas outras (verde, amarelo, vermelho), vermelho significando 'pare', ao passo que em outro lugar, no ferro de passar roupa, por exemplo, ele poderá significar 'o ferro já está em condição de uso'.

O *caráter linear* da mensagem lingüística, assinalado por Saussure, consiste em que as unidades significantes sonoras das línguas faladas se sucedem no tempo. Duas unidades significantes sonoras não são jamais emitidas simultaneamente, mas sim sucessivamente, e a ordem de emissão é importante para o sentido: "o carro está no porão (*cale*)" difere sensivelmente de "o calço (*cale*) está no carro"[1]. Além disso, essas unidades significantes são 'discretas', ou seja, elas são formadas de partes separadas e distintas, opondo-se umas às outras sem variações quantitativas. Elas existem ou não existem, e não podem existir menos ou existir mais. Essa particularidade define as comunicações 'digitais' por oposição às comunicações 'analógicas'.

A linguagem humana é feita de mensagens de caráter linear e composta de unidades significantes discretas, no entanto ela não é a única que tem essas características, como o mostram os exemplos da música, dos mapas geográficos, do código das estradas. Mas a mensagem da linguagem oral humana comporta também os fatos de simbolismo observados acima (volume da fala, entonação, elocução, etc.).

Martinet (1966) mostrou que, afinal, o que especifica a linguagem humana e a distingue de qualquer outro sistema de comunicação humano ou animal é a *dupla articulação da linguagem*. Por esse fato ele entende que as mensagens aí se formam pela justaposição de unidades significantes mínimas de primeira articulação: os *monemas*, e que os monemas são eles

---

1 Jogo de palavras em que *cale* tem duplo sentido. Em francês, significa *porão de navio* e também *calço* (N.E.).

próprios compostos de unidades menores, os fonemas, que têm uma *forma*, mas não significado. Por exemplo, na palavra *linguagem* distinguimos os monemas *lingu*, evocando a língua, e *agem*, evocando o efeito da ação. Esses monemas podem ser substituídos por outros para construir outras palavras :

linh	– agem	bi	– língüe
tir	– agem	lingü	– eta
chant	– agem		
etc.			

Segundo o mesmo método, no monema *lingu* podemos distinguir pelo jogo de substituições os três fonemas : [l]; [ã]; [g]; [ə]. Substituindo o primeiro fonema dessa cadeia significante sonora, podemos formar outros monemas de significados diferentes, como *míngua*.

A dupla articulação da linguagem em monemas e fonemas permite, pela combinação de elementos simples, uma codificação econômica da infinidade das mensagens lingüísticas diferentes que se pode expressar: em francês, menos de quarenta fonemas se combinam para constituir alguns milhares de monemas cuja combinação, em um segundo nível, permite a expressão de um número ilimitado de mensagens diferentes. Esse sistema é extremamente econômico e eficiente, se comparado aos sistemas de comunicação dos animais, a que se chama abusivamente de linguagem, no qual a cada significado corresponde um grito, e fonemas e monemas são então confundidos: a 'linguagem' dos corvos lhes permite, por meio de quinze 'gritos' diferentes, comunicar quinze mensagens diferentes. Entre os macacos, não parece que o repertório ultrapasse setenta mensagens: por aí pode-se apreciar o poder extraordinário do sistema humano da dupla articulação.

Uma língua é um instrumento de comunicação segundo o qual a experiência humana é analisada, de maneiras diferentes em cada comunidade, em unidades dotadas de um conteúdo semântico e de uma expressão fônica: os *monemas* ; essa expressão fônica, por sua vez, articula-se em unidades distintivas e sucessivas, os *fonemas*, com número determinado em cada língua, cuja natureza e cujas relações mútuas também diferem de uma língua à outra [1].

Símbolos, signos, significantes e significados

Do ponto de vista da lingüística, um *símbolo*, como acabamos de ver, é um significante que tem uma relação intrínseca com seu significado, ou seja, existe uma analogia entre os dois. Essa significação está longe de ser a única, e devemos explorar um pouco os diferentes sentidos da palavra símbolo para evitar cair em falsos sentidos muito difundidos.

Etimologicamente, em grego, συμβολον é um sinal de reconhecimento entre iniciados religiosos. A palavra significa 'jogado com' e designava materialmente um objeto qualquer, quebrado, do qual os iniciados conservavam um pedaço. Na ocasião de uma reunião ulterior, os participantes justapunham os pedaços quebrados. O ajustamento exato dos pedaços testemunhava a existência de um *elo* entre os membros da reunião atual e os da reunião passada, quando o objeto tinha sido quebrado. Observemos que os participantes das duas reuniões não eram necessariamente os mesmos. A posse de pedaços do objeto quebrado comprovava, na realidade, dois elos diferentes : um elo *com um grupo de pessoas reunidas* no passado, refeito depois que alguns membros, ou mesmo todos, tinham sido substituídos; e um elo com *uma cadeia de pessoas* que tinham sucessivamente possuído o objeto e o transmitido de umas às outras, sendo que a reunião dos pedaços criava um novo e terceiro elo entre os

---

[1] Martinet, obra citada.

membros da reunião atual, em referência estreita com os dois outros elos. Essa etimologia nos ajuda a compreender o quanto a noção de símbolo é complexa: de um lado, é um objeto material que representa *algo,* e que o representa *para alguém* suscetível de lhe apreender o sentido. Mas de outro lado, o objeto 'símbolo' em si não significa nada, extraindo-se contudo seu sentido da ruptura que sofreu e à qual ele remete.

Vamos examinar sucessivamente esses dois aspectos diferentes do símbolo e da 'função simbólica' aí relacionada. De uma maneira bem esquemática, a clínica médica e a psicologia genética piagetiana tratam do primeiro aspecto; a psicanálise ressalta o segundo.

B. Linguagem e função simbólica em clínica médica

Em clínica médica, encontramos os *distúrbios da função simbólica* principalmente sob formas de agnosias, apraxias e afasias. Examinaremos aqui apenas os distúrbios surgidos no adulto que tinha adquirido e utilizava até então gnosias, praxias, uma fala e uma linguagem de modo bem normal, reservando-nos a abordagem da questão da gênese dessas funções e seu aprendizado para um outro capítulo.

A agnosia é um distúrbio singular do reconhecimento dos objetos que acomete um sujeito cujas funções sensitivas e sensoriais se conservaram em um nível elementar, isto é, um sujeito que não é demente nem mesmo privado de suas possibilidades de análise, de associações de idéias e de crítica, e cujas possibilidades de expressão verbal são normais.

A agnosia pode adquirir várias formas, conforme a modalidade sensitivo-sensorial implicada: a agnosia tátil, por exemplo, traduz-se pela incapacidade absoluta de reconhecer objetos familiares apenas pelo apalpamento. Uma moeda, uma chave, um garfo podem ser descritos em seus caracteres elementares (resistência, impressão térmica, rugosidade, inércia, etc.) e supra-elementares (matéria, forma e dimensões), mas o doente é incapaz de nomear o objeto e explicar o uso deste. *Mutatis mutandis*, a agnosia pode manifestar-se tanto no plano das percepções visuais, auditivas, quanto na percepção da imagem de nosso corpo. Assim é a agnosia: amnésia eletiva, localizada, falta de reconhecimento de objetos até então perfeitamente identificados, ao passo que as faculdades mentais globais e os aparelhos dos sentidos permanecem intactos. É, pois, antes de tudo, um distúrbio intelectual da evocação, uma verdadeira amnésia parcial muito especializada que concerne sobretudo os símbolos convencionais, a classificação dos objetos, seus caracteres sintéticos, os índices de grupos [1].

Não analisaremos todas as formas clínicas da agnosia, apesar de seu interesse diagnóstico. Insistiremos, contudo, em duas formas: em primeiro lugar, a forma impressionante constituída pela agnosia tátil pura, ou assimbolia verdadeira, unilateral, na qual o doente, incapaz de identificar o objeto que ele apalpa com uma mão, reconhece e nomeia instantaneamente quando o roça com a outra mão. Essa agnosia testemunha a existência anátomo-fisiológica no homem de um lugar em que os dados significantes colhidos pela sensibilidade se articulam com os signos da linguagem utilizados para evocar, nomear e dar um sentido a essas unidades significantes: nessa forma de agnosia tátil unilateral, as percepções evocam imediatamente a designação verbal e a utilização correta do lado não-doente, prova da integridade da 'função lingüística', mas essa apreensão de sentido das percepções é impossível, quando vinda do outro lado. (É conhecido o papel das lesões unilaterais da região da *depressão curva* nessa sintomatologia).

Uma outra forma de agnosia que reterá nossa atenção é a forma singular da *agnosia da imagem corporal* que ocorre na Síndrome de Anton Babinski; aqui, o doente não reconhece como sua a

---

[1] Conforme J. Barbizet e B. Grison, 1970; M. Riser, 1952

metade esquerda e paralisada do próprio corpo. Pode acontecer que ele tente afastá-la de si, ou que proteste dizendo que um intruso veio ocupar seu leito. Essa síndrome é particularmente impressionante, na medida em que a regressão habitual dos distúrbios sensitivos e motores, em geral associados de início, deixa intacta a hemi-assomatognosia, mostrando aí também que a percepção do corpo deve articular-se fisiologicamente com a linguagem para poder ser simbolizada em imagem de si.

A apraxia é um distúrbio que se situa em contraponto à agnosia: é o distúrbio do doente que, não estando paralisado e não sofrendo de nenhum distúrbio de sensibilidade, de coordenação dos movimentos, de compreensão, de atenção, de visão e audição, de memória da ordem recebida, revela-se praticamente incapaz de realizar certos atos : as impossibilidades podem ser de diferentes tipos. A forma clinicamente mais pura é a apraxia ídeo-motora de evocação. Trata-se de sujeitos perfeitamente conscientes, bem orientados, não-agnósicos e não-afásicos. Seus gestos automáticos da vida cotidiana encontram-se conservados. Eles são perfeitamente capazes de reconhecer atos e gestos familiares como, por exemplo, o barbear-se, maquiar-se, ameaçar com o dedo, 'dar uma banana', ou o gesto 'aqui, ó!', etc. e relacionar esses gestos à sua significação. Mas esses sujeitos são incapazes de fazer *voluntariamente* esses gestos, que reconhecem perfeitamente no próximo. Trata-se da evocação do encadeamento de esquemas de ações necessárias à realização do gesto que desapareceu. Além disso, a apraxia, assim como a agnosia, pode ser unilateral ou pelo menos predominar amplamente de um lado.

Um aspecto curioso desse distúrbio é a conservação da *execução automática* dos gestos que o sujeito não pode fazer voluntariamente. Um doente citado por Riser (obra citada),

> militar ferido, um grande apráxico, não sabia mais utilizar sua caneca de metal, seu garfo, nem saudar de um modo deliberado, mas bastava que se gritasse bruscamente 'olha a bóia' no final da manhã, quando tocava o sino, para que ele pegasse e dispusesse corretamente caneca, prato e talheres(...) Logo, a fórmula cinética

do ato não desapareceu, ela é somente inconsciente e aparece apenas na ocasião de um reflexo gestual.

Aqui, a dificuldade principal reside na impossibilidade de realizar conscientemente uma fórmula cinética que, no entanto, ficou registrada na memória. Trata-se da passagem da evocação simbólica para a realização gestual que é suprimida nesses casos de apraxia ídeo-motora. Ao lado dessa apraxia ídeo-motora, na qual as manifestações aparecem em seu estado puro, citaremos as agnoso-apraxias que reúnem as clássicas apraxia ideatória de Pick e a apraxia ídeomotora de execução de Foix e Morlaas. Aqui, a associação de distúrbios gnósicos com distúrbios práxicos chega a quadros mais complexos, cuja conseqüência é uma restrição global das possibilidades de simbolização do sujeito.

Os distúrbios da fala e da linguagem

Examinaremos rapidamente aqui os casos dos sujeitos que nunca falaram corretamente: surdos-mudos não-reeducados, distúrbio da fala, de início puramente sensorial, retardados mentais graves sem linguagem, e psicóticos sem linguagem, os quais, por diversas razões, permaneceram fora do 'sistema significante comum'.

Deter-nos-emos mais demoradamente nos casos dos sujeitos que aprenderam a falar de modo correto e que, de fato, falaram. Pode-se tratar de mutismo: esses sujeitos que já não falam são doentes mentais: estuporados, melancólicos, delirantes ou histéricos. É o silêncio, e não a fala, que lhes serve de meio de comunicação... ou de recusa de comunicação, expressão grosseira de sua angústia.

A anartria de Pierre Marie constitui um outro quadro. Trata-se praticamente de uma apraxia relativa ao encadeamento dos esquemas de ações fonatórias, nas quais o sujeito, capaz de articular os fonemas da língua, capaz de compreender as palavras que ouve, de lê-las e escrevê-las, é incapaz de emitir espontaneamente sons coordenados em palavras definidas, e até de repetir uma palavra que acabou de ouvir. Saber se o anártrico é capaz de utilizar deliberadamente as palavras de uma língua interior, é uma questão não resolvida. As observações de que dispomos parecem indicar que tal questão não tem significação para esses sujeitos, na medida em que a imagem motora da palavra em si não tem mais sentido.

Outras anomalias da fala

Examinaremos rapidamente os distúrbios da fala relacionados a uma paralisia neuromuscular, a lesões cerebelares ou núcleos estriados, alguns dos quais comparados de modo discutível à gagueira, para nos concentrarmos na afasia, que é a síndrome principal. Déjerine a definia como "a perda da memória dos signos por meio dos quais o homem civilizado troca idéias com seus semelhantes". Os doentes articulam corretamente as palavras que pronunciam, mas essas palavras são utilizadas de modo incerto, impreciso, incoerente, 'insensato'. Eles apresentam o que se pode denominar uma agnosia das cadeias significantes sonoras que constituem as palavras, quase sempre associada a uma agnosia dos desenhos da escrita. A agnosia limita-se a essas cadeias significantes sonoras ou aos encadeamentos dos sinais gráficos. O sentido, o uso e o conhecimento dos objetos permanecem intatos, ao menos nas formas puras. Tudo se passa como se o fato lingüístico tivesse perdido qualquer significação e se limitasse a uma percepção de ruídos.

No quadro das anomalias da fala, são a afasia e a anartria que nos trazem os mais importantes elementos de reflexão sobre a linguagem. De fato, em relação aos significantes verbais, encontramos aí o equivalente das agnosias e das dispraxias relacionadas respectivamente aos objetos ou aos gestos significativos.

Classicamente, a agnosia e a apraxia efetivam uma perda de valor simbólico, quer de objeto do meio circundante cultural a ser percebido, quer de gestos significativos a serem realizados. No caso dos distúrbios anártricos e afásicos, trata-se de uma perda de valor simbólico análoga: perda da fórmula cinética de proferição da palavra, ou perda do sentido da cadeia significante sonora. Mas existe aí um segundo nível em relação à agnosia e à dispraxia simples: com efeito, o déficit reside não no reconhecimento de objetos ou gestos que têm um valor simbólico direto, mas nos objetos intermediários, os *signos* lingüísticos. Podemos constatar então a que ponto a clínica nos mostra a evidência da singularidade da linguagem em relação às outras atividades de simbolização humana. Esse papel predominante do signo verbal em relação aos outros só será claramente explicitado pelo procedimento psicanalítico.

C. A função semiótica: sua gênese segundo Piaget

É a partir do 15º mês que a criança manifesta incontestavelmente, pela primeira vez, a capacidade de representar uma coisa por outra coisa. Piaget (1967, 1970, 1972; Piaget e Inhelder, 1967) recomenda denominar essa função dos termos "função semiótica", para evitar as confusões já encontradas entre signo e símbolo.

Precisemos que só se pode falar em função semiótica na medida em que os significantes utilizados são *diferenciados* de seu significado. De fato, existem significantes que fazem parte do significado e são utilizados bem antes das primeiras manifestações da função semiótica: são '*sinais*' ou '*índices*' perceptivos não-disjuntos do significado.

A *imitação diferida* é uma conduta bem característica dessa idade. Trata-se da imitação que é feita na ausência do modelo. É, por exemplo, o jogo do bebê que chora, do papai que resmunga, do gato que dorme, do corvo que crocita, etc.: nesses jogos, a criança utiliza o corpo, os gestos, as vocalizações para significar um objeto ou uma cena ausentes. O primeiro significante diferenciado assim utilizado é o jogo do corpo da criança, que permite um início de representação.

O *jogo simbólico* começa mais ou menos na mesma época. Talvez seja a mais importante atividade autônoma da criança, pela qual ela assimila o real ao eu, sem constrangimento e sem sanção. A criança, por exemplo, repreende e pune severamente seu ursinho quando ela própria se sente culpada ou má; ou finge mandá-lo fazer o que ela gostaria naquele momento que o pai ou a mãe fizesse em seu lugar. Ela pode também explorar situações permutando os personagens, pedindo, por exemplo, a um dos pais 'que seja o bebê, e ela a mamãe'. Os jogos de papai-mamãe, o do médico, o da professora, e muitos outros, são também rapidamente elaborados. A noção de 'fingir', primeira tomada de consciência metalingüística da simbolização, acontece bem depressa.

O *desenho* desenvolve-se um pouco mais tarde de um modo análogo. Aí também a criança utiliza meios de simbolização que lhe são próprios, para representar suas paixões, seus conflitos, seus prazeres e suas angústias.

As *imagens mentais* aparecem mais tardiamente, por volta do quarto ano. Elas parecem resultar da interiorização da imitação que, desse modo, pode transcorrer na cena da realidade psíquica, sem ter de ser atualizada pelo corpo. Piaget faz uma distinção entre *imagens reprodutoras*, as primeiras, as que se limitam a uma reprodução de cenas ou de cenários já vistos, e *imagens mentais antecipadoras*, que surgem mais tarde (entre 7 ou 8 anos), quando a criança imagina transformações de situação, bem como o resultado dessas transformações, sem que tenha assistido anteriormente ao desenrolar da atividade na realidade exterior.

A essas quatro manifestações da função semiótica acrescenta-se e opõe-se uma quinta: a linguagem.

A partir de 12 ou 15 meses, a criança começa a utilizar os signos lingüísticos e aprende a falar. Mas, nessa conduta, os significantes utilizados são muito diferentes dos significantes utilizados nas quatro outras condutas semióticas. Enquanto ela pode de fato utilizar como bem entender símbolos que inventa para imitar, fazer jogos, imaginar, desenhar, quando se trata de linguagem, é obrigada a empregar os signos lingüísticos e a seguir as regras da linguagem, sob pena de ser incompreendida e de não compreender a fala dos outros. Surge então o caráter arbitrário e imposto de fora, dos signos verbais da linguagem. Esse sistema de simbolização impõe-se como sendo comum em uma dada cultura, e aparece como constrangedor em sua forma. Mas, simultaneamente, ele remete a um 'corpus' que contém bem mais do que a criança possui de início, e, em particular, ele compreende um conjunto de instrumentos cognitivos de relação, de classificação, de seriação e de organização lógica, cuja estrutura se põe ao serviço do pensamento na medida em que este se elabora.

O acesso à linguagem permite que a criança pense, sem ser simultaneamente obrigada a *agir seu pensamento*, como ocorre no período sensório-motor (do nascimento até aproximadamente 1 ano e meio). A descentração, tornada assim possível, leva a criança a passar de um sistema de pensamento egocêntrico, de causalidade mágica e intuitiva, em que a reversibilidade não é utilizada, a um sistema de pensamento que emprega raciocínios lógicos reversíveis e que se apóiam na descoberta de invariantes nas transformações (por exemplo, as 'conservações'). Ela precisa dos cinco ou sete anos que separam o fim do período sensório-motor do período das operações lógicas concretas para aprender a dominar a linguagem falada, em seu vocabulário e sua sintaxe, e utilizá-la não somente para evocar situações, mas também e sobretudo para comunicar-se com sujeitos tanto exteriores quanto análogos a ela. O que significa que a descentração, a qual permite a passagem do pensamento egocêntrico ao pensamento que pode levar em conta as leis do mundo exterior ao sujeito, não se refere apenas ao universo dos objetos físicos, mas também ao universo inter-humano, cultural e social. É durante esse período de aprendizagem da linguagem falada que, progressivamente, a criança descobre a possibilidade de utilizar um sistema de simbolização comum, para traduzir e ultrapassar suas modalidades de simbolização singulares arcaicas.

D. Linguagem e função simbólica em psicanálise

Fraulein Anna O. tinha denominado "talking cure" o método de tratamento que Breuer lhe propusera, a partir do qual Freud descobriu a psicanálise. Desde essa época até nossos dias, o material com base no qual se faz o trabalho da cura psicanalítica é um material verbal. A regra fundamental dada pelo analista ao paciente é: expressar verbalmente tudo o que lhe passa pela cabeça, sem críticas e sem reservas, como lhe vem à cabeça; ao passo que o analista se impõe como regra ouvir as palavras do paciente com uma 'atenção flutuante', o que lhe permite não privilegiar um aspecto em detrimento do outro, e, ao fazê-lo, estar em condição de captar o sentido oculto do discurso do sujeito. Uma vez que a maioria dos escritos psicanalíticos está mais ou menos diretamente relacionada a questões de linguagem e simbolismo, está fora de cogitação tentarmos fazer aqui apenas um breve apanhado geral do problema. Nós nos limitaremos a três aspectos que nos parecem fundamentais [1]:

- o lugar das palavras ou de seus representantes no jogo do desejo no aparelho psíquico;
- a questão da simbólica freudiana;
- a questão do simbólico lacaniano.

---

[1] Conforme Freud e Breuer, 1895; Freud, 1900, 1911, 1915; Dolto, 1972; Laplanche e Pontalis, 1967; Wilden, 1972.

Representantes de coisas, representantes de palavras

No parágrafo 3 do capítulo VII da *Interpretação dos sonhos*, Freud descreve o processo primário e o processo secundário de funcionamento do aparelho psíquico. Ele mostra como as primeiras experiências de rupturas de homeostasias internas, geradoras das tensões relacionadas à fome e à sede por exemplo, associam-se a um duplo traço memorizado: "imagens mnésicas" das percepções sensitivo-sensoriais que acompanharam a experiência de satisfação da necessidade, e *traço memorial* da excitação da necessidade. Quando a necessidade reaparece, isso se dá graças à associação estabelecida entre traço memorial e traço mnésico, o desencadeamento de um 'movimento psíquico' que investe a imagem mnésica da percepção, reatualizando assim a condição de primeira satisfação. É esse 'movimento psíquico' que Freud denomina *desejo*. Esse funcionamento do aparelho psíquico, que tende a reproduzir de modo alucinatório a identidade das *percepções* que acompanhavam a experiência de prazer por satisfação da necessidade, constitui o 'processo primário'.

A imagem mnésica aqui descrita é o que noutro lugar será denominado *representante de coisa*. Observemos que esse 'representante de coisa', mesmo que o *entourage* da criança fale pouco ou que lhe fale pouco, englobará os traços acústicos das cadeias significantes sonoras pronunciadas durante a experiência de satisfação. Ao mesmo tempo em que a própria criança aprende a utilizar essas cadeias significantes sonoras, os *representantes de palavras* também se diferenciam dos representantes de coisa.

Em seus artigos sobre o inconsciente e o recalque, Freud nos mostra o quanto essa distinção entre os representantes da pulsão em representantes de coisas e representantes de palavras é fundamental para a compreensão dos processos de recalque. De fato, enquanto no sistema *préconsciente-consciente* coexistem os dois tipos de representantes, no Inconsciente apenas os representantes de coisas têm 'vez'.

*Fantasia, linguagem, natureza: três ordens de realidades* 59

Para fazer a identidade de percepção, o *processo primário* exige a conservação permanente do investimento da imagem mnésica: com efeito, uma vez que a satisfação não ocorre, a necessidade continua a se manifestar. Nos casos habituais, em que o mundo exterior pôde ser investido libidinosamente, o malogro do processo primário em proporcionar o prazer leva o sujeito, por sua motricidade, a ir buscar no mundo exterior elementos análogos àqueles cujo traço lhe foi deixado pela imagem mnésica. Foi assim que Freud pôde escrever que "o pensamento não passa de um substituto do desejo alucinatório", na medida em que é o meio desviado, utilizado no cadre do *processo secundário*, para reencontrar no mundo exterior a "coisa" cujo modelo é fornecido pelo representante.

Podemos observar que a criança se torna capaz de agir sobre o mundo exterior com alguma eficácia quase ao mesmo tempo em que tem acesso à linguagem. O que significa – de maneira diversa à de Piaget – que os processos de pensamento – os elementos conscientes do processo secundário – serão feitos essencialmente de articulação dos representantes da palavra. Sem desenvolver mais demoradamente essa questão fundamental, observaremos apenas que a partir de uma idade precoce... a mais tenra idade de nossas lembranças mais antigas, somos quase incapazes de pensar, de evocar uma situação, sem que evoquemos, em simultaneidade com as imagens, as palavras que as designam. E quando ficamos um pouco mais velhos, aprendemos a pensar abstratamente, ou seja, sem nenhum suporte de representação de coisa. Desse modo, podemos compreender como, para cada um, a linguagem tem uma dupla referência: a primeira, histórica, privada, com os significantes verbais que atingiram nossos ouvidos infantis nos momentos em que nossos desejos eram reconhecidos por um *entourage* atento em satisfazer nossas necessidades, e quando ainda não falávamos. A segunda referência está ligada às próprias leis da linguagem e à multiplicidade das captações de sentidos possíveis por meio dos jogos de palavras, das metáforas, das metonímias, que, nos processos conscientes, podem substituir condensações e deslocamentos em operação no processo primário.

A simbólica

Freud utiliza esse termo em duas acepções diferentes. O primeiro sentido (sentido lato, o único até 1911) é o de *formação substitutiva*, ou seja, de função semiótica no sentido proposto por Piaget. Nessa acepção, os sintomas neuróticos, os lapsos, os atos falhos, os sonhos são deformações 'simbólicas' enquanto se substituem a conteúdos inconscientes que representam. A substituição incide em dois planos: de um lado, a formação substitutiva traz ao desejo inconsciente uma satisfação de troca. De outro lado, o conteúdo inconsciente é trocado por um outro conteúdo, consciente, ligado ao conteúdo inconsciente por linhas associativas, e cujo sentido pode aparecer, por conseqüência, por *efeito de contexto*.

Freud denomina também "*a simbólica*" uma categoria de fenômenos muito mais restrita e precisa. Trata-se da utilização de significantes diferentes cujos significados têm uma ligação analógica acessória que não aparece nos significantes. É o caso, por exemplo, do significante 'guarda-chuva', que evoca um objeto – alongado, protetor contra a chuva – com duas formas, uma delgada e outra abaulada. Esse significante 'guarda-chuva' surge com freqüência como símbolo de 'pênis', e a ligação semântica entre esses dois significantes reside na analogia de significado : 'alongado, com duas formas, uma delgada e outra abaulada'.

Esses 'símbolos', nesse sentido, surgem no discurso com notáveis particularidades que os diferenciam dos significantes verbais habituais.

Entre outras características, são significantes para os quais o sujeito não pode estabelecer cadeias associativas. Eles simbolizam sobretudo lugares do corpo sexuado e narcísico, e essas ligações entre símbolo e simbolizado existem independentemente das singularidades culturais, em todas as civilizações e em todas as línguas, como se se tratasse de representantes 'transculturais'. Por seu caráter cultural, os símbolos podem escapar aos processos de recalque, "os sonhos utilizam já preparados os símbolos no inconsciente; são eles que melhor satisfazem as exigências da formação do sonho, graças à sua *figurabilidade* e à sua liberdade em relação à censura"[1].

O simbólico de Lacan

Mudando o gênero da palavra 'simbólica' para utilizá-la em um novo sentido, Lacan não deixou de contribuir para aumentar a obscuridade ligada à polissemia desse termo, independentemente, aliás, do interesse de seu aporte.

Para Lacan, a criança não se pode tornar um sujeito enquanto não puder dizer 'eu'; mas ao aprender a dizer 'eu', a criança começa sempre pensando 'ele' ou 'ela'. Enquanto a criança vive em uma relação dual com a mãe, encontra-se apanhada na armadilha de um curto-circuito. É por meio da crise edipiana, na qual cada ângulo do triângulo familial vem mediatizar a relação dual entre os dois outros, que a criança chega à relação triangulada, simbólica, na qual a oposição é mediatizada pela diferença.

Lacan baseia esse ponto de vista e sua prática psicanalítica em duas referências: o estruturalismo de Levi Strauss e a lingüística de Saussure. Do estruturalismo, ele retém a proposta fundamental segundo a qual *uma ordem simbólica* estrutura a realidade inter-humana. Da lingüística saussuriana, ele retém as características do significante lingüístico de não ter ligação intrínseca com o significado e de só ter sentido por meio de sua integração a um sistema de significantes caracterizado por oposições diferenciais.

Ele propõe a hipótese de que o "inconsciente é estruturado como uma linguagem", ou seja, que os representantes de coisa organizam-se em uma ordem análoga à da linguagem. O 'representante de coisa' relativo à própria criança (que se formula 'eu') inscreve-se nessa ordem, primeiramente em traços de ligações fusionais com a mãe, mais tarde em lugar das experiências de separação e de frustrações sucessivas. Mas é a lei de proibição do incesto, enunciada e ouvida pelo trio do triângulo edipiano como

---

[1] *Interprétation des rêves.* S. Freud, obra citada.

referência exterior, que permite à criança aderir a essa ordem simbólica e renunciar a repetir tentativas de relações fusionais. O que ocorre com a linguagem nessa perspectiva? Em um primeiro tempo, o tempo do processo primário, a criança substitui à presença da mãe desejada e ausente, a atualização de uma imagem perceptiva que a evoca : "um tipo de masturbação, ou seja, um engodo *fruitivo* solitário que conserva seu desejo, na ausência da mãe nutriz, parceira necessária para essa satisfação" (Dolto, 1972). A ligação vocal com a mãe se torna normalmente, em pouco tempo, um suporte privilegiado dessas imagens perceptivas, e a criança se inicia em seus jogos circulatórios vocais, repronunciando os fonemas que ouve, só compreendendo seu sentido como sinal da presença gratificante da mãe. É desse modo que a 'castração oral', que separa os lábios do seio, permite descobrir os prazeres da comunicação. A esse respeito, é surpreendente constatar que a criança, de início capaz de pronunciar todos os fonemas de todas as línguas do mundo, se vê rapidamente quase na impossibilidade de pronunciar os que não pertencem à sua língua materna. É a primeira elaboração do processo secundário: a substituição à alucinação da presença da mãe, do desenvolvimento de um vínculo verbal com ela. As experiências sucessivas de castração oral, anal e fálica fazem com que a criança descubra modalidades mais complexas do processo secundário. Mas é a descoberta da lei externa da proibição do incesto que, afinal, por meio da castração simbólica edipiana, permite-lhe identificar-se e diferenciar-se radicalmente de sua mãe e de seu pai e inscrever-se na 'ordem simbólica'.

Para concluir, gostaríamos de ressaltar a multiplicidade das 'funções simbólicas', multiplicidade traduzida pela pluralidade dos sentidos que a linguagem lhe confere, multiplicidade sempre presente em cada um de nós, quando falamos, quando sonhamos ou quando pensamos.

Nem sempre é simples compreender o que significa não falar ou mal falar, mas para tentarmos compreendê-lo, parece-nos necessário ter em mente o que significa falar. Cada uma de nossas palavras enuncia pelo menos três discursos diferentes. No primeiro, um gato é um gato, e é importante, por exemplo, que encontremos um para importunar os ratos que infestam o sótão. No segundo, o vestígio do ronrom das palavras da mãe, ouvidas e não compreendidas em nossa tenra infância, atualiza-se, e, de nossa boca a nosso ouvido nos satisfaz e nos tranqüiliza. No terceiro, aquele que fala – mesmo que diga e aja como se ignorasse – não ignora que seu desejo de satisfação mágica imediata é ao mesmo tempo impossível e ilícito.

Desse modo, não é de surpreender que mal falar nos remeta a anomalias das possibilidades do agir do corpo, a angústias de abandono ou a angústias de castração secundária edipiana, e, muitas vezes, às três simultaneamente. Também não nos surpreenderá que seja muito excepcional que a anomalia do falar se apresente como um sintoma isolado de qualquer outra particularidade. Finalmente, a grande surpresa disso tudo talvez seja que, bem ou mal, nós falamos.

2. Do corpo às imagens, aos algoritmos e à linguagem

A. Volta econômica aos dois princípios de funcionamento mental

Classicamente, o funcionamento do aparelho psíquico conforme o processo primário opõe-se de modo radical a seu funcionamento conforme o processo secundário. Na realidade, essa oposição é ao mesmo tempo esquemática e incompleta. Esquemática, no sentido que o processo secundário aparece como uma elaboração do princípio do prazer e não como radicalmente diferente dele; e incompleta na medida em que convém considerar um modo de funcionamento anterior ao do processo primário, que a leitura de Freud nos sugere denominar *processo reflexo*.

No Parágrafo 3 do Capítulo VII de *L'Interprétation des rêves* (1900) e em *Formulations sur les deux principes de fonctionnement psychique* (1911), Freud propõe um esquema de funcionamento do aparelho psíquico no qual este último transforma estímulos percebidos pelo corpo conforme três tipos de funcionamento, de complexidade crescente: "o processo reflexo", o "processo primário" e o "processo secundário".

Em todos esses casos, a mobilização do aparelho psíquico se dá sob a influência de estímulos externos (irritações cutâneas, dores, excitações dos órgãos dos sentidos) ou internos (receptores sensíveis às modificações do equilíbrio homeostático, por exemplo glicemia, concentração iônica, volume sangüíneo, etc.), sendo que esses estímulos internos são a manifestação das necessidades fisiológicas como fome, sede, etc.

A mobilização consecutiva do aparelho psíquico produz efeitos diferentes conforme a modalidade de funcionamento.

O processo reflexo

O funcionamento mais arcaico é realizado pelo processo reflexo. Ele tem por efeito transformar a tensão nascida dos estímulos internos ou externos em descargas motoras. O reflexo nociceptivo é uma ilustração neuro-fisiológica bem conhecida. Constata-se que a excitação dolorosa de uma área cutânea, por exemplo, tem como conseqüência a contração de grupos musculares, ocasionando movimentos simples de segmentos do corpo.

Desse modo, uma agressão dolorosa da extremidade distal do membro superior tem por efeito a flexão desse membro, e, nos casos favoráveis, o afastamento do agente agressor.

É esse reflexo que entra em jogo de modo categórico, por exemplo, quando tocamos inadvertidamente uma superfície quente, e afastamos a mão antes que tenhamos tido tempo de tomar consciência da dor. A única manifestação da atividade do aparelho psíquico são contrações musculares (e provavelmente secreções endócrinas relacionadas ao estado de vigília). Clinicamente, essas contrações musculares ocasionam a agitação motora da criança; e as contrações dos músculos do sistema respiratório e fonador estão na origem dos gritos. Observemos que o efeito desse processo reflexo é de qualidade medíocre: de fato, as descargas motoras sucessivas raramente terão como efeito a supressão da causa inicial de excitação, se se tratar de uma causa externa, como uma picada de alfinete, que a agitação da criança poderá às vezes afastar de seu corpo. Mais habitualmente, a causa desencadeante não é suprimida pelo processo reflexo. Bem mais do que isso, este último tende a aumentar. Os estímulos nascidos por ocasião das contrações musculares, dos movimentos dos corpos e da audição dos gritos pelo próprio bebê constituem, de fato, uma fonte complementar de estimulações que vai reforçar o efeito dos estímulos externos ou internos iniciais. Simultaneamente, a agitação motora tende a aumentar o desequilíbrio homeostático pela ativação do metabolismo que ela ocasiona.

Na ausência de intervenção adequada do *entourage* da criança, o processo reflexo continua a operar até o esgotamento e a morte da criança.

Cuidados maternos pertinentes habitualmente impedem tal desfecho, e os cuidados dispensados ao bebê permitem-lhe a volta ao estado de quietude em um nível de atividade mínima, após a satisfação das necessidades.

Elaboração do processo reflexo

Freud levanta a hipótese de que as condições da experiência de satisfação são memorizadas, que um elo associativo se estabeleceria entre os traços então deixados pelos estímulos externos e internos, de um lado, e a lembrança do estado de satisfação obtido, de outro lado.

Esses traços mnésicos constituem os primeiros objetos internos, as primeiras representações das coisas.

É sabido que o processo primário se desencadeia no momento em que a necessidade é novamente sentida. Uma mobilização da energia psíquica vai buscar os traços mnésicos ligados à necessidade, e vai reinvesti-los: esse movimento, que para Freud constitui o desejo, tem como efeito atualizar imaginariamente as percepções memorizadas da experiência de satisfação. Desse modo, o processo primário produz uma experiência de cinema total quase alucinatória no foro íntimo da criança, e, ao menos por um momento, a ilusão permite o retorno à calma.

Antes de irmos mais longe, examinemos mais detalhadamente a questão dos traços mnésicos. De que são constituídos? Como são organizados? Quanto à sua organização, ao menos em suas formas iniciais, parece que seu fator principal é o de ter acompanhado uma experiência prazerosa, e que um fator secundário é a repetição deste ou daquele aspecto da experiência.

A questão da constituição dos traços mnésicos é mais complexa. Parece-nos necessário distinguir várias fontes: de início, as clássicas percepções extero, próprio, interoceptivas registradas por ocasião da experiência, fixando a percepção sensorial do meio ambiente: o odor, a visão da mãe, o gosto do leite, a pressão exercida sobre o corpo da criança pelos braços maternos, a postura e a 'distribuição tônica' do corpo, as sensações viscerais, todas essas sensações podendo ser memorizadas. Acrescentemos a isso o nível de vigilância, o traço deixado pela excitação das zonas erógenas e o prazer da quietude recobrada, que não são menos clássicos.

Insistamos sobre dois constituintes desse traço mnésico: os traços auditivos deixados tanto pelas vocalizações da criança quanto pelas cadeias significantes sonoras utilizadas pela mãe ao falar com o bebê, e os esquemas de ação ou de postura mobilizados por este quando na situação.

Esquece-se, de fato, com muita freqüência, sob o pretexto pejorativo da 'passagem ao ato', que a ação do bebê e os movimentos de seu corpo constituem uma parte importante da experiência de satisfação: para se alimentar, por exemplo, é preciso que o bebê mame e degluta em uma postura adequada.

Essas ações são por ele sentidas graças ao jogo dos diferentes receptores implicados na motricidade (proprioceptivos, musculares, cinestésicos articulares, labirínticos, etc.). É importante também lembrar que, em seus primeiros meses, o bebê é incapaz de distinguir as sensações desencadeadas por um agente externo daquelas ocasionadas pela atividade de seu próprio corpo.

Desse modo, os traços de sua atividade própria estão, muito provavelmente, misturados aos de outras proveniências, e destes só se diferenciam de maneira progressiva.

Observemos, contudo, que se pode diferenciar nos traços mnésicos duas categorias de elementos distintos quanto à origem: os primeiros, essencialmente sensitivo-sensoriais, são traços do meio ambiente da criança, por ocasião da experiência de satisfação. Consideramos esses traços como constitutivos dos representantes de coisas propriamente ditas.

Os segundos elementos derivam da percepção da criança de sua própria atividade motora; e consideramos que estão na origem de uma outra categoria de traços mnésicos diferente dos representantes de coisas, que propomos denominar *representantes de transformação* para lembrar que eles nascem da ação da criança de transformar a situação de desprazer em situação agradável, ou ao menos de tentar fazê-lo.

Finalmente, podemos representar esses traços mnésicos como um conjunto de elementos polimorfos, organizados de modo rudimentar, senão caótico, pela sobreposição dos traços de múltiplas experiências agradáveis sucessivas.

Assim como as experiências sucessivas não são rigorosamente idênticas, para que o processo primário seja eficiente também não é necessário que a energia do desejo reinvista a totalidade dos elementos do traço mnésico. Basta que uma parte seja reatualizada para que o efeito total seja reproduzido.

Desse modo, a energia do desejo não está indissoluvelmente ligada a este ou aquele elemento particular do traço mnésico. A parte pode desempenhar a função do todo, e um elemento que por algum aspecto se assemelhe a um outro pode substituí-lo.

Assim sendo, esses objetos internos primitivos são bem diferentes dos objetos externos tal como os conhecemos, uma vez que saímos da primeira infância. Sua lembrança se perpetua, entre outras, no mito da pedra filosofal dos alquimistas.

A elaboração do processo primário

O processo primário tem por efeito reproduzir a percepção das condições da experiência de satisfação. Mais precisamente, reproduzir toda a percepção ou parte dela, ou ainda percepções a ela associadas por elos quaisquer. É importante observar, a esse respeito, que essa percepção idêntica pode ser de naturezas diversas. Prevalece o hábito de considerar apenas uma percepção quase-alucinatória ligada a uma hipotética função 'imageante' do aparelho psíquico que utiliza os traços das percepções sensoriais. No entanto, os dados modernos trazidos pela observação do recém-nascido tornam bem pouco plausível tal possibilidade precoce de fantasiar baseada em representações em imagens sensoriais internas. É bem mais provável que a identidade parcial de percepção proceda de uma atividade motora do recém-nascido. O chupar o dedo e os comportamentos análogos de auto-estimulação do corpo são uma primeira manifestação.

No caso de chupar o dedo, a reatualização das percepções ligadas à experiência de satisfação tira proveito dos reflexos inatos de sucção, mas o jogo do desejo se encarna bem concretamente no movimento que leva o dedo à boca.

Essa é uma das primeiras reações circulares, pela qual o recém-nascido reproduz sensações agradáveis por intermédio da atividade de seu corpo.

A utilização dos gritos é, para nós, um segundo aspecto mais elaborado do processo primário.

Vimos que, em um primeiro momento, a descarga motora e os gritos eram o efeito, desprovido de sentido, da transformação dos estímulos sob a influência do 'processo reflexo'. Assim sendo, o grito do recém-nascido inscreve-se entre a necessidade e a intervenção materna.

Portanto, ele faz parte do contexto da experiência de satisfação, e, nessa medida, a reprodução do mesmo pela criança representa um outro aspecto de realização da identidade de percepção pelo processo primário. O destino excepcional dessa reprodução da descarga motora vocal é bem conhecido: na medida em que uma mãe "suficientemente boa" reage de maneira pertinente (Winnicott, 1974), o recém-nascido descobre que ele dispõe de um meio poderoso para realizar seus desejos. A linguagem falada é uma elaboração posterior desse grito, do qual conserva ainda uma parte de eficácia mágica, e, em certos casos, a fala poderá ser o meio privilegiado de satisfação quase alucinatória do desejo.

O processo secundário

O jogo das insatisfações que, em condições normais, estão ligadas quase que inexoravelmente ao exercício do processo primário, leva a criança a distinguir a realidade externa da fantasia, e a utilizar novos processos de satisfação, indo buscar ativamente o objeto desejado no mundo físico exterior a ela, por meio de condutas motoras apropriadas.

Parece certo que o jogo do processo secundário só é possível por meio de uma estruturação mais precisa dos objetos internos, particularmente da elaboração simultânea de representações *de* imagens internas dos objetos e das representações práxicas dos efeitos da motricidade corporal.

É somente por volta do final do primeiro ano que os comportamentos da criança implicam a existência de representações de imagens estáveis, bem como a existência de um conhecimento do efeito de sua atividade motora, o que lhe permite antecipar um resultado e elaborar estratégias elementares. E, a partir desse mesmo momento, a criança se mostra capaz de imaginar meios diversos para alcançar um objeto ou um efeito desejado. Parece-nos que a atividade de simbolização [1] completa só é possível nesse exato momento.

Com efeito, a criança se torna capaz de (se) 're-presentar' uma coisa por outra, com o auxílio de dois processos diferentes: o do representante de coisas, que faz 're-aparecer' as qualidades estésicas do objeto no campo da realidade psíquica, e o do representante das transformações a serem aplicadas à realidade externa, por intermédio de seu corpo, para nela encontrar o objeto desejado. O representante de coisa investido pela energia do desejo atualiza o objetivo a ser atingido. E o efeito do investimento dos representantes de transformação, ou seja, da atividade motora da criança, é comparado repetidamente a esse representante de coisa atualizado. As estratégias motoras com o poder de proporcionar o objeto são, por sua vez, registradas, retidas, memorizadas, para que sejam mais uma vez utilizadas quando a necessidade do objeto se fizer sentir novamente.

Assim se realiza a identidade de pensamento visada pelo jogo do processo secundário.

Esse pensamento, em um primeiro momento, é bastante simples, visto que emprega apenas três meios : os representantes de coisa, os representantes de transformação, e uma atividade rudimentar de julgamento que afirma ou nega a identidade entre o objeto interno desejado e o objeto externo manipulado. Poder-se-ia dizer que, se o processo primário constrói uma ilusão, o processo secundário busca uma identidade ou uma verdade, entre um traço deixado pelo passado e um efeito percebido no presente.

Essa tarefa do processo secundário seria fácil se nossa organização psíquica não padecesse do que, juntamente com Freud (1911), denominaremos "um ponto fraco".

Esse ponto fraco reside no fato de que as representações psíquicas, cujo investimento poderia acarretar desprazer, estão excluídas do campo da consciência pelo jogo do recalque.

---

[1] (Semiotização)

Como o recalque, por natureza, é insensível a qualquer consideração de ordem lógica ou prática, zeloso apenas de evitar qualquer desprazer, pode acontecer que ele interfira no decorrer do jogo do processo secundário. Portanto, representações de coisa inadequadas podem impor-se, substituindo-se às representações pertinentes, porém ligadas a experiências de desprazer; do mesmo modo, estratégias pertinentes, porém dolorosas, podem ser abandonadas em proveito de estratégias inadequadas, mas que não oferecem o perigo de evocar desprazer imediato; e julgamentos falsos também podem tomar o lugar de julgamentos verdadeiros.

A competição entre o recalque e o princípio de realidade encontra-se, pois, na origem de uma parte importante das anomalias psicopatológicas do pensamento... e dos aprendizados das possibilidades do corpo.

O processo secundário sofre uma mutação profunda no momento crucial em que se dá a interiorização da linguagem falada. Nesse momento, com efeito, às representações mentais diversas que acabamos de evocar, vem associar-se o traço da cadeia significante sonora deixado pelas palavras que as designam.

A partir desse momento, o pensamento se libera dos dados da experiência pessoal e imediata, e aos aprendizados perceptivos e manipulatórios acrescentam-se os aprendizados verbais e a possibilidade de pensamentos libertos das regras da realidade psíquica.

Estamos tão habituados a pensar quase exclusivamente com palavras, que freqüentemente nem o percebemos.

O que sentimos quando ocorre o esquecimento de uma palavra, quando 'a palavra está na ponta da língua', faz-nos reviver em parte a precariedade do que era o pensamento sem representantes de palavra: nesse momento, não apenas ficamos extremamente embaraçados na comunicação com o próximo, como também temos enorme dificuldade em elaborar nosso pensamento para nós mesmos.

Do mesmo modo, o esquecimento ou a ignorância da designação dos procedimentos, técnicas e habilidades que possibilitam a realização de uma tarefa inscreve-se no registro do 'fazer' como uma deficiência análoga.

Quando o processo secundário fica sob o primado da linguagem, o pensamento é quase exclusivamente falado, e o recalque se exerce com economia e eficácia pela simples separação que se estabelece entre os representantes de palavra e seus representantes de coisa e de transformação, o que deixa o sujeito que sofre seu efeito perplexo diante dos lapsos, dos esquecimentos de palavra, dos embaraços de gesto e de postura, dos impulsos motores e dos erros de julgamento.

Nessa linguagem que passa, então, a marcar o processo secundário... e com freqüência o processo primário, é importante especificar uma categoria pouco apreciada e pouco conhecida, a categoria dos algoritmos. Desde que Al Korishmi, no século IX, explicou aos matemáticos europeus, que utilizavam algarismos romanos, como efetuar as operações aritméticas com algarismos indianos, que pensamos serem árabes, seu nome é usado para designar a simbolização de uma série de operações.

Al Korishmi, na verdade, ensinava os processos de cálculo a serem utilizados para efetuar as operações aritméticas escritas em algarismos 'árabes'; esses processos eram totalmente diferentes e mais performáticos que os ábacos utilizados com os algarismos romanos. De início, foram as técnicas de cálculo com os algarismos árabes que receberam seu nome alterado para "angorismo" e "algorismo", para finalmente se estabelecerem sob a forma atual de 'algoritmo'. Uma das definições atuais mais precisa é proposta pelos teóricos da informática (Raymond, 1969):

> Um algoritmo é formado por uma série finita de prescrições, expressas em uma linguagem definida, ele se aplica a uma categoria de objetos denominados, chamados palavras de entrada no algoritmo e ele dá um resultado sob a forma de uma palavra ou de um símbolo, chamado símbolo de saída do algoritmo.

Desse modo, o algoritmo da multiplicação aplicado a dois números escritos em algarismos árabes determina a aplicação da tabela de multiplicação aos diferentes algarismos do multiplicador e do multiplicando, em seguida a aplicação da tabela de soma aos resultados, de acordo com o método que cada um de nós aprendeu na escola primária, para fornecer finalmente o número que representa o produto.

O algoritmo da multiplicação seria enunciado de uma maneira bem diferente se os números fossem escritos em algarismos romanos... ou astecas.

Segundo um esquema análogo, todas as manipulações ou transformações aplicadas a símbolos de objeto, em matemática ou em lógica, constituem os diversos algoritmos. São, pois, representantes simbólicos das 'operações' a serem aplicadas aos significantes, numéricos por exemplo, para que sofram uma transformação cujo efeito se expressa pelo resultado. Os algoritmos podem descrever operações simples ou extremamente complexas.

Na linguagem dos letrados, os algoritmos não são muito importantes, pelo menos sob essa designação.

Mas na linguagem dos algarismos, eles ocupam o primeiro plano: é graças aos algorismos que podemos contar, recensear, seriar, ordenar, comparar, e que podemos manipular as quantidades e qualidades sem nos preocuparmos com a pitoresca morfologia ou com o lado anedótico dessas quantidades e qualidades.

Em informática, são os algoritmos que permitem tratar os dados.

Esses abstratos nascem na história da matemática de maneiras diversas, mas sabemos agora que para cada indivíduo a descoberta e o desenvolvimento da atividade corporal muscular e gestual constituem seu aspecto mais arcaico (Piaget, 1972; Piaget e Inhelder, 1967), a que chamamos representantes de transformação. Veremos como, a partir das certezas limitadas do espaço corporal, o desenvolvimento das matemáticas modernas chegou a incertezas ilimitadas, porém aplicáveis ao infinito.

B. Referências sobre a elaboração do pensamento

A criança da espécie humana nasce prematura. A organização funcional de seu corpo e a organização de seu aparelho psíquico, particularmente, estão longe de estarem acabadas na ocasião do nascimento.

As observações diretas de Spitz (1968) destacaram três fases críticas iniciais no desenvolvimento da criança. Por analogia com alguns fenômenos embriológicos, ele propôs que se chamassem esses momentos críticos de "organizadores".

O quarto momento crítico, essencial para a estruturação da personalidade e do pensamento humano, foi descoberto e explicado, bem antes de Spitz, por Freud: trata-se, evidentemente, da crise edipiana.

Desde então, graças sobretudo aos trabalhos de Elliott Jaques (1974), sabe-se que durante toda a existência humana crises sucessivas vêm modificar de modo importante o equilíbrio obtido: crise da puberdade, do início da idade adulta, da maturidade, do começo da velhice.

Na ocasião de cada uma dessas crises, o equilíbrio econômico do indivíduo, os investimentos libidinais, os mecanismos de defesa preferenciais sofrem profundas modificações.

Utilizaremos o esboço proposto por Spitz para revisar as quatro grandes crises do princípio da vida.

Antes do primeiro organizador

Os tempos anteriores ao do primeiro organizador correspondem às primeiras semanas de vida da criança.

Nesse período, existe uma considerável defasagem entre as possibilidades funcionais, anatômicas e fisiológicas do corpo e a capacidade de integração mental dos dados.

O corpo, graças a importantes modificações, é de fato capaz de reagir no plano motor e endócrino, assim como os órgãos sensitivo-sensoriais já reagem a seus estímulos específicos de um modo bastante análogo àquele que será próprio na idade adulta. Mas não existe nenhuma organização mental que permita à criança distinguir o que quer que seja por meio dessas percepções [1].

É sempre muito difícil tentar compreender o que pode ser a atividade mental do recém-nascido nesse período, na medida em que podemos descrevê-la quase que apenas por características negativas.

A noção de espaço, as noções de tempo e de duração, a noção de que existem objetos e de que esses objetos são permanentes, a noção de sua própria existência, com efeito, ainda não estão presentes e deverão ser adquiridas.

O recém-nascido, além do mais, é incapaz de distinguir as impressões provenientes do meio exterior por meio dos órgãos dos sentidos – impressões originárias do funcionamento de seu próprio corpo –, quer se trate de sua motricidade (percepções das modificações do tono, do sentido das posições, do equilíbrio, etc.), quer se trate das informações provenientes do funcionamento visceral relativas ao estado de equilíbrio quer se trate de desequilíbrio homeostático interno.

Parece, de fato, que nesse período o recém-nascido só é sensível ao aumento grosseiro ou à diminuição global grosseira dos afluxos de estímulos.

Dois grandes estados se oporiam de modo esquemático; o primeiro caracteriza-se pela diminuição e mesmo pela ausência dos estímulos: trata-se do estado de quietude, durante o qual o sono é a atividade principal da criança.

---

[1] Sabemos, hoje, que existe realmente uma organização mental muito precoce que permite à criança distingüir e reconhecer algumas percepções, agir de modo pertinente sobre os objetos do mundo exterior, e resolver problemas manifestando satisfação. O que ainda ignoramos é se essas representações e essa organização prefiguram o que serão as representações ulteriores e a organização das mesmas, ou se se trata de fenômenos que desaparecem sem deixar vestígio no funcionamento psíquico ulterior; mais ou menos como o que ocorre quando devemos aprender a andar, no final do primeiro ano de vida, embora já tivéssemos na ocasião do nascimento o reflexo do andar. Ver sobre esse assunto T.G.R. Bower: *Le développement psychologique de la première enfance*, Mardaga, Bruxelas.

O outro estado caracteriza-se pelo aumento de atividades perceptivas de todo tipo e, clinicamente, pelo aumento da vigilância e da atividade motora.

Pode-se observar que, nessas atividades, as modificações do tono estão na origem das mais importantes modificações do comportamento: conhece-se, aliás, a importância dos dados do sistema de regulação do tono muscular (*gama*), bem como suas estreitas correlações com a substância reticular ativadora na economia do funcionamento nervoso do indivíduo.

Esse primeiro período, durante o qual a principal característica da vida psíquica é provavelmente sua caotização, tem talvez uma duração muito breve, e uma das primeiras aquisições da criança consiste em distinguir as experiências agradáveis das experiências desagradáveis.

O primeiro organizador

O primeiro organizador de Spitz, com efeito, é o fato de a criança reagir com regularidade por meio do sorriso à percepção de qualquer rosto humano, por volta da oitava semana de vida. Ao se interpretar essa observação deve ser considerado o contexto de sua evidenciação.

Observemos, inicialmente, que no momento em que a ela nos dedicamos para lhe dispensar cuidados, afeto, atenções, etc., a criança percebe quase sempre um rosto humano inclinado sobre ela.

Essa percepção do rosto humano é a percepção mais regular no decorrer das diferentes experiências desses primeiros momentos da vida. Por conseguinte, esse rosto é associado regularmente a experiências de satisfação da necessidade, durante as quais são registrados traços mnésicos iniciais que darão origem ao processo primário.

A partir do momento em que a memorização dos traços mnésicos está bem estabelecida, parece certo que a percepção do rosto humano evoca globalmente a lembrança das experiências de satisfação ligadas a sua percepção, levando o recém-nascido à antecipação alucinatória da satisfação.

Nossa hipótese é que os objetos do mundo exterior que o recém-nascido revê são, para ele, significantes que representam o contexto no qual esses objetos já apareceram e em que já foram percebidos.

Esses objetos percebidos de modo repetitivo são, em suma, os elementos de uma semiotização rudimentar, na qual o significante está longe de ser dissociado do significado, uma vez que uma parte do significado é retida como representante da situação.

Em termos estritos, no que se refere a esses elementos dever-se-ia falar de sinais e não de símbolos.

De qualquer maneira, a resposta da criança, por meio de seu sorriso, diante da visão do rosto humano mostra sua capacidade de antecipar a repetição de uma experiência agradável nessa circunstância.

Devemos a Melanie Klein (1966, 1969; ver também H. Segal, 1969) uma segunda observação que vem completar a de Spitz, ao mesmo tempo em que a ela se contrapõe.

Melanie Klein nos faz observar que a criança que passou muito tempo com fome, chorando, por um período de desconforto bastante prolongado, tem uma reação completamente diferente.

Com efeito, no momento em que a mamadeira e a mãe se aproximam da criança para alimentá-la, em vez de sorrir como antes, ela se vira para o outro lado e repele a mãe e a mamadeira.

Essa segunda observação mostra que, a partir de um certo tempo de desconforto, o elo estabelecido pela criança entre o rosto humano e a antecipação da satisfação desaparece, dando lugar a um outro elo entre o mesmo rosto ou elementos da experiência de satisfação e uma reação de rejeição que tende a afastar a presença daqueles.

Por outro lado, os elementos trazidos durante curas psicanalíticas permitiram a Melanie Klein lançar a hipótese de que, naquele momento, a criança faz uma representação dos objetos clivada em bons e maus objetos. Esse é o primeiro traço pertinente de oposição de que a criança dispõe para classificar suas experiências e organizar um pouco seu caos interior.

Tudo se passa como se, a partir de suas percepções, a criança construísse mentalmente dois conjuntos: um atingido por características boas e agradáveis da experiência, o outro atingido por características más e desagradáveis, com a particularidade de que cada elemento de cada um desses conjuntos pode evocar a totalidade deles, por meio do jogo de uma equivalência metonímica.

Por outro lado, em nenhum momento ela descobre a identidade existente entre os dois conjuntos percebidos, mas atingidos em momentos diferentes por características afetivas diferentes.

Wilfred R. Bion (1961, 1974), em uma perspectiva mais fenomenológica, lança hipóteses convergentes com as precedentes.

Segundo ele, o pensamento no nível mais arcaico é um objeto psíquico que nasce da "união de uma pré-concepção com uma frustração".

Ele define a "*pré-concepção*" como um objeto psíquico elementar, "análogo ao conceito kantiano dos 'pensamentos vazios'. Em psicanálise, a teoria segundo a qual a criança tem uma disposição inata que corresponde à espera de um seio pode ser utilizada para apresentar um modelo". Acrescentemos que essa disposição inata se manifesta clinicamente, por exemplo, pelos reflexos inatos de sucção do recém-nascido.

A pré-concepção pode encontrar uma atualização de seu conteúdo, no exemplo da atitude inata do seio, e isso será a atualização deste e a experiência de sua sucção.

Bion propõe nomear *concepções* esses efeitos da união de uma pré-concepção com sua atualização, que estão constantemente conjuntas a uma experiência de satisfação.

Nessa perspectiva, a "concepção" é sinônimo de bom objeto kleiniano.

O pensamento, por sua vez, no sentido estrito proposto por Bion, nasceria do encontro de uma pré-concepção com a 'consciência' de que o seio desejado está ausente. 'Essa união é sentida como uma ausência-de-seio'.

O objeto 'pensamento' nascido, então, da união de um pré-conceito com uma ausência de objeto, pode ser tratado de três modos diferentes conforme a capacidade do sujeito de tolerar a frustração: se a intolerância for extrema, o objeto 'pensamento' vai ser alvo de mecanismos de projeção que, então, passam a tratar o objeto 'pensamento' como um mau objeto que deve ser afastado.

Se a tolerância à frustração for maior, uma certa tomada de consideração do objeto 'pensamento' se fará como defesa maníaca, e a onipotência e a onisciência surgirão como substitutos do 'pensamento'.

Finalmente, se a tolerância à frustração for satisfatória, a elaboração normal do processo secundário conduzirá à organização usual do pensamento.

Essas perspectivas de Bion apresentam modelos preciosos para que se compreenda as diferentes modalidades de alteração da inteligência: as que estão ligadas ao desenvolvimento de um aparelho para expulsar os pensamentos que levam às psicoses deficitárias; as que estão ligadas à mobilização da defesa maníaca com as diferentes formas clínicas de patologia narcísica; e as alterações neuróticas da inteligência, em que um aparelho de "pensar os pensamentos" pôde ser desenvolvido, ainda que este não funcione normalmente (Gibello, 1976).

Voltando aos estágios de início da elaboração do pensamento, retenhamos, à guisa de resumo, que nesse período em que o processo primário se manifesta sem limites, este visa a evocação de objetos clivados em bons e maus objetos.

Observe-se que essa é a única distinção de que o recém-nascido é capaz, e que, em particular, a oposição entre realidade externa e realidade interna, fantasia e realidade, é totalmente impossível para ele.

Segue-se que, do ponto de vista do recém-nascido, aquilo que ele percebe em relação às pessoas reais que lhe dispensam cuidados nos primeiros meses de vida é indistinto daquilo que ele transforma em alucinação.

Uma mãe "bastante boa" se encarna na alucinação do bom objeto, que é então reforçado; e uma mãe incompetente, ausente ou rancorosa reforça a imagem da mãe má e a angústia de ser aniquilado pelo aumento das tensões internas (Winnicott, 1974).

O jogo das identificações introjetivas e projetivas é, nesse momento, o único meio de ação de que dispõe o recém-nascido: embora fosse mais justo dizer 'reaproximar e rejeitar', em vez de introjetar e projetar, nessa fase em que os limites entre o eu e o mundo ainda não estão estabelecidos.

Observe-se que as reações circulares primárias devem ser compreendidas como identificações introjetivas em que o gesto da criança que se auto-estimula vem encarnar-se em sua alucinação primária.

O segundo organizador

O momento do segundo organizador, no final do primeiro ano de vida, é marcado por quatro manifestações.

A primeira, a que Spitz ressaltou, é uma modificação da resposta da criança na presença do rosto humano. Até então, se nada em particular a atormentava, ela sorria diante de qualquer rosto humano, mas esse sorriso torna-se bruscamente seletivo.

Os rostos familiares são recebidos com um sorriso, ao passo que os rostos desconhecidos, se a criança estiver sozinha, ocasionam choros, gritos e manifestações de inquietação.

No entanto, se a mãe da criança estiver presente, o rosto do desconhecido não desencadeia essas manifestações de "angústia do oitavo mês".

Devemos a Piaget a segunda observação.

Ele nota que o comportamento da criança de quem se toma um brinquedo com o qual ela se diverte, para escondê-lo sob seus olhos, ao alcance de sua mão, também muda por volta do final do primeiro ano de vida. Antes disso, ela manifestava por meio do choro o desapontamento por ser privada de seu brinquedo, mas sem tentar recuperá-lo.

Por volta de oito ou dez meses, a criança vai ativamente buscar o objeto escondido sob uma almofada, e o encontra, mostrando assim, ao que parece, sua nova capacidade de representar mentalmente um objeto ausente e de fazer o que for possível, com a motricidade de seu corpo, para encontrá-lo.

A terceira observação é de Wallon, que nota o novo interesse de júbilo da criança diante de sua imagem no espelho.

A quarta observação foi feita por todas as pessoas que cuidam de crianças dessa idade, e Melanie Klein deu-lhe um sentido. Vê-se, de vez em quando, crianças que chegaram ao final de seu primeiro ano de vida, alertas, silenciosas, graves: tristes e deprimidas.

Essas quatro observações são compreendidas de modo unívoco. Elas traduzem a nova possibilidade de a criança evocar um objeto ou uma pessoa ausente.

Por certo, essa possibilidade é ainda precária: o objeto escondido é logo esquecido caso se distraia a atenção da criança. Mas a criança que brincava tranqüilamente, sozinha, torna-se ansiosa ao ver o rosto do desconhecido, ao passo que o mesmo não acontece se sua mãe estiver presente, pois, manifestamente, o rosto do estranho evoca para ela o da mãe, e faz com que ela descubra sua ausência.

Assim sendo, o rosto do estranho é um sinal da ausência da mãe: essa é a primeira manifestação da função semiótica que, dentro de alguns meses, permitirá o acesso à linguagem.

No entanto, a angústia da criança diante do desconhecido só poderá ser plenamente compreendida com a ajuda de Melanie Klein. Ela nos mostra que a criança fica ansiosa, não por temer ter sido abandonada pela mãe, mas simplesmente por acreditar ou temer tê-la destruído.

Com efeito, de clivado, o objeto interno passa a ser, então, total: os 'quase-objetos' *mãe boa* e *mãe má* são reconhecidos como sendo o mesmo objeto, alternadamente satisfatório ou insatisfatório.

Essa descoberta do objeto como total inquieta a criança, a qual teme que a agressividade, manifestada em relação ao que ela acreditava ser um mau objeto clivado, tenha podido, à sua revelia, destruir o objeto total e, em particular, sua parte desejada, ou seja, tudo o que podia ser bom para ela.

É essa angústia depressiva que está na origem desses tristes momentos de meditação e de "angústia do 8º mês" de Spitz. Ao mesmo tempo, ao descobrir a mãe como objeto total, a criança vai descobrir a si mesma como tal, por meio dos jogos de espelho ótico, das imitações vocais, cócegas e, em geral, por meio de todas as situações em que o adulto imita a criança em um jogo alternativo. É a fase do interesse por sua imagem no espelho, e também da exploração das possibilidades e limites do corpo nos jogos circulatórios secundários, nos quais a criança tenta reproduzir os efeitos sobre o mundo exterior (Anzieu, 1974).

A *elaboração da posição depressiva*

Essa elaboração acarreta normalmente um remanejamento fundamental da atividade psíquica da criança.

Começa, então, a distinção entre a realidade física e a realidade psíquica; e, ao mesmo tempo, a apuração das possibilidades de representação mental permite um distanciamento em relação à atividade sensório-motora corporal. Essa elaboração da posição depressiva se faz pelo jogo da 'reparação'.

Normalmente, a criança deprimida que acredita ter destruído a mãe, repete a experiência da reaparição desta e reencontra seu amor. Ela percebe, assim, que sua onipotência agressiva imaginária era ilusória, e que não basta desejar destruir para que a destruição se efetive. De maneira análoga, ela descobre os limites de seu desejo afetuoso: não basta, contrariamente ao que acreditara até então, desejar a presença da mãe para que essa presença se atualize.

Por conseguinte, paralelamente, a crença da criança em sua onipotência se enfraquece, a descoberta de sua dependência e sua fraqueza se fortalece, e ela se torna capaz de distinguir dois lugares de realização do desejo. Em um deles, tudo é magicamente possível, e o desejo é todo-poderoso: trata-se do espaço psíquico em que o processo primário pode fazer a lei, mas permite satisfações apenas ilusórias.

No outro, o possível obedece a regras externas à criança, independentes de seus movimentos psíquicos: trata-se do espaço físico onde reina o princípio de realidade, ao qual está submetido o processo secundário. Nesse espaço, a posse do objeto exige uma atuação adequada da motricidade corporal, a realização do desejo se vê limitada por numerosas restrições, mas a pulsão encontra aí seu objeto.

Essa descoberta fundamental da diferença entre o mundo psíquico e o mundo físico não se faz de uma só vez e não é definitiva.

Em certos momentos, a angústia depressiva é forte demais, e a criança é levada a utilizar novamente a clivagem em um processo regressivo. O sofrimento relacionado ao objeto supostamente destruído é atribuído ao mau objeto, e projetado ao longe no *entourage* que se torna mau, ridículo e incompetente, ao passo que a criança se identifica ao bom objeto todo-poderoso: trata-se da defesa maníaca que, dessa maneira, permite escapar à depressão, ao preço da volta à clivagem e à megalomania, e também ao preço do esquecimento da distinção entre espaço físico e psíquico.

É nessas circunstâncias que a criança pode novamente 'tomar seus desejos por realidades', e esquecer sua dependência. Mas, ao mesmo tempo, essa volta da clivagem torna mais difícil tolerar uma descoberta ulterior do objeto na qualidade de total, uma vez que a defesa maníaca tem o efeito fantasmático de destruí-lo. É desse modo que certos sujeitos podem cair em um círculo vicioso. Este os torna incapazes de desenvolver de modo adequado as possibilidades de elaboração do desejo segundo as leis do processo secundário, com graves conseqüências no plano das possibilidades de compreensão, julgamento e controle. De modo geral, entretanto, a maioria dos indivíduos se considera capaz de uma elaboração satisfatória de sua posição depressiva.

O terceiro organizador

Alguns meses mais tarde, entre 15 e 18 meses, vai manifestar-se o terceiro organizador, que marca o início da possibilidade de abstrair. Assim como o primeiro organizador se articula em torno da oposição 'prazer-desprazer', o segundo organizador se articula na possibilidade de pensar o par de oposição 'presença-ausência', e o terceiro se articula na nova possibilidade de pensar o par de oposição em geral, sob a forma da operação lógica da negação. É então que a criança é capaz de comunicar seu acordo ou seu desacordo, e lembrar-se de que certos atos podem ser efetuados e outros não.

É nessa idade, por exemplo, que uma criança bate em si mesma após ter transgredido uma proibição.

Do mesmo modo, uma outra, ao brincar diante de uma gaveta proibida, avança a para abri-la, depois pára e dá um tapa na própria mão dizendo "Não".

Ainda não é possível a distinção entre categorias mais elaboradas, como a interdição, o impossível material, o diferente, o contrário, a recíproca; mas essa primeira operação lógica abstrata não deixa de ter, desde já, um poder considerável.

Essa 'interiorização da negação' acontece em um momento em que a criança se depara obrigatoriamente com interdições e restrições.De início, restrições e interdições motoras.

Essa é, de fato, de um lado, a fase dos primeiros passos e do surgimento de uma atividade motora de preensão suscetível de conseqüências desagradáveis: impõem-se, então, limites à marcha e à motricidade da criança, visando sua segurança (não pôr a mão no fogo, não subir na sacada, não sair sozinha à rua, etc.) Observemos que, a esse respeito, pouco importa que se trate de limites expressos por palavras e explicitamente comunicados, ou que se esteja oferecendo à criança um meio circundante sem perigo, visando protegê-la: nos dois casos, a restrição está presente, embora sutilmente tácita na segunda circunstância.

Sempre no plano motor, a criança se depara também, nessa fase, com outras interdições (ao menos em nossa cultura), relacionadas à utilização dos esfíncteres anais e uretrais. Seu *entourage* espera que ela adquira o hábito de fazer suas necessidades nos lugares apropriados, e não conforme seu belprazer. É conhecida, nessa fase, a importância de a criança descobrir o jogo da musculatura esfincteriana, caso particular importante de toda a musculatura.

Uma outra restrição com que ela se depara, muito importante e com bastante freqüência ignorada, é a da linguagem: a criança, no exercício da função semiótica, sob a forma de imitação diferida ou do jogo simbólico, vê-se livre para escolher os significantes que desejar; o mesmo não ocorre com a linguagem, na qual os significantes são impostos, assim como as regras de sua utilização.

Observemos, contudo, que ao mesmo tempo que impõe limites, a operação da negação é o primeiro representante de transformação cuja simbolização é interiorizada pela criança; ou seja, trata-se do primeiro algoritmo de que dispomos. Esse algoritmo fará surgir uma numerosa descendência que se manifesta na fase do organizador seguinte, o que atesta, com sua pujança, o pensamento matemático moderno.

Quarta fase: a crise edipiana

A crise edipiana constitui a quarta fase crítica de elaboração do pensamento. Nós nos limitaremos a assinalar seu efeito sobre a organização desse pensamento.

Nessa fase, o interesse da criança pela diferença dos sexos, entre outras conseqüências mais conhecidas, permite-lhe manipular mentalmente os primeiros conceitos abstratos.

Na realidade, o interesse da criança pelas marcas de diferença entre os sexos é mais precoce do que o momento do conflito edipiano.

No entanto, é nessa fase que surge seu interesse pelas marcas anatômicas mais grosseiras dessa diferença: o pênis e o útero grávido.

Essas marcas anatômicas mostram-se mais pertinentes do que as vivenciadas até então, como, por exemplo, o comprimento dos cabelos, o desenvolvimento dos seios, a extensão ou o timbre da voz, a suavidade ou a violência das reações, a forma das roupas, etc. Por outro lado, as marcas anatômicas da diferença dos sexos permitem distinções fundamentadas em cacterísticas objetivas, ao passo que os três primeiros organizadores põem em jogo critérios subjetivos.

A oposição agradável/desagradável do primeiro organizador é pura subjetividade, a do presente/ausente do segundo também não o deixa de ser; quanto ao uso do algoritmo da negação, sabe-se a que ponto ele é confundido com a noção moral subjetiva da interdição.

As duas características anatômicas sobre as quais se fundamenta a fase do quarto organizador não têm esse caráter subjetivo: tanto o pênis quanto o útero grávido são objetiváveis, independentemente das posições subjetivas da criança.

No entanto, é o pênis que está presente ou ausente no corpo da criança e que, na anatomia sexual imaginária infantil, determina para ela a diferença dos sexos entre aquele que tem um pênis e o outro que não tem.

Quaisquer que sejam as fantasias da criança sobre o risco de perder esse pênis, ou sobre a esperança de que ele lhe seja dado; quaisquer que sejam suas fantasias sobre uma gravidez desejada ou temida, a marca anatômica do pênis constitui um sólido ponto de fixação na realidade.

É apenas entre os transexualistas que a idéia delirante de habitar um corpo de um sexo diferente de seu sexo anatômico consegue impor-se em um registro psicótico.

O pênis, como traço pertinente de oposição entre os sexos, torna-se para a criança um meio poderoso de classificação: o pequeno Hans (Freud, 1909) nos dá um exemplo bem claro disso: ele começa pela oposição entre um ser vivo e um inanimado: "um cachorro e um cavalo têm um faz-xixi; uma mesa e uma cadeira não o têm", e ele continua, tentando aplicar esse critério a seus pais, mas malogra por causa da autoridade do falso discurso de sua mãe:

> Hans (com 3 anos e 9 meses): – Papai, você tem um faz-xixi?
> O pai: – Claro que tenho.
> Hans: – Mas eu nunca o vi quando você está se trocando.
> Em um outro dia, ele observa muito atentamente sua mãe se despir antes de se deitar.
> Esta lhe pergunta: – O que é que você está olhando desse jeito?
> Hans: – Só estou vendo se você também tem um faz-xixi.
> A mãe: – Claro que eu tenho. Você não sabia?
> Hans: – Não. Eu pensei que, como você é tão grande, você devia ter um faz-xixi como um cavalo.

Vários outros pequenos 'Hans' e pequenas 'Sofias' aplicam com maior ou menor angústia e dificuldade esse traço pertinente a eles próprios e a seu meio circundante. Normalmente, eles conseguem classificar os humanos em duas categorias que se distinguem pelo pênis ou pela ausência dele, e – fato da maior importância – eles se podem 'compreender' como pertencentes a uma ou a outra categoria, que também compreende um de seus pais.

O procedimento intelectual que se opera a partir de marca de diferença descoberta como atributo permanente, ao se generalizar, abre as possibilidades do pensamento lógico, com seus sistemas de dedução, seriação, classificação e inserção de classes. É sobre essas bases que a semiotização dos representantes de transformação pode realizar-se, e que os algoritmos vêm fazer concorrência às fórmulas de desejos mágicos da tenra infância. É desse modo que o pensamento conclui sua elaboração estrutural, pondo à disposição do sujeito uma linguagem cujos significantes relacionados aos representantes de coisa e aos representantes de transformação são normalmente investidos e interiorizados.

Eles são utilizados sob forma de algoritmos e símbolos de objeto correspondente, nos termos da linguagem utilizada pela semântica gerativa derivada dos trabalhos de Chomsky, os "actantes" e os "objetos". É notável que a mesma distinção seja levada à informática por intermédio dos termos operadores e operandos.

C. Sobre alguns obstáculos ao desenvolvimento do pensamento

O pensamento lógico, no sentido comum do termo, é o pensamento do processo secundário após sua transformação ocasionada pelo encontro com a linguagem. É importante não ignorar, ao lado desse pensamento lógico, a existência normal de um pensamento mágico, em que são elaboradas as fantasias, que são o resultado do processo primário após sua elaboração genética.

Aqui, ainda, a marca da linguagem é muito importante, embora traços estésicos dos representantes de coisa ou de transformação ocupem um lugar importante, ainda que eles tendam a desaparecer totalmente *no* pensamento lógico.

Cada personalidade normal caracteriza-se pelas quantidades de investimentos *libidinais* produzidos nas duas formas de pensamento, bem como pelas fixações que lhes modulam o conteúdo.

Ao lado desses resultados positivos, ocorre também que o desenvolvimento do pensamento seja perturbado por diversos fatores. Sem que ignoremos sua importância, evocaremos apenas as múltiplas lesões orgânicas suscetíveis de privar os processos de pensamento de seu necessário suporte anátomo-fisiológico.

Por outro lado, analisaremos mais atentamente um certo número de anomalias funcionais, relacionadas às perturbações de aprendizagem. Um primeiro grupo compreende as anomalias ligadas a uma elaboração defeituosa do segundo organizador e da posição depressiva de Melanie Klein, os quais levam o sujeito a utilizar apenas processos arcaicos modelados sobre a atividade psíquica contemporânea do primeiro organizador, ou mesmo anterior a ele: é o caso do autismo, das psicoses dissociativas e das psicoses deficitárias.

Um segundo grupo compreende as anomalias ligadas a esse 'ponto fraco' de nosso aparelho psíquico, que, para Freud, é a mobilização do recalque no caso do funcionamento mental segundo as leis do processo secundário.

A noção de que a estrutura das fantasias e fantasmas especifica as diferentes neuroses é familiar: é o processo primário que é aí designado.

Mas o recalque ou seus derivados podem também se exercer no quadro do processo secundário, tornando estúpido um indivíduo histérico, por exemplo; transformando o saber ou o raciocínio em objeto fobígeno, em um indivíduo fóbico; ocupando o campo de consciência com obsessões e rituais em um indivíduo obsessivo.

Um terceiro grupo, ainda mal explorado, compreende as anomalias ligadas à elaboração de algoritmos defeituosos, quer estruturas inomogêneas, como no caso das desarmonias cognitivas (Gibello, 1976), quer geradores de paradoxos ou de contradições, como no caso de uma certa patologia narcísica (Anzieu D., 1975).

Terminaremos lembrando que, fora o caso dessas anomalias persistentes, cada um de nós pode fazer a experiência, durante breves períodos, de desorganizações análogas dos processos de pensamento: mesmo sem ter de recorrer a drogas psicodélicas sofisticadas, a embriaguez, o sonho, a paixão ou a ansiedade, a partir de um certo nível, são perfeitamente capazes de perturbar nosso julgamento, de enganá-lo e até de nos fazer perder qualquer lógica.

Essas suspensões temporárias da crítica e do julgamento são, aliás, positivas e necessárias. Elas são, na verdade, a condição da criatividade: o processo secundário visa reproduzir a identidade do pensamento, mas é o processo primário que propõe as representações de objeto do desejo.

3. Realidades físicas, realidades psíquicas e linguagens

Imaginemos um cubo animado por movimentos e os oito pontos que marcam os oito ângulos desse cubo. Imaginemos que esses pontos sejam geometricamente projetados em uma linha reta. A observação da reta, apenas, poria então em evidência de dois a oito pontos se deslocando ao longo de um segmento de reta, de um modo estranho e passível de mil interpretações diferentes para um observador que só percebesse essa projeção do cubo. Com método e paciência, esse espectador poderia provavelmente determinar as leis do deslocamento dos pontos e descobrir-lhes as razões de ser, ao imaginar um cubo, seus deslocamentos e sua projeção.

Em nossa compreensão da realidade, não nos encontramos em uma situação muito diferente da desse observador imaginário.

Graças aos efeitos do 2º organizador, parece termos aprendido que é importante distinguir realidade psíquica e realidade física, para que não tomemos nossos desejos por realidades. Mas essa injunção se depara, logo de início, com uma importante dificuldade: da realidade física, se é que ela existe, só podemos ter uma representação psíquica.

Isso quer dizer que essa representação psíquica da realidade física será submetida às eventualidades do pensamento em geral, e que os critérios 'objetivos' correm o risco de ser ultrapassados por critérios subjetivos.

A esse respeito, a história do pensamento matemático parece-nos constituir uma excelente apresentação dessa dificuldade.

A. A matemática[1]

A matemática é comumente considerada um modelo de pensamento rigoroso e lógico, bem como um meio cômodo e econômico de transcrever aquilo que, na codificação da linguagem comum, seria demorado e difícil explicitar. Até meados do último século, os próprios matemáticos estavam convictos de que suas formulações descreviam a *verdade* dos fenônemos naturais. Essa convicção, no entanto, era dificilmente conciliável com as lacunas existentes nas cadeias de raciocínios matemáticos: na verdade, apenas a geometria euclidiana apresentava uma estrutura lógica de rigor aceitável em primeira aproximação, ao passo que o mesmo não ocorria com outras partes essenciais da matemática em que intervinha o número, como, por exemplo, a aritmética, a álgebra e o cálculo infinitesimal.

Lobatschewsky foi o precursor de uma grave crise ao mostrar a possibilidade de elaborar geometrias não-euclidianas com o mesmo rigor, ou até maior rigor, com que está construída a geometria de Euclides. Gauss mostrou que era possível aplicar as geometrias não-euclidianas à elaboração do mundo físico, permanecendo nos limites dos erros de observação e de medida aceitos pelas geometrias euclidianas. Donde se segue, inexoravelmente, que é preciso renunciar a crer que as formulações matemáticas descrevem a verdade dos fenômenos naturais: com efeito, se várias geometrias, diferentes e contraditórias, podem descrever as propriedades do espaço, conclui-se que ignoramos a verdade sobre o espaço físico. A certeza se reduz a uma dedução a partir de axiomas: se atribuirmos ao espaço as propriedades enunciadas nos axiomas de uma geometria e de uma determinada lógica, a geometria em questão, euclidiana ou não, indicará as conseqüências dessas suposições.

Após termos descoberto a existência das geometrias não-euclidianas, descobrimos, analogamente, novas álgebras (álgebra

---

[1] As referências bibliográficas a serem indicadas são as de Beth (1957), Kline (1973, 1975), Thurillier (1973).

vetorial, matricial, etc.) exorbitando das regras da aritmética comum, e que nem a geometria, nem a álgebra, nem a aritmética permitiam enunciar com certeza verdades verificadas no mundo físico.

Os matemáticos tiveram de renunciar à esperança de transformar a verdade em objeto da matemática. Mas eles tentaram dar a sua disciplina fundamentos lógicos rigorosos. Foi assim que Cauchy, Cantor, Peano, Hilbert, etc. buscaram dar bases axiomáticas satisfatórias à geometria, à álgebra, à aritmética e à análise; e Henri Poincaré, no Congresso de Matemática de 1900, em Paris, pôde declarar: "Agora podemos dizer que atingimos o rigor perfeito". As matemáticas eram então constituídas de diversos sistemas dedutivos, cada qual repousando sobre um conjunto de axiomas. Elas não eram mais consideradas reflexo da verdade, mas continuavam a ser consideradas 'consistentes', o que significa que as deduções feitas a partir de cada axioma eram supostamente não-contraditórias entre si. Antes dessa crise, a suposta verdade das matemáticas garantia-lhes a consistência, na medida em que dois enunciados não podem ser simultaneamente verdadeiros e contraditórios.

É aí que surge a dificuldade dos paradoxos, que são precisamente enunciados contraditórios deduzidos de um mesmo conjunto axiomático. É o caso do célebre "paradoxo do barbeiro", enunciado em 1919 por Bertrand Russel: "Considere-se um barbeiro habitante de uma cidade. Esse barbeiro deve fazer a barba de todos os habitantes da cidade que não se barbeiam sozinhos. Será que ele deve barbear a si próprio? Se ele não o fizer, deveria fazê-lo, se ele o fizer, não deveria fazê-lo."

Poincaré mostrou que a origem desses paradoxos encontra-se em uma definição em que um objeto é definido em termos de uma classe de objetos que inclui o objeto definido. Pode muito bem acontecer que, apesar das precauções, a circularidade da definição escape à crítica. Por exemplo, se se considerar o conjunto {P} dos pensamentos libidinalmente investidos, esse conjunto, ele próprio libidinalmente investido por alguns sujeitos, está incluído na classe do conjunto pelo qual ele é definido. Supunha-se até que fosse impossível escapar a essa circularidade da definição estabelecendo os axiomas e definições que fundamentam cada estrutura matemática. Desse modo, os paradoxos revelavam que as matemáticas não eram consistentes, e que era muito difícil, senão impossível que se tornassem consistentes.

Essa segunda crise gerou três reflexões matemáticas diferentes, que culminaram na criação de três escolas diferentes no início do século XX.

O logicismo

Fundada por Bertrand Russel e Alfred N. Whitehead, essa escola defende a tese segundo a qual as matemáticas provêm da lógica, da qual são uma extensão, por meio de uma série de deduções a partir de princípios lógicos. Essa tese garantia a consistência das matemáticas através da indiscutida consistência da lógica.

No entanto, o fato de fundamentarem-se as matemáticas na lógica acarreta múltiplas conseqüências desagradáveis: diversos axiomas de Russel eram rejeitados pelos outros matemáticos que os consideravam inaceitáveis. Mas, sobretudo, os postulados lógicos e suas conseqüências têm uma forma sem conteúdo, sendo então arbitrários e formais; logo o mesmo deveria ocorrer com as matemáticas. Nessa perspectiva, como utilizá-las para representar as leis dos fenômenos naturais do mundo físico?

O intuicionismo

Luitzen E. J. Brouwer faz uma oposição radical a essa forma de pensamento, sustentando que as construções matemáticas têm um sentido interior no espírito humano, em que preexistiriam à linguagem, à lógica e à experiência. Em sua tese de doutorado (sobre os fundamentos das matemáticas, em 1907), ele sustenta que o pensamento matemático deriva da intuição fundamental, o que significa que temos, em momentos sucessivos, percepções diferentes. As configurações análogas abstratas dessas percepções diferentes constituem os conteúdos intuitivos das idéias não definidas utilizadas nas diferentes matemáticas. É assim que a idéia dos números inteiros naturais seria formada, em momentos diferentes, a partir da percepção de objetos em pares, em trios, etc. Dessas percepções, o pensamento matemático abstrai as formas comuns a todas as unidades, pares, trios, etc., formando então o conceito de número.

Para Brouwer, o campo da intuição matemática é distinto dos campos da linguagem e da lógica: a linguagem, para ele, serve para comunicar as idéias, as percepções, os sentimentos, mas a considera incapaz de simbolizar completamente os pensamentos, matemáticos ou outros. A lógica pertence à linguagem uma vez que oferece um sistema de regras que permitem deduzir outros encadeamentos verbais. Essas deduções constituem enunciados cuja verdade necessita de uma verificação experimental, se esta for possível, o que não é garantido pela lógica.

Assim sendo, a lógica, nessa perspectiva, não é um meio de descoberta da verdade, mas um meio de manejar a linguagem. A lógica repousa sobre as idéias matemáticas, e não o inverso.

Os intuicionistas são então levados a recusar o fato de que todo princípio lógico seja obrigatório nas matemáticas. Eles, pelo contrário, tiveram a preocupação de reter apenas os princípios lógicos em conformidade com as intuições matemáticas corretas. É por isso que, entre outros, eles rejeitam, ao menos em sua aplicação geral, o princípio do terceiro excluído.

Finalmente, para escapar às dificuldades relacionadas à não-consistência das matemáticas, os intuicionistas propõem que se negligencie pura e simplesmente os imperativos lógicos que, em última análise, eles consideram más expressões de idéias matemáticas justas.

A escola formalista

Hilbert é seu representante mais conhecido. Ele procura estudar simultaneamente a lógica e as matemáticas. Para ele, a lógica é uma linguagem de sinais que permitem expressar os raciocínios matemáticos por meio de fórmulas, e os raciocínios por meio de processos formais. Os axiomas limitam-se a expressar as regras que fazem com que uma fórmula decorra de outra. O objeto do pensamento matemático, por sua vez, são os símbolos de operação, manipulados conforme regras previstas. É importante observar que, para Hilbert, todos os 'símbolos' são destituídos de qualquer significação e não representam absolutamente objetos físicos. Pode ocorrer que as fórmulas matemáticas venham a implicar enunciados com uma significação, mas essa implicação se encontra fora do campo das matemáticas.

Nessa perspectiva, as matemáticas constituem um conjunto de sistemas formais em que expressões formais engendram outras, por via de transformações formais. Hilbert pensava escapar assim ao risco de inconsistência e de paradoxo.

O teorema de Gödel

Em 1938, Kurt Gödel forçou os matemáticos a renunciar à esperança de elaborar um sistema matemático cuja consistência fosse estabelecida. Com efeito, ele demonstrou que toda axiomática que permitisse demonstrar sua própria não-contradição seria por isso mesmo contraditória.

No mesmo movimento, com seu teorema de *incompletude*, ele demonstrou que todo sistema de axiomas não-contraditório é incompleto. O que significa que existe sempre uma ou várias proposições, enunciadas com o simbolismo dos sistemas, das quais é impossível demonstrar tanto a verdade quanto o erro. Em conseqüência, essa proposição 'indecidível', ou o seu contrário, pode ser acrescentada aos axiomas de partida, para obter dois novos sistemas axiomáticos, nos quais se encontrarão novamente proposições 'indecidíveis', etc.

Por conseguinte, nenhuma axiomática pode englobar um ramo das matemáticas em sua totalidade, pois nenhum sistema de axiomas pode ser ao mesmo tempo completo e não-contraditório. Com muito mais razão, o mesmo se dá no caso das matemáticas consideradas em seu conjunto. O matemático Hermann Weyl resumiu a situação com um dito espirituoso: "Deus existe, uma vez que as matemáticas são consistentes, e o Diabo também, uma vez que não o podemos provar!".

As tentativas metamatemáticas de superação das questões que concernem à consistência e aos 'indecidíveis' levam algumas pessoas a dissociar as noções de erro e de contradição. Com efeito, uma teoria falsa continua a sê-lo, mesmo que nela não encontremos contradição, e vice-versa. Em todo caso, atualmente, as matemáticas não permitem expressar verdades; eliminar os paradoxos e estabelecer sua consistência parece algo impossível, e reina o maior desacordo entre os matemáticos sobre os axiomas que devem ser conservados e sobre os modos de raciocínio permitidos. Mais que isso, os matemáticos deparam-se com a necessidade de renunciar à realização de seu ideal de raciocínio perfeito. E Hermann Weyl (1969) pôde escrever:

> A questão dos fundamentos últimos e da significação última das matemáticas continua lançada. Ignoramos onde se encontra a solução, e até se podemos esperar encontrá-la. Talvez o "trabalho matemático" seja uma atividade criadora do homem, assim como a linguagem ou a música, essencialmente original, cujo desenvolvimento histórico desafia as tentações de descrição racional.

B. De quais realidades se trata?

A perplexidade dos matemáticos ao descobrirem que as diferentes matemáticas não passam, afinal de contas, de diferentes 'maneiras de falar', é comparável às dificuldades encontradas, hoje, em física.

A interpretação das observações e a elaboração das leis do mundo físico chocam-se regularmente com a dificuldade de propor um conjunto de leis coerentes, deduzidas rigorosamente de um conjunto acabado de axiomas.

Essa é uma das singularidades do pensamento racional cuja inelutabilidade foi demonstrada por Gödel, mas é também o que lhe dá forças, permitindo-lhe adaptar-se de modo flexível a uma infinidade de condições para elaborar uma nova 'realidade'.

A realidade psíquica

Parece-nos que não se ressaltou o fato de que coexistem em nós vários mundos, e que esses mundos estão pouco reunidos, ou não o estão. A realidade psíquica, na história de cada indivíduo, é geneticamente a primeira a ser percebida pelos sentidos.

Vimos que ela se compõe do jogo do processo primário pelo qual os traços mnésicos são reinvestidos. A questão da origem desses traços mnésicos merece ser estudada mais a fundo.

Eles têm, com efeito, um estatuto singular na economia psíquica: permitem a identidade de percepção e a realização ilusória do desejo, e como tais são investidos pela libido. Mas esses traços mnésicos não são as marcas deixadas diretamente no corpo pela quantidade de energia física que este absorve durante suas diversas experiências: o mundo físico exterior, de hábito, não comete uma agressão brutal no aparelho psíquico, como no caso de um traumatismo craniano.

É ao sistema sensitivo-sensorial que cabe o papel de informar o aparelho psíquico sobre as modificações do meio ambiente, do próprio corpo e do meio interior.

Por meio do sistema perceptivo a energia física exterior é transformada em uma energia psíquica que pode ser utilizada no aparelho psíquico sem prejudicá-lo ou destruí-lo.

Observemos, incidentemente, que essa 'energia psíquica' não tem nada de misterioso: é ela que circula no sistema nervoso sob forma de influxos. No sentido restrito, ela é também uma energia física, mas com a particularidade de ser muito fraca se comparada às energias físicas, no sentido banal.

Freud, em *Au delà du principe de plaisir*, mostra que a teoria da libido não basta para explicar o funcionamento econômico do aparelho psíquico: prova disso, são os exemplos bem conhecidos da neurose traumática, e, de um modo geral, a evidência de compulsões de repetições que ocorrem fora de qualquer produção de prazer.

Nesse texto, retomando uma hipótese de Breuer, ele opõe, de modo pouco claro, a energia ligada ao funcionamento do aparelho psíquico, e a não ligada a ele.

Parece-nos necessário rever essa idéia da seguinte maneira:

O sistema perceptivo, ativado por quantidades de energia física, é, por isso mesmo, fonte de uma tensão, percebida de modo desagradável. Essa tensão está ligada à liberação de energia da pulsão de morte e pode ser descarregada segundo duas modalidades:

A primeira modalidade é a do princípio de nirvana, que tende à supressão de qualquer distanciamento de tensão; ela se encontra excepcionalmente ativada, mas dela se conhecem observações clínicas sob a forma de mortes súbitas em situações de pânico. A segunda modalidade, utilizada com muito mais freqüência, tem por efeito ligar a excitação atual ao traço deixado por uma excitação anterior.

Desse modo, a excitação associa-se a um representante de coisa específico, ou a uma cadeia associativa desses representantes: associada a um só representante de coisa, tem-se a energia 'ligada' característica do processo secundário; associada a uma cadeia associativa, tem-se um modo de ligação da energia, mais fraco, característico do processo primário, em que só importa que o representante investido pela libido esteja em relação mais ou menos direta com os traços das primeiras experiências de satisfação.

É em um segundo tempo que a representação assim investida pela pulsão de morte pode tornar-se uma fonte de prazer, e ser investida pela pulsão de vida.

A experiência clínica nos mostra claramente exemplos em que, em um primeiro tempo, uma situação nova acarreta angústia, índice de tensão. Em um segundo tempo, a angústia se atém a uma representação precisa ou a uma cadeia associativa, e, de modo inconstante, em um terceiro tempo, aparece uma tentativa de aproveitar a situação de modo agradável.

Portanto, nessa perspectiva, a pulsão de morte tende a reativar uma percepção passada, realizando assim uma compulsão para simbolizar – ou antes, semiotizar – qualquer aumento de sua energia. Nessa perspectiva, a pulsão de morte permite que, em um primeiro tempo, representantes de coisa sejam investidos, de tal modo que, em um segundo tempo, a libido possa ela própria se investir e se manifestar segundo as leis do processo primário ou secundário.

Tal é a realidade psíquica, submetida ao princípio de nirvana ou de constância, com essa surpreendente compulsão para semiotizar as modificações, e essa facilidade de realização megalomaníaca imaginária dos desejos.

Ao mesmo tempo que se produz a elaboração do processo secundário e do princípio de realidade, um subconjunto toma forma e adquire consistência nessa realidade psíquica: é ele que fornece uma representação do mundo físico.

A realidade física: a "natureza"

Ao mesmo tempo que o distanciamento entre a alucinação e a realização real da satisfação leva a criança a considerar o princípio 'de realidade', ela é por isso mesmo levada a explorar o mundo físico, a experimentar suas leis e construir representações deste último.

As investigações da criança são motivadas por experiências agradáveis sentidas de início passivamente em seu corpo, quer fortuitamente, quer sob a influência da mãe que a acaricia, a estimula, a acalenta, a aquece, a alimenta, cuida de sua higiene, canta para ela, etc.

A busca ativa dessas impressões positivas faz com que a criança descubra uma primeira parte essencial da realidade física: seu próprio corpo, que ela descobre aos poucos.

Essa descoberta de si por meio do jogo do corpo se completa com as relações, em que algo da criança é refletido para ela por intermédio da mãe.

A imagem especular é o exemplo mais conhecido; é provável, contudo, que não seja o mais importante. As imitações vocais mímicas, posturais, etc., têm aparentemente maior importância (Anzieu D., 1974).

Ao descobrir o corpo, a criança descobre-se como distinta tanto da mãe quanto do meio ambiente, e aprende que leis particulares regem o mundo físico. Nesse mundo, é necessário respeitar alguns imperativos para que seus projetos sejam realizados. É assim que se elabora uma representação mais ou menos completa das leis e objetos do universo físico.

Aprendemos aos poucos a compreender esse universo. Observemos, a propósito, que 'compreender' deve ser entendido nas duas acepções: 'saber como funciona' e 'ser dolorosamente punido' por ignorar como funciona.

Esses dois sentidos não são certamente fortuitos, como provam as acepções triviais de inúmeros termos ligados ao conhecimento: nesse registro, 'explicar', 'aprender' 'conhecer' adquirem um sentido bastante agressivo quando se trata de "obter uma explicação na marra", "aprender quem manda" ou, quando se sofre uma desilusão , "isso é para aprender", "conhecer a retranca", etc.

Tudo se passa como se a compreensão intelectual fosse uma metáfora do encontro doloroso e persecutório com o mundo físico exterior.

Leis de compreensão e execução relativamente simples permitem explicar essa realidade física, conquanto se trate de operar sobre fenômenos cujas dimensões se aproximem da escala humana, que os meios de medida permaneçam imperfeitos e que a preocupação de estudar o mundo seja medíocre.

Foi assim que a física escolástica pôde reinar por mais de um milênio sem ser seriamente questionada. Ela propõe um sistema explicativo coerente, mesmo que não haja rigor e verificação.

O desenvolvimento do interesse pelas leis da realidade física, a partir de Aristóteles, levou à elaboração de inúmeras teorias, cada vez mais complexas, amiúde não coerentes e de difícil verificação, as quais, em suma, constituem discursos, pronunciados em diversas línguas, que concernem ao universo e à nossa maneira de pensar. Esses discursos científicos permitem tentar compreender, mas também, ao mesmo tempo, tentar defender-se e tentar atacar.

Encontramos aí a marca da pulsão de morte. Parece-nos que o pensamento científico está para essa pulsão de morte, assim como a sublimação está para a pulsão de vida.

Realidade da linguagem

A realidade física aparece, então, como um descendente particularmente robusto da realidade psíquica arcaica. Um segundo descendente dessa mesma realidade é a linguagem falada. O aparelho psíquico do bebê, em um primeiro momento, encontra essa linguagem como seqüência de sons, audíveis e reprodutíveis pelo aparelho fonador, e, como tais, suscetíveis de entrar no jogo dos comportamentos auto-eróticos arcaicos das reações circulares primárias.

Por meio dos jogos relacionais da criança e de seu meio humano, em particular os jogos de espelho sonoro em que o adulto imita vocalmente a criança, essas seqüências de sons passam do estatuto inicial de representante de coisa não-específico ao de cadeia significante sonora com estatuto de símbolo, no momento em que a criança não 'sabe' ainda falar, utilizando os sons para expressar seus desejos.

É em um terceiro tempo que ela descobre a significação lingüística das cadeias significantes que emprega. Simultaneamente, ela descobre a realidade da linguagem, submetida a leis tão rigorosas e coercitivas quanto as que regem a realidade física.

A apropriação da linguagem é feita quase sempre sem graves dificuldades, e, uma vez realizada, tem por efeito invadir o pensamento por meio de suas modalidades.

É feita uma relativização da realidade lingüística pela descoberta das línguas estrangeiras, as quais, lexicalmente, sintaticamente, estilisticamente, etc., utilizam leis e objetos diferentes, chegando a criar realidades lingüísticas diferentes. Essas realidades lingüísticas diferentes não se limitam à questão da morfologia: cada língua, por suas singularidades, enfatiza certos aspectos do pensamento e 'escotomiza' outras.

As pesquisas lingüísticas tentam deslindar esses universos singulares de realidades de linguagens diferentes.

4. Conclusão

A realidade humana surge então como constituída de três realidades diferentes, imbricadas umas nas outras. Com efeito, a linguagem permite que o pensamento se desenvolva fora dos limites da experiência subjetiva ou objetiva. Por intermédio da linguagem, a realidade psíquica se enriquece com todas as possibilidades da criatividade e da fantasia, ao passo que o que não pode ser dito se torna inconsciente.

Do mesmo modo, a realidade física, sustentada pela energia do desejo, torna-se um objeto libidinal, ao mesmo tempo que a oportunidade de discurso e de realização de projetos. Do mesmo modo, a realidade da linguagem só se torna viva sob a condição de ser investida pelas pulsões e colorida pelo conhecimento do meio ambiente.

Mas se de certa maneira as três realidades podem encontrar-se e proporcionar uma experiência de unificação, de outra, todas as três estão radicalmente separadas: o sistema de leis que rege a realidade psíquica é radicalmente diferente do que rege a realidade física, assim como as leis da realidade da linguagem se particularizam radicalmente em relação aos dois outros sistemas.

Entretanto, é surpreendente observar que a estrutura dessas três realidades é ilimitada: na realidade psíquica, esse é o jogo do desejo investindo esta ou aquela representação pelo deslocamento e pela condensação, a seu bel-prazer. Na realidade física, os avatares da pulsão epistemofílica se organizam em formulações cada vez mais numerosas e precisas, ao mesmo tempo que aumenta o número de axiomas necessários e que aparecem novas incertezas, abrindo novos campos de pesquisa.

Na realidade da linguagem, por fim, sabemos que não há outro limite senão o do estatuto da 'língua morta' para fixar o que pode ser expresso em uma língua, independentemente do fato de nenhuma língua permitir tudo dizer.

É a interação permanente dessas três realidades que, a nosso ver, especifica o pensamento humano. Uma questão atual que se coloca insistentemente nesses três campos, é a de saber se o pensamento está sem limite em um universo fechado como o da superfície de uma esfera, ou se ele está situado em um universo aberto ao infinito.

Nota sobre a edição de 1989.

Doze anos após ter escrito este capítulo, eu não o escreveria da mesma maneira. Mas ao relê-lo, hoje, encontro poucas coisas fundamentais a serem modificadas. A menos que seja para levar em consideração o que nos foi ensinado, a partir de então, pelos clínicos e pelos observadores das competências precoces dos recém-nascidos e pelos psicólogos cognitivistas. Por diversas outras razões, os aportes desses especialistas me levam a considerar dois caminhos de desenvolvimento distintos para o funcionamento psíquico: o caminho do objeto libidinal, descrito no presente capítulo, e o caminho do que propus nomear 'objeto epistêmico', objeto das aprendizagens e das descobertas cognitivas.[1]

---

[1]Ver, a respeito, meu livro: *L'enfant à l'intelligence troublée*, 3ª edição, Paris, Le Centurion, 1989.

Entre grito e linguagem: o ato de fala 3

Roland Gori

1. Preâmbulo

A observação psicanalítica dos grupos de formação e dos processos terapêuticos individuais situa o ato de fala em um lugar que oscila constantemente entre a linguagem (código lingüístico falado) e o grito (descarga motora do corpo). O que a fala ganha em comunicação, ela quase sempre perde em subjetividade (na linguagem), e vice-versa. A comunicação e a expressão subjetiva parecem estar em uma relação de incompatibilidade, fora das situações de extrema raridade em que a comunhão com o outro em sua verdade subjetiva se ancora em uma identificação que podemos qualificar – paradoxalmente – como narcísica. A experiência do tratamento psicanalítico cristaliza e revela essa *posição paradoxal* do ato de fala em sua dupla submissão ao corpo e ao código, à subjetividade do desejo e à objetividade do código. Com efeito, desde seu início, o tratamento – ou a formação – logo se situa em um *jogo de limites*, vetorizado principalmente pelo 'enquadre[1]' (Tempo-espaço-trabalho, etc.); ela reativa também a experiência originária da comunicação e sua gênese, mas igualmente a nostalgia e o temor de sua superação. A nostalgia da comunicação originária mobiliza essa expansão narcísica que nomeamos regressão; o temor, essa resposta contundente do

---

[1] Ver, a esse respeito, D.Anzieu, 1971, R. Kaës, 1972-1974, e R. Gori, B. Jacobi, C. Miollan, 1977.

sentido que nomeamos interdição; a conjugação dos dois produzindo a resistência e, imediatamente, a transferência. Quando a fala se derrama através do jato contínuo de pseudópodes sonoros no espaço analítico, ela toma como fonte uma expansão narcísica que preludia seu aniquilamento; quando se aliena na couraça da linguagem, ela marca em um excesso de signos a presença de uma ameaça que ela tem por função exorcizar (Gori, 1974, 1975); quando se 'agarra' à objetividade da linguagem para relatar sua verdade, quando gira em torno do silêncio, do grito, do ato ou do equívoco (Lacan, 1953), ela testemunha a presença da transferência. Tudo se passa como se a verdade rejeitada se afastasse da linguagem ao se concretizar, surgindo no ato de fala apenas sob a condição de que se tenha afastado da linguagem, sujeitando-a por assim dizer aos seus próprios interesses.

Na maior parte do tempo, essa posição limiar do ato de fala entre o grito e a linguagem, o corpo e o código, a subjetividade e a objetividade, não aparece. Fora situações excepcionalmente probatórias para o equilíbrio econômico das pulsões, o ato de fala se mantém em um *ponto de equilíbrio e de estabilização* dos movimentos antagonistas que o sustentam e o mantêm por um jogo de tensão quase-estacionário[1], permitindo ao homem desfrutar com outros sua solidão, conjunção paradoxal de nossa separação e de sua denegação. Somente uma ruptura brutal desse equilíbrio – ou um estilo de caráter – faz a fala passar para o campo da pura fantasia ou da realidade. Mas, ao se objetivar ou se concretizar, a fala perde então sua qualidade de símbolo, sai da área transicional e rompe a dupla submissão – com o desejo e com o objeto. Para que a fala conserve sua qualidade *transicional*, não é preciso, como diz Winnicott (1971), que "o paradoxo seja resolvido", que ela passe para o formalismo da linguagem – em uma pura alienação *ao* objeto – ou que se dissipe na insensatez dos movimentos corporais. O símbolo – e, em particular, a fala – só pode advir nesse espaço livre entre o corpo e o código, a subjetividade e a objetividade. Assim sendo, as situações terapêuticas – mas também

---

[1] No sentido lewiniano do termo.

a formação e as localidades em que se situam as paixões – por meio da subversão econômica e das rupturas de equilíbrio que as acompanham, nos revelam (no sentido fotográfico do termo) a estrutura *paradoxal* do ato de fala, sua natureza e sua função, pelas utilizações extremas por que ela passa. Logo, quando o ato de fala se reduz ao objeto corporal de que é a metáfora, ou quando se hipostasia na vacuidade do signo, ele apenas revela seu *espectro psicológico*: sua posição liminar e paradoxal em um espaço livre imantado por forças antagonistas[1].

Essa posição do ato de fala – e partindo da linguagem como código, mas *no entanto falada* – engendra movimentos de idealização e de desabono da linguagem na experiência terapêutica ou formativa – que iremos ilustrar –, e também na própria história das idéias. A linguagem sempre foi um objeto de fascinação para o homem: do mundo das idéias de Platão até a psicanálise lacaniana, passando pela busca do verbo oracular no século de Rabelais – a Renascença, antes de nós, estabeleceu sua epistemologia a partir da infra-estrutura da linguagem – o filósofo, o alquimista, o teólogo, o médico e o psicólogo, assim como Narciso – amado pela desafortunada Eco – buscaram no espelho das palavras a verdade que lhes escapa e que os fundamenta em sua humanidade. O Cristianismo em sua mística desencarnada, por sua repulsa ao corpo, participou da idealização do verbo. Nossa cultura – e o lugar da lingüística moderna na genealogia do saber é um referente – participou por muito tempo desse movimento que considera a linguagem modelo de todas as coisas. No entanto, há alguns anos – e em certos períodos de nossa história – esse culto do verbo chegou a seu apogeu, e os sinais anunciadores de sua decadência e miséria já se propagam: o desenvolvimento das técnicas de expressão corporal (relaxamento, ioga...); os grupos de "contato" destinados a substituir as formações de suporte verbal; a renovação do interesse pelas místicas orientais; a crítica epistemológica dos estruturalismos lingüísticos, antropológico e psicanalítico, sua evicção em prol do modelo chomskiniano das

---
[1] Conforme Gori, 1978, *Le Corps et le signe dans l'acte de parole*, Dunod.

gramáticas gerativas e transformacionais; a redescoberta de autores menos espiritualistas[1] que Lacan, o surgimento, na universidade, de ensinamentos de psicologia clínica centrados no 'corpo' – esse grande renegado do ensino –, as mudanças ideológicas em ciências humanas[2] ... A literatura psicanalítica – bem antes de Lacan[3] – participou desse formalismo técnico em seus farrapos de verbo desertados por Eros.

Nesse movimento de oscilação entre a idealização e o desabono da linguagem, o homem comportou-se como a criança diante do espelho: ao júbilo narcísico da captação especular substitui-se a morosidade do reconhecimento da imagem como reflexo. Mas por que esses diferentes movimentos de 'vaivém' entre a linguagem e o corpo? Propomos como hipótese que eles se originam mesmo da posição intermediária do símbolo – a linguagem – a serviço de dois senhores; Jano, com uma das faces voltada para a verdade subjetiva e histórica barrada pelo recalque nos limbos corporais da infância, e a outra que negocia qualquer verdade dando-lhe um valor de troca social e cultural às custas de sua alienação. Esses movimentos se escoram, então, tanto naquilo que da linguagem tira do homem sua verdade – tomada do corpo –, quanto no que dela o afasta por seu elo com o objeto; pois "o homem que, no ato da fala, reparte com seu semelhante o pão da verdade, partilha a mentira" (Lacan, 1966, p. 379).

Nossa problemática visa, pois, buscar e ilustrar a *função do símbolo* – localizada na linguagem – no *paradoxo* que a constitui e a sustenta.

---

[1] Winnicott é a moda, mas tudo leva a crer que um Groddeck ou um Reich logo servirão de modelo para inúmeros trabalhos psicanalíticos. O que prova, talvez, a volta maciça do corpo, recalcado por uns tempos nas criptas da linguagem.

[2] As exigências da produção sobre as relações sociais, a instrumentalização da comunicação – reduzida à informação e à sua informatização – participaram, provavelmente, dessa desencarnação do discurso e do indivíduo.

[3] Este exerceu uma função vivificante e subversiva em um movimento que se imobilizava perigosamente.

Entre grito e linguagem: o ato de fala

2. Ilustrações clínicas

Desejamos fundamentar nosso trabalho teórico-clínico com a evocação de lembranças. A primeira cristaliza a observação clínica de um grupo submetido à linguagem. A segunda desvela em pontilhado o que se torna a fala quando está saturada por cargas 'subjetivas', mas aqui encontramo-nos em um espaço neurótico em que surgem figuras imaginárias que já simbolizam movimentos e lugares que escapam à linguagem e à representação. Essa observação é importante.

A: Primeiro exemplo

Trata-se da observação clínica de um grupo de formação para 'a análise das relações interpessoais e de grupo'. Essa sessão reunia uns doze participantes, psicólogos clínicos, e um casal heterossexual de monitores, em um centro cultural universitário. As sessões – que ora apresentamos – foram feitas pela manhã, e, no segundo dia de sessão, à tarde. A ritualização formal das relações entre nós e os participantes contrastava curiosamente com o jorro dos odores quentes e pesados do campo que nos circundava.

Resumo das sessões precedentes

Os psicólogos fizeram psicologia; contaram uns aos outros histórias de psicólogos. O discurso permaneceu clivado do corpo e da história, alienado a uma documentação livresca. A sessão é vivida pelos participantes como 'trabalhos práticos' do que acreditam que saibamos e esperemos. A relação transferencial é então de sedução, de identificação ao objeto de nossos supostos desejos. Os participantes tentaram fazer surgir um 'objeto-grupo' a partir de uma linguagem desencarnada; envoltos em suas referências livrescas, fizeram o 'jogo' de falar e viver como 'bibliotecas'. Felizmente fracassaram. Essa busca de significações últimas nas palavras, essa recusa de viver sem se objetivar, essa mitologia de um discurso que basta a si mesmo, levou ao jogo da verdade proposto por uma participante: "Diga *tudo* o que você pensa de mim, etc." Esta última presta-se a que nasça em seu corpo vitimado pelo sadismo esse objeto-grupo inacessível. Evidentemente, ao jogar o jogo da verdade eles encontraram a mentira: querendo dizer tudo, eles não falaram. Aliás, o objetivo do jogo, chamado de espelho, é fazer com que qualquer fala seja insignificante. Desse modo, jogando o jogo e falando em amar, odiar, 'sentir os efeitos do grupo', eles tentam afastar o ódio, o amor, os desejos e os temores mobilizados pela situação. As declarações se assemelham ao exorcismo verbal: provocar os demônios do desejo para não vê-los em manifestarem-se, para não senti-los. O ato de fala é então o lugar de onde o desejo e a história corporal são banidos. Mas, após esse júbilo linguageiro, logo vem o sentimento de "falso" e "inútil" que caracteriza o falso-*self* (Winnicott, 1960). A aproximação do final do dia – logo, da sessão – torna insuportável o sentimento do factício.

Esses ritmos que escandem de modo monótono e afetado o balé dançado pelos participantes, evocam essa insipidez bidimensional da imagem, as posturas das exibições alienantes. Os discursos tornam-se então essa gesticulação desordenada diante de um espelho em que só se refletem pálidas identificações [1].

Sessão da manhã

O jogo da verdade atinge em sua trajetória uma participante – Magali –, vestida com cuidado excessivo, feito de extravagâncias e desordem. Essa particularidade de vestuário facilita a transformação do jogo em constatação de que atrás das *vestimentas da linguagem* dos corpos, a veste a um tempo mascara e revela . A profissão de psicólogo é condenada pelas mulheres, porque elas a vêem como uma negação de sua feminilidade. Uniformizadas

---

[1] Essa problemática não deixa de se referir à problemática da estrutura histérica.

com seu avental branco, elas se sentem em representação, como oprimidas por uma armadura, essa 'tela' que as impede de se 'sujar', que as aliena de sua indizível verdade corporal. A articulação com a situação é atualizada pela pergunta de um participante sobre a importância das 'mesas' na comunicação. Essas 'mesas' que os transformam em 'homens e mulheres-troncos'. Surgem as lembranças de sessões com divãs, expressão corporal – e atuações –, e chegam a condenar a "desencarnação" de seus propósitos.

O tema das *aparências* torna-se, nesse caso, central em sua expressão metafórica dessa opressão do envelope da linguagem no qual eles se mantiveram até então. A regra da fala é descoberta em sua valência *proibitiva* e em sua utilização *defensiva*: 'preferimos fazer falarem as palavras mais do que as tripas'. A sessão termina com a proposta indireta de se 'despir'.

A questão que se delineia no horizonte da 'transferência' certamente nos diz respeito: será que esse casal de monitores é desencarnado? Existem pessoas ou perfis diante de nós? Elas são sexuadas? São capazes de amar e odiar? Mas além dessas figuras imaginárias, o que os participantes 'pré-sentem' é o malogro da linguagem, sua 'couraça' por assim dizer simbólica, a impostura do símbolo tornado morto no signo lingüístico. Com o auxílio de nosso silêncio, as possibilidades oferecidas pela linguagem desfalecem à medida que passa o tempo, ameaça e condição do desejo. Mas, nessa manhã, a proposta de se exibir não passa de um drama de uma nudez que só encobre o vazio. As 'desordens' de vestuário de Magali vetorizam o interesse dos participantes para as dificuldades e as falhas da linguagem, revelando também uma outra 'ordem', um outro regulamento tão afetado e precioso quanto o vivenciado pelos surrealistas na 'escrita automática'. O significante-louco não mascara senão o vazio, ele ainda está do lado da própria ordem, a qual afirma ao negar.

Sessão da tarde

A tarde está quente. As mesas são retiradas quando chegamos. É a penúltima sessão do dia. Os participantes estão sentados, mas expressam o desejo de dançar, gritar e cantar. Armand propõe que se grite, que se expresse pela boca, mas sem falar, e que se comunique por intermédio do corpo. Daniel observa que será o "canto dos cisnes", pois em duas horas o dia já terá acabado. O canto dos cisnes é o canto do saber cuja idealização se corroeu há algum tempo. As trocas ocorrem em uma cadeia associativa que conecta o amor e a morte. O comportamento dos participantes se transforma, os afetos afloram à superfície da linguagem, do rosto e do corpo. A fala é condenada como factícia e insuficiente para dar conta dos desejos. A fantasia que antecipa a morte e a realização do último desejo é expressa: "o que faríamos, se só nos restasse de fato duas horas de vida?"; "o amor"; e "não perderíamos nosso tempo falando". Armand começa então a dançar e cantar, levando com ele uma participante, depois outra, e em pouco tempo todos os outros. Assistimos impotentes[1] ao espetáculo que nos oferecem, cujo sentido só poderemos compreender mais tarde, com o auxílio deles: atualizar as questões por eles formuladas, referentes aos limites da linguagem e às relações que existem entre nós. Ao cabo de alguns minutos de excitação e agitação, os participantes param e constatam com tristeza que o corpo pode ser tão factício – quanto a linguagem – para prestar contas dos desejos, se ele próprio não for falado ou se não for palavra articulada. Surge então o silêncio.

Interpretação sumária

Apresentamos esses esboços da sessão apenas para *ilustrar* nossa problemática: a dupla submissão do ato de fala à forma

---

[1] A análise de nossa contratransferência seria a única adequada para explicar essa passagem ao ato, que permitimos que se exiba diante de nós. Nosso silêncio deixava nosso tédio se desvendar.

lingüística e ao corpo em sua subjetividade. A análise será, pois, sumária.

Em um primeiro tempo de fruição narcísica, os participantes se entreolham na fascinação da linguagem, em busca de imagens e identificações. Alienados nos discursos e envoltos na pele artificial da linguagem, eles falam sem assumir o risco de sentir, falam 'como livros', e a verdade dita lá está para prevenir e exorcizar aquela que poderia surgir da carne, surgir na emoção. O ato de fala encontra-se aqui clivado do corpo. Esse superinvestimento da *forma* vem substituir a *qualidade* de um investimento transferencial ao qual se opõe[1].

Mas, em um segundo tempo, a regressão e o desejo de mudança levam os participantes a sentir os efeitos de sua resistência: ao falar, eles não disseram nada, uma vez que utilizaram a regra fundamental de liberdade de fala como convite para falar apenas pela cabeça. O corpo alienado e banido pede então para ser *significado*, e a transferência se manifesta por meio desse choque com a linguagem. A resistência se metamorfoseia – a clivagem se mantém no essencial –, uma vez que o corpo é convidado a degelar o que a linguagem oprimiu. O corpo é sacudido, virado de cabeça para baixo, porém destituído de sentido, e tão logo sentido, tão factício e insignificante como os discursos.

Como conclusão, nesses *dois tipos sucessivos de resistências,* a submissão do ato de fala ao corpo tanto quanto a submissão do ato corporal ao sentido encontram-se negadas e ignoradas. Os participantes *clivam* o corpo da fala, falam a meio-corpo, ou expõem seu corpo a transes, porém sem falar. O corpo não chega a ser *representado*, e a fala não chega a encontrar seu *ancoradouro corporal.*

O que nos pareceu interessante nessa sessão, foi essa extraordinária exemplaridade da *ruptura do trânsito dialético corpo-fala* que observamos em outros grupos de formação. Assim sendo, durante algumas sessões, os participantes falam para não

---

[1] Conforme Chasseguet-Smirgel, *Le rossignol de l'empereur de Chine* (1969).

sentir em *seus corpos defendentes*[1] as agruras do desejo e da castração (Gori, 1974; 1975).

Os participantes usam então a face objetiva da fala tirada das malhas da linguagem, preenchendo por assim dizer o espaço analítico com um excesso que, desse modo, evita sua depressão. O discurso tem aqui uma função *maníaca*; ele afasta da verdade no ronrom tranqüilizador da maquinaria verbal. Esse discurso está para a fala – tendo uma tomada corporal – assim como a fantasia está para o sonho e a vida (Winnicott, 1971). Quando o discurso associativo se reabsorve na linguagem, se vê *dissociado* da subjetividade e da experiência corporal. O ato de fala *exclui* – por meio da expulsão sonora, por assim dizer – o objeto e o *self* silencioso, o da verdade. No 'jogo da verdade', a vacuidade do *signo* lingüístico, sua estrutura circular – na medida em que um significante não pode remeter senão a um outro significante – revela estranhamente a insignificância da linguagem, apesar da camuflagem imaginária das exibições que ela ocasiona. E não é a nostalgia de um conteúdo corporal sem linguagem, assim como nossos participantes o põem em cena, que virá desancorar o recalque. Essas duas resistências estancam a sede nos mesmos bebedouros, lá onde um certo Narciso saciava o desejo nas plagas de seu reflexo.

B: Segundo exemplo

Ao contrário do exemplo precedente, em outros grupos de formação, os participantes não podem falar, pois o ato de fala se confunde com a experiência corporal de que ele é apenas o substituto. O 'dizer' é então confundido com o 'fazer', estando assim sob o mesmo jugo da proibição e do prazer. O mutismo das crianças psicóticas nos questiona mais particularmente sobre a autonomia do código lingüístico em relação ao desejo. O romance

---

[1] *Literalmente*. Ilustramos e analisamos de outro ponto de vista essa resistência em *Essai sur le savoir préalable dans les groupes de formation* (1974) e *Les Murailles sonores* (1975).

auto-biográfico de Wolfson (1970) figura de modo perfeito no espaço simbólico as dimensões imaginárias e pulsionais da fala e da linguagem (Gori, 1972,1974). Nos grupos de formação, só excepcionalmente nos deparamos com pessoas cujos processos de simbolização são a tal ponto deteriorados ou entravados que elas chegam a confundir em 'equação simbólica' (Ségal, 1956) a fala e os lugares do corpo. Entretanto, nessas situações – e *a fortiori* na cura – a fala adquire uma 'gravidade corporal' em nome de seu investimento narcísico e pulsional. É, aliás, desse investimento subjetivo que a interpretação tira uma parte de seus efeitos e sua força. Tentaremos, agora, ilustrar por meio de um exemplo essa função metafórica do ato de fala (Gori, 1972, 1973, 1974).

A observação que se segue provém de um ciclo de 'reflexão sobre a prática profissional' cujo modelo teórico-clínico se aparenta ao que designamos habitualmente 'Grupo Balint'. Uma dezena de assistentes sociais reúnem-se com dois monitores (um par heterossexual), por duas horas, durante todo o ano, duas vezes por mês.

Durante a primeira sessão, Chantal logo de início leva o problema da fala e do silêncio ao cerne dos investimentos. Ela o faz por meio do conteúdo associativo de seu discurso, mas sobretudo por intermédio de sua própria enunciação. Ela não suporta nosso silêncio que lhe parece uma coação intolerável para que se fale. Fato que lhe dá satisfação, quando se encontra no centro do espaço imaginário do grupo, mas que cai sob o jugo da culpabilidade: 'falar' tem para ela uma carga depreciativa, em seu trabalho ela 'age' e não gosta de falar, por ter a impressão de perda de tempo. Ao criticar a tagarelice de seus clientes, ela acrescenta que, na casa dos pais, ficava chocada ao ver a mãe "falando o tempo todo com as vizinhas", fato duramente criticado pelo pai. Essa situação obrigara algumas vezes Chantal a substituir a mãe em pequenos trabalhos domésticos. Ela interrompe para nos interpelar e nos chamar de "juízes que a observam falar", e para nos censurar por deixá-la falar sozinha.

Desse modo, no primeiro tempo e em nível de clínica prematura, podemos constatar que, para Chantal, 'falar' tem uma forte carga de valência 'materna', e que ela se vê *identificada* à mãe, a quem substitui tanto no trabalho passado quanto na situação presente. O prazer de 'falar' – e seu valor de identificação à mãe – é duplamente desvalorizado: de um lado, ele traz a marca do desprezo paterno, de outro assinala uma desobediência. Ela se vê então diante das coações de um superego que a obriga a pagar o preço dessa identificação e de sua rejeição.

Podemos igualmente, a título de ilustração, constatar a face *maníaca* do discurso: 'falar' é também aqui um meio de 'fazer' algo custe o que custar, repetição da situação profissional ("não suporto a perturbação dos clientes, prefiro fazer o trabalho em seu lugar") e da situação familiar ("eu fazia o trabalho no lugar da minha mãe"). O que veio a seguir nos confirmou que essa participante também tinha o sentimento de fazer nosso 'trabalho', falando em nosso lugar. Desse modo, ela satisfazia de uma só vez seu superego (coação e culpabilidade) e seu desejo (tomar o lugar da mãe; ser, entre os participantes, a eleita dos monitores). Nessa situação, nós somos tanto a mãe 'que não faz nada', quanto o pai 'que obriga ao trabalho'.

O que também podemos observar quanto à nossa problemática, é que, ao falar, Chantal lutava contra a regressão e os anseios, votos e desejos (função maníaca de seu discurso), e que, ao mesmo tempo, ela se abandonava a essa regressão por meio de seus investimentos *subjetivos* do ato de fala. O prazer que ela sentia ao falar (nos falar) estava agora ofuscado, mas também explicitado pelas lembranças familiais.

Durante a segunda sessão, assistimos a uma cristalização dos investimentos subjetivos sobre o objeto-fala. Chantal nos propõe expor "o caso de uma cliente que lhe causa problemas". Chantal – como assistente social – deve dar assistência material e psicológica às famílias em dificuldade. No caso apresentado por Chantal, ela se sente constrangida por causa do comportamento de sua cliente, que não só a deixa fazer todo o trabalho da casa em seu lugar, mas que também fala sem parar. Chantal sente uma profunda irritação diante da fluidez loquaz de sua cliente, e tem a impressão de perder tempo ao escutá-la. Chantal considera a dependência de sua cliente como uma chantagem odiosa, pois esta fica doente, vomita e se queixa de várias dores durante sua ausência. Chantal também não suporta mais tanto a perturbação de sua cliente quanto suas inúmeras gestações. No caminho das associações, Chantal não suporta mais sua paciente *falando, fazendo filhos ou vomitando*. Todas essas representações parecem intercambiáveis.

A associação mãe-cliente é consciente para Chantal (que tem informações sobre psicologia), mas o que é menos consciente para ela, é *o ponto onde ela distribui os lugares*: entre ela e nós, entre nós, etc.; na situação, Chantal julga como seu pai e fala como sua mãe. Nessas identificações emparelhadas, ela nos pede sempre para ocupar o lugar vago: o lugar dessa mãe que só sabe vomitar crianças, palavras, fantasias, ou o lugar desse superego paterno que faz com que ela tenha uma posição feminina desvalorizada.

Chantal recusa a chantagem de sua cliente ("não dá para *engolir* tudo; ela finge estar doente para que eu a ouça") e não admite que esta possa ser tão dependente do marido, das crianças e de sua ajuda familial, que possa vomitar durante sua ausência e falar em sua presença. Essa dependência feminina lhe é insuportável. Ao reprovar essa dependência, Chantal nega sua própria dependência em relação a nós, expressando ao mesmo tempo o medo que sente: ao falar, ela pode nos deixar de lado, mas nos "obedece" também[1].

No primeiro nível da análise, 'falar' e *vomitar* são postos no mesmo plano. Ela sente o mesmo mal-estar diante desses dois comportamentos de sua cliente, como, aliás, de sua mãe. Chantal percebe muito bem as exigências de amor de sua cliente, que parece lhe dizer: "quando você não está presente para me ouvir, eu me esvazio de você, eu a perco, e quando você está aqui eu falo para preenchê-la de mim, como eu gostaria de ser preenchida por você". Mas é justamente essa dependência que a fascina, porque ela

---

[1] A identificação materna imaginária no ato de falar representa a ausência em uma identificação simbólica que ela assinala sem poder significar.

atualiza uma imago materna (e uma identificação imaginária desvalorizada). O discurso é aqui figurado na fantasia como o vômito do desejo, a ejeção escumante do recém-nascido satisfeito, porém dependente. 'Falar' é reatar no plano do verbo esse comportamento de invólucro e de fusão do *holding* da relação mãe/recém-nascido. Essa ruptura da distância na relação de objeto não pode ser aceita por Chantal, que se vê desse modo *ligada*, a despeito de sua vontade, a sua paciente. A linguagem é então esse barbante feito de carne colocado no símbolo que *envolve* e *amarra* em um elo fusional aquele que fala e aquele que ouve. A simbolização do vomitar-falar vem aqui substituir essa relação de alimentação quando a boca se enchia de leite, palavras, carícias, calor, olhares e odores, em vez de se esvaziar em palavras. A fala adquiriu uma tal *gravidade corporal,* que Chantal tem literalmente a impressão de ser "submergida" por sua cliente. Chantal tenta preservar-se de uma identificação muito forte, fugindo no ativismo dos trabalhos domésticos. Não querendo ouvir, Chantal protege uma intimidade ameaçada; sua cliente se 'derrama' *narcisicamente* em palavras, seus investimentos de objeto são feitos por meio de todo tipo de pedidos e exigências. Esse tipo de paciente é literalmente 'invasor'; o discurso só se sustenta por uma intensa avidez oral, uma necessidade de amor não destituído de sadismo nas exigências que são feitas ao objeto, de estar presente apenas como um prolongamento do eu.

Mas se, de fato, para a paciente de Chantal, a fala substitui os vômitos e o agarramento corporal, o que ocorre com Chantal na situação de grupo?

Curiosamente, ela está totalmente *identificada* com sua cliente, e nos inflige os mesmos insultos verbais. Ela invade o espaço sonoro da sessão, nos interpela com freqüência e nos monopoliza como uma criança mimada do grupo de participantes. Ela nos recrimina por fazê-la falar de seus "casos". Não apenas nós a fazemos 'vomitar' seus pacientes, convidando-a a falar, como também a obrigamos a fazer o trabalho em nosso lugar; ela se sente então obrigada a dar tudo o que nosso silêncio recusa. A palavra e o vômito revelam-se assim como os significantes de um mesmo significado: *a criança e a dependência ao pai sádico*. Essa mãe de família – como sua própria mãe[1] – não apenas fala e vomita sem parar, mas ela *também dá à luz*!: "é uma família cujas crianças são sua droga". Desse modo, a tagarelice, as queixas e os sintomas somáticos, as crianças são esses significantes fundamentais que a fazem viver tanto a revolta quanto a submissão ao pai, ao desejo masculino que sujeita a mulher a uma posição materna infantilizante. O que Chantal ao mesmo tempo recusa e deseja, é essa *dependência* – que mulheres como sua mãe e sua cliente revelam de modo surpreendente –, que ela vomita em seu relato e atualiza por meio de seu comportamento verbal. É por intermédio desse mesmo compromisso que ela pode aceitar *identificar-se* a sua mãe, ao mesmo tempo que recusa fazê-lo.

Durante essa observação clínica, o ato de fala sofre essa torção do desejo que o afasta do código *em proveito do corpo*. Chantal e sua cliente partilham a mesma fantasia e o mesmo prazer que Anna O. com Breuer: *a narração é um prazer de boca* que se ativa na relação intersubjetiva até os prazeres e dores dos partos imaginários. Desse modo, o ato de fala não é mais essa mensagem portadora de sentido, que se refere a um código, mas essa substância cuja forma se aliena em um significante sonoro e dele herda todo poder e função: o verbo é então essa parte do corpo que abocanha como a boca, capta como os olhos, explora e agarra como a mão, que acaricia ou machuca o corpo do outro. *Como uma ferramenta*, ele se integra nos limites do Eu, do qual é apenas um prolongamento. Os efeitos que o ato de fala desencadeia são então proporcionais à *valência narcísica e pulsional* de que está investido. Essa submissão do verbo à imago corporal[2] se desdobra em sua enunciação, e o discurso se estrutura no próprio horizonte da imagem do corpo em seus conteúdos e na sua *gestalt* unificada

---

[1] Chantal é solteira e tem cerca de quarenta anos de idade.

[2] Conforme nosso trabalho (Gori, 1976), *L'acte de parole. Recherches cliniques et psychanalytiques*, obra citada, e *Le corps et le signe dans l'acte de parole*. Dunod, 1978.

e unificante. Queremos dizer com isso que não apenas o ato de fala funciona em uma relação de *concatenação* com os outros objetos corporais investidos pelas pulsões (Gori, 1972, 1973, 1974), mas que o espaço imaginário, sobre o qual o discurso se enuncia como estrutura construída e articulada, também se modela sobre a imagem do corpo elaborada como estrutura totalizada, unificada e articulada (Pankow, 1969). Nesse sentido, podemos dizer, à nossa maneira, que 'o estilo é o homem', que a letra é a superfície sobre a qual se projeta e se constrói a imagem corporal. Em tais casos, o ato de fala é essa mímica promovida a ser verbal e significante que exprime em miniatura a representação inconsciente (de origem corporal), da qual barra o acesso e à qual se substitui. Não é apenas em seu enunciado que a fala *figura* (põe em representação) a fantasia de que deriva, mas também em sua *enunciação*. A própria percussão do ato de fala sobre o corpo e sobre as relações transubjetivas provém de seus investimentos narcísicos e pulsionais. No entanto, mostramos (Gori, 1972, 1974) a partir dos trabalhos de Ségal (1957) que um duplo destino pode oferecer-se às relações do significante verbal e do significado corporal:

• na problemática normal e neurótica, a fala mantém relações *metafóricas* com os objetos originários, dos quais ela recebe a delegação dos valores pulsionais e narcísicos. A barra do recalque introduz um *desvio* entre o 'vômito' da cliente de Chantal e sua narração diante do grupo. A noção de *submissão* parece dar conta dessa dependência do verbo, e, ao mesmo tempo, de sua libertação do corpo erógeno;
• na problemática psicótica por um processo de *desmetaforização*, os significantes sonoros são tratados de *modo concreto* (Ségal, 1956) e confundidos com os objetos corporais aos quais são substituídos[1]. A depressão corporal do psicótico

---
[1] O que não quer dizer obrigatoriamente que as palavras são coisas, mas que os signos e os acontecimentos são *tratados* da mesma maneira. Onde o signo é um acontecimento, o acontecimento é um signo (Freud, 1915; W. R. Bion, 1964; R. Gori, 1976).

que vive seu *corpo-peneira* (Deleuze, 1968) como um barril das Danaidas, leva-o a atribuir a mesma gravidade pulsional às palavras e às coisas. O corpo se vê preso à superfície de um código verbal que o duplica sem poder contê-lo. Essa depressão nos investimentos dos limites do eu acarreta uma expansão narcísica do si nas coisas, os objetos assim como as palavras que não passam de *prolongamentos* desesperados de uma imago corporal dilapidada que o sujeito tenta encontrar.

Conclusão: ao passo que nossa primeira observação clínica revela a atração do ato de fala pelo *código formal* ao qual o discurso se refere para veicular sentido, a segunda evidencia o *ancoradouro corporal* do comportamento verbal e sua função metafórica. Nas situações formativas e terapêuticas, essa dupla força do ato de fala leva à sua idealização e à sua crítica:

• visto como signo esvaziado de qualquer conteúdo corporal, ele é condenado a tênue *substituto do corpo erógeno*, e é então vivido como esse sistema formal no qual todo significante remete incansavelmente a um outro significante na louca corrida dos dicionários desfolhados. A vacuidade do signo lingüístico deprime nossos participantes e impede sua gesticulação sonora diante do espelho da linguagem;

• visto como prolongamento narcísico ou pulsional, o ato de fala *metaforiza* a experiência corporal de que é o substituto. O participante que fala se aparenta ao que sonha; a regressão econômica (mas não tópica) é a mesma: ele reconstrói o mundo de acordo com seus desejos de onipotência narcísica; na enunciação de seu discurso, ele se permite a ilusão de uma satisfação cuja realização ativa ou alucinatória ele recusa. A palavra é, então, essa parte corporal miniaturizada em uma substância fônica que concede o prazer das maquetes. A adulação de que a linguagem é objeto provém então de seu investimento narcísico ou pulsional. Se o discurso tem um impacto sobre o corpo erógeno, é porque ele aí encontra sua fonte. O poder da fala como troca de sons, de substâncias sonoras, de 'vozes', acontece em detrimento do sentido. Devaneio que alucina qualquer comunicação humana como trocas de substâncias corporais no poder metafórico das palavras. Aí se encontra a força *subjetiva* que magnetiza o ato de fala em direção ao polo do desejo. Contra esta última, intervém a força assegurada pela estrutura formal da linguagem. Aquela que os participantes nos desvelam quando ocultam ou alienam o que do corpo pede para transitar no discurso. O símbolo é então esvaziado de seu conteúdo corporal e subjetivo, é promovido a sistema de contra-investimento dos desejos, de defesa contra as angústias das pulsões. Nesses casos, o corpo se vê então perdido na turgidez da linguagem, que não é mais a forma na qual vêm moldar-se nossos desejos, mas esse invólucro vazio de todas fantasias e conteúdos corporais.

3. Apresentações teóricas

A. A fala no espaço potencial

As ilustrações clínicas e os trabalhos das partes precedentes mostram uma constante oscilação do ato de fala entre o corpo e o código, conforme predominem os investimentos subjetivos ou objetivos. Essa oscilação é revelada pelas situações formativas ou terapêuticas cujo início põe à prova a economia dos movimentos pulsionais, narcísicos e identificatórios. A regressão e as defesas contra a regressão que essas situações mobilizam, abalam o equilíbrio quase-estacionário dos investimentos subjetivos e objetivos. Essa ruptura brutal do ponto de equilíbrio em que se situa o símbolo verbal por meio de um jogo de tensão de forças antagonistas, vai fazer o ato de fala resvalar no campo da pura fantasia ou no da objetivação desencarnada e insignificante do código renegado pelo corpo. De certo modo, a observação das resistências – regressivas e objetivas[1] – em tais situações faz uma argumentação pelo absurdo sobre a *posição transicional* do símbolo verbal quando ele não toma corpo (palavras-coisas) ou

---

[1] "Objetivas", no sentido da realidade do objeto (Winnicott).

evita objetivar-se (significante-louco); ou seja, quando ele mantém a dupla submissão ao corpo e ao código, à subjetividade e à objetividade, em um jogo *tão raro quanto criador*. Dizemos tão raro, pois não se deve crer que a verdadeira simbolização esteja sempre operando na linguagem e no discurso. Quantos signos vazios no comércio humano e quantos silêncios subjetivos! No entanto, ao falar, o homem faz uma obra de criação quando sua fala se situa nesse ponto de equilíbrio das forças subjetivas e objetivas, nesse ponto paradoxal de onde ele pode expressar para o outro algo de sua subjetividade. Porém, quanto mais seu discurso se aproximar do código e da comunicação, mais ele se afastará do jogo criador e mais se aproximará do que Winnicott (1963) denomina "comunicação indireta". Nas situações de formação e de terapia, entretanto, o objetivo implícito é levar a simbolizar o que se manifesta no sintoma ou a resistência à mudança. Logo, explícita ou implicitamente, tanto a formação quanto a terapia pretendem levar o ato de fala ao campo transicional. Ora, para que a fala conserve sua qualidade *transicional*, não é preciso, como diz Winnicott (1971), que "o paradoxo seja resolvido", que ela resvale no formalismo da linguagem – em uma pura alienação ao objeto – ou que ela se dissipe na insensatez dos movimentos corporais. O símbolo – e, particularmente, a fala – só pode ocorrer nesse espaço livre entre o corpo e o código, a subjetividade e a objetividade. É também o paradoxo do formador que, para levar o ato de fala a esse espaço transicional, promove uma situação que, pela subversão que ela provoca, tem grande chance de fazer com que o discurso se reduza ao objeto corporal que ela metaforiza ou que se hipostasie na vacuidade do signo tomado de empréstimo ao código da linguagem.

Por ora, observemos que são essas utilizações extremas sofridas pelo ato de fala que revelam por ausência sua *estrutura paradoxal*. É nesse espaço livre sustentado pelo jogo de forças antagônicas que o ato de fala detém seu poder de criação, quando ele é verdadeiramente símbolo, ou seja, elo entre o subjetivo e o objetivo que ele transcende. Essa *posição intermediária*[1] do ato de fala o situa no *ponto escandaloso* entre o eu e o objeto, entre o sonho e a realidade, entre o corpo e o mundo exterior, que Winnicott designa como área transicional, espaço livre em que se localizam o jogo e a experiência cultural. Mas, no momento, interessa-nos encontrar as analogias e as diferenças que o ato de fala mantém com os outros fenômenos transicionais. Na verdade, o trabalho de Winnicott correria o risco de perder o sentido e o sabor, se se tornasse essa "palavra-tela, treco-coisa", destino ao qual o conceito de 'estrutura', infelizmente, nem sempre escapou nesses últimos anos. A pesquisa se imobilizaria, então, em uma fastidiosa taxinomia de todos os objetos e fenômenos facilmente promovidos a 'transicionais', considerando-se que a própria característica do objeto transicional é sua extrema contingência e liberdade, tudo podendo tornar-se "transicional", inclusive a "mãe" (Winnicott, 1951) ou o ursinho de pelúcia. O que especifica o fenômeno transicional não é o objeto, mas uma *qualidade de investimento* que o realismo figurativo de Winnicott concretizou geograficamente como uma "área", um espaço potencial, livre entre o dentro e o fora. O mesmo objeto pode inscrever-se em vários pontos nos espaços interno, externo e transicional. Tentamos mostrar esse destino da dinâmica dos investimentos subjetivos, objetivos e transicionais em relação ao ato de fala. Insistimos sobre essa concepção da característica como resultante de uma *qualidade dos investimentos e de sua estabilização*, e não de uma essência particular atribuída – na mais perfeita lógica aristotélica – a um objeto qualquer. É inútil recensear todos os pedaços de cobertor que a criança leva à boca, como se pertencessem ao campo dos fenômenos transicionais: alguns são subjetivos (criados inteiramente pela alucinação), outros são objetivos (percebidos

---

[1] Somente a criança – por meio de uma "feliz combinação de qualidades narcísicas e qualidades objetais eróticas" (Roheim, p. 120) – poderia representar para a mãe um "objeto intermediário" e substituir o símbolo, pois, constituída pelo corpo materno (narcisismo), está consagrada a uma objetivação e a uma autonomia. Essa situação liminar participaria da conexão preferencial do objeto cultural e da criança, freqüentemente descrita pelos psicanalistas (Abraham, Roheim, Klein, Ségal, Stein, etc.).

como objetos) e outros transicionais (*first not me possession*). Assim sendo, o *mesmo objeto* pode ter uma localização subjetiva, objetiva ou transicional para o *mesmo indivíduo*, em momentos, idades ou fases diferentes. Essa observação está de acordo com uma lógica relativista e estruturalista: o que importa não são as coisas, mas as relações que elas mantêm entre si. Poderíamos então, com razão, ousar falar *de uma linguagem-subjetiva, de uma linguagem-objetiva e de uma linguagem-transicional*. A primeira encontraria uma manifestação em certas alucinações auditivas; a segunda, no código dos programadores de computador; dos lingüistas; a terceira, enfim, na interpretação analítica, quando o analista, mas sobretudo o analisando, expressa no discurso uma tomada de consciência que figura por meio da linguagem uma experiência muito subjetiva.

1) Analogias entre o ato de fala e os outros objetos ou fenômenos transicionais

Constata-se, primeiramente, a freqüência com que a criança utiliza os sons ou balbuciações, vocalizações de todo tipo, como fenômenos transicionais ou que acompanham a manipulação desses objetos (Winnicott, 1951). Além disso, a própria posição dos sons no espaço sustenta sua liminaridade entre o dentro e o fora (a mãe que lhe fala), mas também do dentro (a criança as recebe e as enuncia). Voltaremos a isso, mas é provável que, no início, a diferenciação entre a audição e a alucinação auditiva não seja efetuada. O ambiente sonoro que embala o recém-nascido em um meio humanizado, o envolve literalmente, e torna-se um precursor de seu destino transicional. O prazer que a criança sente ao brincar com as palavras, ao submeter a história e os objetos a essa manipulação vocal, esse 'jogo primitivo com as palavras' e seu contra-senso – que Freud observava em *Le Mot d'Esprit* (1905) – tem como fonte esse ancoradouro transicional da linguagem. Quando a forma sonora de um fonema ou de um monema é adquirida sem seu valor semântico, mas respeitando-se as regras fonológicas, acredito que estamos bem próximos da *linguagem-transicional*[1], principalmente quando essa palavra surge como meio de luta contra as angústias depressivas. A palavra, então, não é uma alucinação (subjetiva), mas também não é mais restituída na plenitude objetiva de sua realidade (semântica, logo partilhada): ela está *a meio caminho,* o que é uma boa figuração do objeto intermediário e (ou) transicional. Esse poder transicional de algumas palavras se conserva[2], mas se dilui depois na linguagem, porém com maior ou menor força, conforme sua proximidade com as lembranças infantis e com os investimentos atuais. A palavra 'mamãe' conserva essa valência transicional, ela nunca é totalmente jogada no anonimato do código, ela carrega para sempre os pontos cicatriciais dos primeiros amores e de suas renúncias. Essas manipulações vocais se inscrevem diretamente no eixo dos primeiros fenômenos transicionais. Sua utilização se realiza, aparentemente, dos primeiros vocalises acompanhados por alucinações – próximo ao subjetivo – até o jogo com a boca que as criancinhas descobrem – bem antes dos professores e dos advogados – na manipulação jubilatória das primeiras regras fonemáticas.

Que o ato de fala – o mais próximo possível de sua gênese – seja um meio de lutar contra as angústias depressivas, não é algo que deva mais ser demonstrado: a partir do *jogo do Fort-Da* analisado por Freud, até a observação imediata de nossos próprios

---

[1] Que podemos, então, opor à linguagem-subjetiva e à linguagem-objetiva (o código). É preciso dizer que nosso exemplo pode gerar confusão. Na verdade, a palavra não-significante adquire um valor subjetivo – e não transicional –, ao passo que sua enunciação obedece a regras *objetivas*. Mas pedimos ao leitor que mantenha sempre presente nossa concepção do objeto e do fenômeno transicional: trata-se de um estado de *equilíbrio quase-estacionário* – porém, dinâmico – entre a libido de objeto e o narcisismo, que se aproxima das hipóteses de um Roheim (1943) sobre o objeto intermediário. Donde se segue que a "palavra" pode estar *mais ou menos carregada* de valências subjetivas ou objetivas. Balkanyi (1968) chama erroneamente de "subjetivo" (autístico) o comportamento de um jovem paciente de 8 anos que a tratava de "velha suja puberdade"; o que é então ocultado, é o caráter *objetivo* da enunciação (respeito das regras fonemáticas). Esse paciente que não era psicótico, segundo a própria terapeuta, reconhecia seu "erro", mas sentia – a nosso ver – o prazer do jogo ao se revoltar contra o objeto e as regras objetivas da linguagem. Uma vez adquirido o sentido, a criança e o adulto podem "brincar" com ele, e é aí que a linguagem reencontra seu espaço originário.

[2] O que explica, provavelmente, o sentimento humano mesclado de esperança e de desespero em relação à comunicabilidade e à incomunicabilidade da condição humana, a grandeza e a decadência da linguagem.

filhos[1], passando pelo canto dos prisioneiros, dos oprimidos, pelos queixumes articulados dos doentes, pela utilização privilegiada de algumas palavras na ausência da pessoa amada, etc. Como dizia a criancinha à tia, quando se via no escuro com ela: "fale, titia, fica mais claro quando falamos" (observação relatada por Freud). A linguagem é um meio de enfrentar nossa separação original e nossa solidão no mundo. As metáforas de Janet ao comparar a linguagem ao barbante [2] (que amarra objetos diferentes) e ao cesto (que os contém) são particularmente pertinentes: a fala é esse trecho sonoro e esse invólucro verbal, os quais velam e contêm os limites do eu e do objeto. Esse prazer de *inclusão* do ato de fala – que se opõe à exclusão das *muralhas sonoras* (Gori, 1975); aproxima-se das funções *fáticas* da linguagem descoberta pelos lingüistas (Buhler, 1933; Jakobson, 1963). Evidentemente, isso pressupõe que a linguagem não tenha sido adquirida em um universo "mecânico" (conforme Joë de Bettelheim, ou Dick de Klein), mas que tenha estado às voltas com esse espaço da ilusão que a mãe *good enough* estabelece entre ela e a criança. Nessa condição, os 'sons', em seguida os 'fonemas', e finalmente os 'monemas' encontrarão seu lugar no espaço transicional. A

---

[1] Uma de minhas filhas apelou durante muito tempo para uma melodia muito simples – com as palavras papai, mamãe, etc – que eu havia cantarolado para ela durante seu primeiro ano de vida, como meio de lutar contra os desprazeres da vida cotidiana: quando ela chorava, quando tinha de dormir, quando se 'sentia' infeliz ou triste. Esses simples fonemas e seu ritmo quase sempre bastavam para acalmá-la ou para lhe facilitar o sono. Algumas vezes, essas palavras cantadas vinham acompanhadas de carícias: ela enrolava a ponta de nosso cabelo enquanto adormecia em nossos ombros. Essas palavras e seus gestos foram muitas vezes a condição de seu sono ou do recobramento de sua segurança, distinguindo-se – como pré-*gestalt* – dos outros comportamentos.

[2] As observações teórico-clínicas de Winnicott (1960) sobre a utilização do barbante como objeto transicional e seus avatares compulsivos, podem ser integralmente postas sob a responsabilidade da linguagem e da comunicação verbal. O problema fundamental é, primeiramente, o da *separação* – no eixo ilusão-desilusão–, e é apenas com o *a posteriori* edipiano que ele se vê sobrecarregado de valores diferentes (castração, ereção, etc.). É o que distingue nossa conceptualização da teoria lacaniana, mas também das análises kleinianas. É no espaço transicional que ocorre o destino da linguagem e da fala, sem prejulgar os valores que a linguagem receberá ulteriormente (angústia de castração) ou aqueles pelos quais ela se responsabiliza retroativamente (angústia psicótica de aniquilamento). Na psicose, a linguagem é adquirida, mas ela está 'impedida' na fala; na neurose, ela pode estar entravada, porém como qualquer outro ponto do espaço cultural.

manipulação dos 'sons' que a criança pode fazer a seu modo, e o prazer conjugado que ela sente ao ouvi-los facilitam muito seu investimento transicional. A fonação é uma descarga motora que permite a *explosão* (agressiva) sonora e reativa dos traços mnésicos ligados aos movimentos libidinais do aleitamento e dos cuidados maternos (Fonagy, 1970; Anzieu, 1970). Esse jogo do *falar-ouvir* que a criança se permite por meio de suas primeiras posses sonoras e verbais é determinante para a aquisição da linguagem e do prazer ulterior de utilizá-la publicamente com os outros.

2) *Especificidade do ato de fala*

O ato de fala, no entanto, apresenta particularidades que o distinguem radicalmente dos outros fenômenos transicionais. A primeira se deve às suas condições mínimas de produção que favorecem seu devir transicional; a segunda se deve ao seu estatuto por assim dizer 'social', e a terceira ao seu devir onto-genético.

As condições mínimas de produção

A dupla submissão da linguagem ao código e ao corpo está, de fato, inscrita nas próprias condições da enunciação que pressupõem a excitação e o afeto dos órgãos fonadores, bem como o respeito e a utilização das regras internas (fonemáticas, semânticas, etc.) específicas do sistema lingüístico. Essa dupla vassalagem da linguagem, em relação às sujeições anátomo-fisio-psicológicas (funcionais e erógenas) do próprio corpo e às regras lingüísticas, situa o ato de fala *na encruzilhada do corpo e do objeto*, a meio caminho entre a atividade narcísica e a libido de objeto. De fato:

Por seu *suporte corporal*, o ato de fala garante a presença atualizante das pulsões libidinais, agressivas e narcísicas que investem o aparelho verbal lingüístico e sustentam a enunciação. Nesse sentido, 'falar' – com a maior proximidade do fenômeno subjetivo – pode significar ter prazer fazendo ruído com a boca.

O ruído preenche assim o vazio de uma presença de que ele foi o índice. A balbuciação satisfaz então no próprio corpo moções de desejo, comparáveis ao ato de chupar o dedo, à carícia da pele, ao onanismo, acompanhados de satisfações alucinatórias. Foi assim que Spielren (1922) examinou de um ponto de vista psicanalítico a aquisição dos termos 'mamãe' e 'papai'. Ela supõe que uma mamada factícia provoque *Moe* ou *Poe* associados à alimentação e à mãe. Desse modo, esses sons eram produzidos de início por uma sucção provocada pela satisfação alucinatória do objeto; eles constituiam a metonímia da *alucinação*. Nessa fase do desenvolvimento, *Moe* e *Poe* seriam sinônimos da "linguagem". Posteriormente, *Moe* será mais empregado para satisfazer um desejo não satisfeito, e *Poe* seria uma designação da mãe sem função de apelo. Esse também é o ponto de vista do lingüista Jakobson (1960). A vocalização é considerada aqui como uma atividade *auto-erótica* que será promovida a *narcísica* no prazer de se ouvir balbuciar, e depois falar. Assim sendo, o ancoradouro corporal do discurso o destina a uma função *substitutiva* de descarga dos erotismos parciais e narcísicos. A análise das representações inconscientes do ato de fala revela sua conexão com os objetos pulsionais, cuja tenência ela assegura. Essa *posição* do ato de fala na economia pulsional e fantasmática explica, então, seu *poder metafórico e seus efeitos* sobre o corpo erógeno e as relações transubjetivas (Gori, 1972,1973, 1974).

Falar é aqui o equivalente de "escavamento" (Spitz, 1957) ou de agarramento: trata-se de um comportamento de *exploração* corporal do mundo. O investimento *erógeno e agressivo* dessa atividade condiciona seu próprio desenvolvimento e desdobramento. 'Vocalizar' ou 'balbuciar' corresponde não apenas a uma masturbação primária bucal, mas são também a exploração jubilatória do mundo e do corpo por meio do trânsito das palavras e dos sons, sustentando o encantamento do recém-nascido diante de suas próprias produções, e também diante desses produtos que se objetivam. Todos os prazeres e inibições da linguagem e da fala (gagueira etc.) são sustentados por esses investimentos pulsionais.

Mas, por sua referência a uma *estrutura lingüística* (que tem suas regras), o ato de fala permanece articulado[1] a um sistema que diferencia o símbolo e a coisa simbolizada. Essa *regulação formal* da atividade verbal – tanto em seus jogos fonemáticos quanto na elaboração da frase – é de grande importância na *dessubjetivação* da fala e da linguagem. Por tênue que seja a *identificação introjetiva*, no início do desenvolvimento ela é a pedra angular da comunicação verbal. O código lingüístico tem a força de um *objeto* que resiste às pressões subjetivas. Ao se objetivar, a linguagem adquire uma inteligibilidade que é paga com a alienação do sujeito às regras de um sistema e às posturas imaginárias da identificação. Essa referência do locutor a um sistema garante uma *identificação não fusional* entre o eu, o objeto, o símbolo e a coisa simbolizada. Mas essa função identificatória da linguagem representa a alienação do homem, a forma que aprisiona o conteúdo, o sujeito que se afasta de seu corpo na ofuscação dos reflexos da linguagem.

Voltaremos a isso, mas pelo investimento transicional da linguagem; aquilo de que a criança se apropria na fruição da *first-not-me-possession*, é também o que vai afastá-la da verdade de seu *self*-silencioso.

O caráter social da linguagem

Essa regulação progressiva do ato de fala provém do *caráter eletivo e socializado* desse fenômeno transicional. O pedaço de cobertor, a balbuciação, o velho cordão de cortina, a orelha arrancada do ursinho de pelúcia, etc. são objetos transicionais cuja *privatização* nunca é questionada. O mesmo não ocorre com os sons, as palavras e a linguagem. De um lado, a linguagem é destinada por sua natureza e sua função a uma publicação social que tende à *objetivação* desse processo intermediário; de outro

---

[1] Essa dupla articulação – ao corpo e ao código – inscreve-se no próprio texto do sistema lingüístico duplamente articulado (fonemas – monemas e paradigma – sintagma). (Martinet).

lado, ela é o lugar *eletivo* dos investimentos *subjetivos* e objetivos dos outros indivíduos do meio ambiente da criança. Desse modo, ao contrário dos outros objetos transicionais, a linguagem é *oferecida e negada* à criança pelos outros. Porém, de modo progressivo, pois se o fosse de modo imediato, sua aquisição seria impossível. A diversão dos adultos – por identificação – diante das torções subjetivas que a criança faz sobre a linguagem, dá provas da liberdade que é deixada no espaço do jogo. Intervenções corretivas muito precoces levariam ao desastre do mutismo, à revolta do negativismo (Dick de M. Klein), ou ao aprendizado mecânico de uma linguagem sem palavras (o Joë de Bettelheim). Mas, progressivamente, a criança deve adquirir regras que vão diminuir sua liberdade de manipulação da linguagem e conferir a esta uma qualidade *objetiva*. A partir de então, ela não encontrará essa liberdade de jogo "primitivo" com o contra-senso das palavras senão nas tiradas espirituosas ou na poesia.

O devir da linguagem-transicional

Ele decorre totalmente do que acabamos de dizer: de um modo incansável essa linguagem transicional vai tender para uma linguagem-objetiva, o que Winnicott denomina "*a comunicação indireta*" e se esta última não está destituída de prazer, ela não encontra sua fonte no mesmo espaço que o jogo primitivo da criança. É evidente que a linguagem nunca se objetiva por completo – a não ser no caso de uma linguagem puramente mecânica –, ela conserva por meio da voz, o estilo, o poder narcísico das palavras de submeter o mundo de um modo mágico, uma carga subjetiva não-desprezível. Felizmente. É esta que faz da linguagem uma fala. No entanto, pelo fato de a linguagem humana 'pré-supor' uma *introjeção* das regras de sua utilização, por pressupor ao mesmo tempo sua desprivatização, a banalização de seu espaço, seu destino não é exatamente idêntico aos outros objetos ou fenômenos promovidos ao desinteresse progressivo. No caso da linguagem, esse desinteresse é ocasionado por uma depreciação subjetiva do ato de fala, mas logo de início ele vai assumir todo peso e coações dos *objetos*, das regras do meio circundante. A trajetória de seu devir é, pois, particular. Isso nos leva a pensar que a linguagem é um *lugar de transição* entre os primeiros objetos e fenômenos transicionais (dentre os quais a manipulação vocal) e a experiência cultural, ambos localizados na área da ilusão. Se essa hipótese for correta, a linguagem seria, por assim dizer, o *suporte-pivô* da passagem dos objetos transicionais originários (e muito subjetivos) aos fenômenos transicionais posteriores e socializados (mais carregados em objetividade) que constituem a experiência cultural (com suas exigências formais e identificatórias).

B. Rumo a construções hipotéticas

1) Ilusão - Desilusão e utilização

A linguagem é antes de tudo investida pela criança como *massa sonora indiferenciada* em si própria, mas também das coisas, do corpo da criança e do corpo materno. Os sons se assemelham então a 'representações de coisas', a objetos, substâncias fônicas. Nenhuma forma verbal se impõe, nenhuma regra articula a enunciação e a recepção dos 'barulhos', dentre os quais os sons. O caos original empilha as palavras e as coisas na grande massa indiferenciada das sensações proprioceptivas, exteroceptivas e interoceptivas. Progressivamente, o meio ambiente materno inicia uma 'troca'[1] significativa e envolvente com o recém-nascido. É durante esses períodos de *ilusão* (Winnicott, 1945) que a mãe *good-enough* oferece na realidade o seio que a criança cria na alucinação primária, que *fala com ela*, a manipula, a olha, sorri para ela, a envolve com sua própria identificação narcísica. Nesse

---

[1] Do ponto de vista do observador há apenas duas pessoas, pois, como diz Winnicott, a mãe alimenta uma criança que é parte dela mesma, e a criança se alimenta de um seio que ela cria a partir dela mesma.

período, é incontestável que os sons fazem parte do corpo da criança fusionado ao espaço materno. Aliás, os sons e os jogos de boca da mãe tornam-se *progressivamente* o índice e o sinal da mãe-meio ambiente. É nesse momento que a criança *introjeta* a boca falante da mãe (Anzieu, 1970). Mas essa introjeção só pôde ser feita porque a mãe sentiu prazer ao falar com a criança e porque foi capaz de *receber* os barulhos que a criança faz com a boca (grito, choro, tagarelice, etc.) e *metabolizá-los* (precursores da função conceptualizada por Bion, 1970), dando-lhes um sentido. A mãe facilita a *exploração sonora* da criança, ela lhe dá apoio, assim como apóia as outras criações primárias. A conceptualização mítica da perfeita coincidência entre o subjetivo e o objetivo na experiência do aleitamento se dá, aparentemente, por meio de todos os prazeres corporais, sobretudo o de boca e ouvido. Essa comunicação sonora primária e indiferenciada é, sem dúvida, uma *incitação a falar*, ela incentiva a voz como objeto parcial, e garante as fundações narcísicas da magia verbal. Nesse modo projetivo de *exploração sonora* e de *expansão narcísica* a criança adquire um prazer de boca que dará a dimensão subjetiva ao ato de fala, que dele fará *elo fático* com o outro, metáfora do corpo-a-corpo entre a mãe e a criança. Em seguida, o *narcisismo* se beneficiará da *magia verbal* em que a onipotência da criança é também um fato de experiência: obtido, tão logo exigido. É a eficácia do pedido verbal que a mantém em um campo contíguo à ilusão originária. Do mesmo modo, o ato de fala adquire progressivamente um valor metafórico, substitutivo das trocas corporais. O objeto-fala é então sustentado por poderosos investimentos pulsionais.

Mas, à medida que a criança cresce, a mãe se impõe como objeto não-submetido integralmente às pressões subjetivas. Ela adquire uma realidade. As experiências de desilusão tornam-se pouco a pouco mais freqüentes e surge a objetivação do meio ambiente. Aliás, exige-se cada vez mais que ela respeite as *regras* da linguagem, assim como as dos outros sistemas de trocas. Desse modo, o próprio código se diferencia e se objetiva com o *self* e os objetos do meio ambiente. O ato de fala adquire aí uma qualidade *objetiva*. O código não é mais investido subjetivamente como um prolongamento narcísico, ele se impõe como *objeto externo*, do mesmo modo que os outros objetos fora do controle onipotente das primeiras experiências sonoras. A identificação da mãe com o filho não é mais a mesma, e ela não fala mais em seu lugar, e por suas (dela) ausências suscita *perguntas*. Além do mais, a linguagem não é mais exclusivamente a do amor, ela se torna pouco a pouco a das proibições também (o famoso "Não", Spitz, 1957), e até de raiva[1]. A identificação especular e a identificação introjetiva são fundamentais nesse desenvolvimento. Pode-se distinguir dois movimentos identificatórios nesse momento, movimentos que, aliás, vão continuar a se desenvolver posteriormente, sobretudo no momento do Édipo:

• *A* identificação especular: acompanha a fase do espelho (Lacan, 1936) e seu declínio. A nosso ver (de acordo com Winnicott, 1971), a imagem no espelho percebida pela criança como forma unificada e unificante que antecipa seu domínio real, é a ela enviada pela mãe. Essas formas essenciais às quais o sujeito se identifica vão constituir, por introjeção, os ideais – na ocasião do 'básculo'[2] – e as imagens que vão aliená-lo. Ao tomar forma, o eu se afasta de sua verdade, de sua subjetividade. É a época das posturas e das exibições que humanizam a criança, alienam-na de seu meio ambiente, até a *aquisição da linguagem*. É assim que compreendemos a aquisição do 'Não' que Spitz situa no início da comunicação humana. À diferença dos outros sinais lingüísticos que a criança adquiriu anteriormente, o 'não'[3] é um sinal, "vazio", logo mais abstrato e complexo. O 'não', em nossa terminologia, é um sinal mais 'objetivo'. E, seguramente, não é por acaso que ele é adquirido no momento em que se desenvolvem a marcha, a separação, o controle do esfíncter, o início das relações objetais e

---

[1] Quando os pais deixam transparecer a raiva ou a irritação – se sua identificação for apropriada – é porque o bebê já se tornou uma criança, ou está para sê-lo.

[2] Conforme Lacan. *Le Séminaire*, I.

[3] O 'não' é também um sinal lingüístico que conota a *agressividade*, a qual, como sabemos, indica a *identificação*. A criança adquire então uma forma objetiva e objetivante que vai facilitar a gênese do eu.

a consciência de si. E esse termo, que surge imediatamente antes da aceleração do aprendizado da linguagem e seu desenvolvimento, é adquirido pela *identificação* com a mãe. Essa identificação com o objeto é constitutiva da linguagem; ela faz com que o homenzinho assuma as mesmas posturas – imaginárias e reais – que a mãe proibidora. À diferença do momento precedente (em que o narcisismo era então apenas auto-erotismo libidinal), o narcisismo torna-se *narcisismo dos ideais*, das imagens, das formas unificadas e unificantes. O discurso é então sustentado por um *outro*, ao qual o sujeito se identifica para dominá-lo e copiar-lhe a imponência. A desilusão é plenamente constitutiva desses movimentos de identificação. Essa identificação tem três fontes diferentes: de um lado, ela é sustentada pela *libido de objeto*, pelo amor à mãe que se transforma em identificação, de outro lado, ela deriva do *narcisismo* na medida em que a captação especular da imagem do outro a sustenta, e, em terceiro lugar, ela se alimenta junto à *pulsão de morte* na *compulsão de repetição* do sujeito para repetir o que ele sofreu. Mas essa repetição está mesclada de Eros e Tanatos: de Tanatos, como repetição de uma situação traumática; de Eros, como inversão dessa situação de passividade em atividade. Nesses movimentos de identificação alienante, em que o sujeito fala pela boca de um outro, o código se liberta parcialmente da carne, ele se torna *forma* diferenciada[1]. Então, o código – assim como a imagem especular – torna-se pouco a pouco esse *continente* que contém conteúdos articulados e diferenciados, essa estrutura *formal* que se impõe ao sujeito, código simbólico em que se alienam parcialmente seus desejos pelas exigências das imagens e dos ideais narcísicos. É, aliás, nesse momento da evolução que situamos o "Falso-*self* de Winnicott" – essa introjeção de um ideal alienante, de uma forma dissociada de qualquer conteúdo. Se a *objetivação* do real for brutal demais, se o meio ambiente for por demais carente, o sujeito vai *restituir* o objeto no real, mas vai também perder a alegria de viver e a

---

[1] A exemplo da imagem. O monema sendo, aliás, uma 'forma sonora' diferenciada, 'sutil', mas concreta.

subjetividade (corporal). O objeto foi excluído dos limites do eu, porém a experiência corporal e subjetiva também o foi. São, para nós, os pontos de fixação do que chamamos "o saber prévio" (1974) e as "muralhas sonoras" (1975). A linguagem é adquirida, as formas verbais são manipuladas, mas o que se perde pelo caminho é a fala, a dimensão subjetiva do discurso. O que resta é a concha *vazia* das identificações alienantes. A objetivação foi tão brutal que se tem a impressão de que a pregnância da *forma* (imaginária ou lingüística) esvaziou todo conteúdo (subjetivo-corporal). A escravização do sujeito à forma – imaginária ou lingüística – gera uma profunda dissociação do *psico-soma,* o sujeito se torna presa de um *sistema.* Assim sendo, a alienação no código é para nós uma alienação ao objeto, enquanto este último sustentar a *captação especular* do corpo próprio. No eixo neurótico clássico, esse amor pela forma leva à escravização do sujeito aos seus ideais, a uma valorização do simbólico às custas de seus desejos que só podem surgir novamente nos sintomas; no eixo da neurose de caráter – analisada por Winnicott sob o termo "distúrbios do caráter", 1963 –, o sistema formal corre o risco de aprisionar o sujeito a ponto de provocar uma tal *dissociação* (e não mais um recalque) que ele perde sua subjetividade conquistada em benefício de um falso-*self* que o exila de si próprio. Mas se a desilusão ocorrer progressivamente, a criança encontrará nas *formas verbais* esse espaço de jogo, esse tempo de repouso, esse lugar sincopal em que poderá ter prazer na plenitude das *criações verbais,* as quais diferem tanto da pura alucinação auditiva (subjetividade) quanto do discurso retomado na monotonia da compulsão e da identificação mecânica (objetividade). É desse lugar 'meeiro' que ele poderá utilizar a linguagem, falando com suas próprias palavras. A enunciação verbal é, então, verdadeiramente uma *criação,* um lugar e um processo em que se inscreve a experiência subjetiva e corporal.

• A identificação introjetiva, pela qual a criança adquire as regras e as posturas fundamentais que lhe permitirão utilizar a linguagem, é *co-extensiva* aos processos que acabamos de descrever. Essa introjeção de estruturas formais (verbais) tem uma conseqüência importante para os processos psíquicos: os transforma *formalizando-os*. É nesse sentido que pudemos dizer que a linguagem desempenha um papel importante na formação do ego e do superego (Isakower, 1939; Balkanyï, 1968). As possibilidades de abstração, a ordenação que daí resulta para o psiquismo e os processos cognitivos se desenvolvem. Inúmeros autores (Walder [1]; Balkanyï, 1968) insistiram sobre o papel de precursor do superego dessa "função formal" das regras da linguagem introjetadas – (*basculadas*), que permitem que a realidade interna seja "contida" e "formulada", como por exemplo na fantasia ou nas representações recalcadas *a posteriori*, que já são elaborações (Winnicott). A assunção das convenções lingüísticas prepara, então, (sem com elas se confundir) a instauração e a introjeção das proibições fundamentais dos sistemas humanos. É de preferência no momento da aquisição da higiene, da marcha e do equilíbrio que essa introjeção se efetua: as palavras começam a perder pouco a pouco seus valores subjetivos, e a se tornar sinais convencionais. O respeito pelas regras lingüísticas é já simplesmente um ato de fidelidade a todas as futuras convenções da ordem simbólica que escravizam e humanizam a criança. No neologismo e na linguagem autística, é essa dimensão desobjetivante, esse movimento de revolta contra as convenções reguladoras que fascinam mais de um neurótico, e que, por isso mesmo, fascinam somente os neuróticos. O que estes esquecem em seu júbilo moroso é o preço que deve ser pago pela subversão; o que anula, é o esforço do psicótico para restituir – inclusive e sobretudo no neologismo e na linguagem autística – a *forma* que se perde. Mas, tendo em vista nosso propósito, retenhamos que a identificação introjetiva das regras do sistema lingüístico vai dar para sempre ao pensamento da criança um caráter *formal*, e posteriormente *abstrato*. A aquisição da linguagem 'morde' aqui sua face *objetiva*, como embaixador do princípio de realidade e precursor do superego edipiano e das leis futuras.

---
[1] Citado por Balkanyï (1968).

Conclusão: o devir da linguagem-transicional dependerá essencialmente da capacidade do sujeito de conciliar os antagonismos, de lidar com os conflitos por intemédio da passagem à criação[1]. A subjetividade informal leva à "não-comunicação" (Winnicott, 1963), e a objetividade esvaziada de seu suporte desejante, a uma alienação às exigências dos ideais, a uma não-privação mortífera para o indivíduo. As duas co-existem durante toda a vida no ato de fala (desde a marca subjetiva do silêncio até a objetividade das fórmulas de cortesia), mas o discurso só encontra a força e o prazer originários na ambigüidade do jogo, da criação verbal, do discurso verdadeiro; aí então, dá-se o prazer – não destituído de inquietante estranheza – da linguagem animada. Mas isso só é possível se o código já tiver sido descoberto como corpo[2].

2) Os antagonismos

Desejaríamos terminar este trabalho mostrando a complexidade dos fenômenos e movimentos antagonistas que sustentam o jogo do ato de fala. Isso nos levará a propor perspectivas mais clínicas quanto à interpretação nas situações terapêuticas ou formativas.

A tensão subjetivo-objetivo

Não insistiremos sobre esse primeiro jogo de tensões contraditórias, já suficientemente evocado. Lembremos que o ato

---

[1] É do encontro do sujeito com a estrutura necessariamente *dialética* do ser na linguagem (Hegel; Lacan; Winnicott) que dependerá sua relação com a verdade e com a comunicação.

[2] A freqüência da utilização de metáforas corporais para designar os elementos da linguagem, do sistema lingüístico, advoga em favor dessa *identificação especular* corpo e código. Ao que parece, no movimento introjetivo de "básculo", o código ajuda a significar e figurar o corpo. Esses dois movimentos condicionam as relações do psico-soma.

O caráter figurativo de nossas construções não deve escapar ao leitor. Para nós, não existe linearidade na história ou linearidade de programa psicogenético.

de fala põe em jogo tanto movimentos auto-eróticos (excitações das zonas corporais), movimentos narcísicos constitutivos de posturas verbais e de identificações imaginárias, movimentos eróticos-objetivos, bem como movimentos de pressões objetivas e formalizantes pela referência a um código. Esse jogo de tensões faz o ato de fala oscilar constantemente entre um prazer pulsional, uma captação imaginária em ideais produtores de sistemas verbais e uma fidelidade a uma ordem convencional e reguladora. Um espírito voltado para a classificação poderia, presumivelmente, distinguir 'categorias' de comunicações verbais, segundo sua maior ou menor saturação em fator subjetivo, erótico-objetivo, objetivo-formal, etc.

São, aliás, esses diferentes movimentos conflituais que dão à linguagem uma posição a meio caminho entre o princípio do prazer e o princípio de realidade. A linguagem resulta do princípio de prazer pelo fato de, por meio de nossa fala, podermos submeter o mundo à onipotência de nossos desejos. O ato de fala deve sua credibilidade antes ao seu sistema – código e regras – de referência, que a sua transparência com o real. A criação literária, como argumento em favor dessa magia da linguagem, faz-lhe a defesa. O que, evidentemente, não quer dizer que o real seja por isso modificado, mas sua formalização verbal – guardadas as proporções – é comparável à escravização do sonhador, tanto no sonho da realidade externa (o sonhador a manipula em prol de seu interesse) como na fantasia que, como diz Winnicott, é uma defesa maníaca contra a realidade interna. Mas a submissão da linguagem ao princípio de realidade também é incontestável: para que a onipotência da palavra perdure, é preciso que minha crença seja *partilhada* com o objeto, o que 'pré-supõe' a obediência a um sistema de regras lingüísticas e logísticas. Para tanto, o ato de fala se submete a um código, e sua formalização do real – fora do jogo verdadeiramente transicional da criação – não deve destoar muito dos outros. Isso significa que ela adquire um valor *objetivo* (partilhado), sem contudo lhe atribuir uma valência *realista*. O ato de fala é sempre esse *entremeio* da subjetividade e da objetividade, do princípio de prazer e do princípio de realidade. Essa posição, aliás, pressupõe os movimentos conjugados da identificação projetiva e da identificação introjetiva.

A tensão das forças centrípetas e centrífugas

A aquisição da linguagem se deve também ao jogo das forças centrípetas e centrífugas que levam o sujeito tanto a *se separar* do objeto (abandono do contato fusional olfativo-tátil), quanto a *se prender* (substitutos sonoros do agarramento). Essa tensão *dialética* é a *condição fundamental* da gênese do ato de fala. Ela o marca para sempre com sua *ambivalência*: falar é ao mesmo tempo incluir o outro por meio do pedido e excluí-lo por meio de uma enunciação individualizante. Na função *fática* da linguagem manifesta-se sua saturação em fator de *inclusão*: o prazer da fala perdura por intermédio dos *elos*, imateriais, porém concretos, entre o sujeito e o objeto. A linguagem é, então, essa 'corda' e esse 'cesto' que me prende ao outro pelo cordão vocal, envolvendo-me com ele em um meio sonoro. As trocas mãe-recém-nascido, o diálogo amoroso, as enunciações que visam manter e estabelecer a qualquer custo um 'contato', estão bastante saturadas de desejo de fusão com o objeto. Nesse sentido, o ato de fala é um meio de lutar contra a *separação*. Ele pode até ser sua *negativa* na expansão narcísica de alguns pacientes loquazes que 'ocupam' literalmente (por identificação projetiva sonora) o objeto, então ameaçado em sua subjetividade. Esse comportamento de 'intrusão' verbal de algumas mães nos pareceu estar na origem de uma formação reativa que denominamos "muralhas sonoras" (Gori, 1975). Todos nós conhecemos pessoas cujo contato é quase sempre caloroso, um pouco dependentes e 'maníacas', que na hora de se despedir prolongam a 'conversa', fazendo com que o contato dure ao máximo. Elas sempre têm algo a dizer para preencher o 'vazio' que a separação vai burilar. A linguagem é um dos meios mais eficazes e mais investidos para lutar contra nossa solidão fundamental[1], que encontramos no silêncio que também traça a negatividade da verdade. Tentamos, aliás, mostrar como essa loquacidade podia afastar o ser de seu 'estar-no-corpo' e de sua história, 'não podendo estar ao mesmo tempo no moinho do verbo e no forno do desejo'. A linguagem torna-se, então, um meio de *negar* uma separação insuportável.

Mas, contra essa tendência que empurra em direção ao objeto, há uma força de sentido exatamente oposto operando na aquisição e na utilização da linguagem. Todos sabemos que só um ser separado de seu objeto pode falar, que as primeiras separações do objeto materno são fundamentais. Para que uma criança aprenda a linguagem, é preciso que haja algo a *ser pedido*. E, para que haja algo a ser pedido, é preciso que sua criação primária não seja muito eficaz e que a mãe, suportando a angústia de separação com serenidade, dê início a uma *desilusão,* tão desagradável quanto eficaz, para objetivar o real. Nesse sentido, para que a linguagem, que é um *traço-de-união*, se instale, é preciso que exista uma *'entrelinha'* entre ao menos duas pessoas. Voltaremos a isso mais tarde. Assim sendo, 'falar' 'pré-supõe' que o objeto seja reconhecido, e que sejam conhecidos de fato os *limites* da onipotência e o 'vazio' de nossa separação. O ato de fala é então um *distanciamento* em relação ao objeto, uma marca, um efeito e um agente de seu afastamento, de sua ausência e de sua exclusão dos limites do *self.* Uma criança que não tenha nada a pedir, porque tudo lhe é dado, sente-se frustrada em seu poder de criação e vê-se privada do *prazer de pedir* e obter. Nesse sentido, é para nós um prazer lembrar o que diz Winnicott: "o alimento tira o apetite da criança". A criança que *pede* escapa da dominação materna, da identificação projetiva do desejo materno. E o 'não' é, nesse

---

[1] O período de *ilusão* descrito por Winnicott é a condição necessária, mas não suficiente, para que a criança encontre na linguagem sua função *de ligação* (que é o sentido próprio do termo 'símbolo'). A linguagem aprendida objetivamente dá margem a uma utilização mecânica e desvitalizada que exclui todo prazer subjetivo.Toda a problemática da aquisição das línguas estrangeiras e das regras gramaticais de nossa língua materna deveria ser considerada sob esse ponto de vista.

sentido, o fundamento do ego e o precursor do eu desejante. A gagueira ilustra a dramatização na superfície da enunciação dessa revolta contra a separação, dessa recusa de deixar sair os objetos sonoros da boca, como a impossibilidade de apreender o outro e ser por ele apreendido. A vingança e o masoquismo utilizam a trama do tempo em sua dimensão de espera, pagando seu preço na queda incessantemente reiterada das palavras que não se pode deixar cair. Um dos participantes contou um dia, antes do final de uma sessão, que sentia dificuldade em falar cada vez que tinha de sair de uma loja, ou se despedir de alguém; ele não conseguia dizer "até logo" e, como essa dificuldade de fala o angustiasse por demais, ele havia desenvolvido um mecanismo de defesa que consistia em dizer uma coisa qualquer antes de pronunciar o termo fatídico, que, então, saía "no rastro dos outros". O que a análise revela desse ligeiro sintoma, é a própria significação do ato de fala: 'falar' é também fazer uma cesura do outro, se desfundir do meio ambiente. O que a língua revelava a nosso participante, era o preço do prazer que ele certamente encontrava na linguagem, mas também a aresta pela qual a fala mostrava sua outra face: a exclusão do objeto e do self narcisista, a marca da separação fundamental co-extensiva a nossa solidão e a nossa verdade[1]. No comportamento de "fronteiras" (Bettelheim, 1967) da linguagem autística encontramos esse valor de *exclusão* do ato de fala, em que os significantes tentam em vão marcar os limites falhos de um eu que se desagrega (Gori, 1975). O neologismo é menos um meio de expressão subjetiva – é esse o sentido que lhe é atribuído pelo neurótico – do que uma tentativa de objetivação e de separação do outro e de si. O ato de fala aparece, então, sempre submetido ao jogo de tensão de forças centrípetas e centrífugas em relação ao objeto. A linguagem aparece ao mesmo tempo como assunção

---

[1] Muito se criticou o silêncio do analista. A meu ver, um de seus principais valores é o de burilar no vazio nossa solidão existencial e o exílio de nossa subjetividade. Sua função é a de fazer malograr todas as tentativas de recusa (negação), todos os paraísos artificiais da comunicação humana, todas as drogas que nos são oferecidas pela ordem simbólica.

e negação de nossa separação, de nossa solidão original. É nesse sentido que escrevíamos: "Falar é renovar sem medo e sem cessar essa experiência de perda, de separação, de castração, que o falante suporta sem nela se perder, quando está seguro de que, na troca, apenas o objeto é um engodo, quando os protagonistas são fiadores de sua identidade."

Essa tensão não se manifesta apenas em relação ao objeto, mas também em relação à *distância intra-psíquica* que vai do eu do discurso ao verdadeiro-*self*-silencioso. Falar é ao mesmo tempo formular essa subjetividade e dela tomar distância, algo a meio caminho entre a privatização e a publicação. Em *Les Mots* Sartre ilustra muito bem essa ambivalência fundamental do ato de fala como identificação alienante ao desejo do outro e fruição subjetiva, entre o plágio e a criação verbal: "Pegam-me, abrem-me, estendem-me sobre a mesa, alisam-me com a palma da mão, e às vezes fazem-me estourar" (p. 161), e mais adiante: "Ao escrever, eu existia, fugia dos adultos; mas eu existia apenas para escrever e se dissesse 'eu', isso significava 'eu que escrevo'. Pouco importa: conheci a alegria, a criança pública teve encontros privados" (p. 127).

Ainda uma vez, o ato de fala se encontra posicionado entre a tagarelice maníaca e o 'silêncio-branco', entre a projeção pública e a reconstituição privada. Na relação com o objeto, assim como na relação com o verdadeiro-*self*, a *distância* é avaliada segundo a importância e o jogo das forças centrípetas e centrífugas presentes. A linguagem é esse objeto intermediário, descrito por Roheim, entre o espaço da libido narcisista e o da libido de objeto. É nesse contrato *trans-narcisista* que a utilizamos para nos comunicar, para expressar a solidão essencial que ela autoriza e subverte em um mesmo movimento.

A tensão da ausência-presença

O que podemos observar logo de início, é a relação co-extensiva entre a aquisição da linguagem, a analidade, a elaboração dos limites, a assunção da imagem especular, a agressividade, a importância e a freqüência do 'não', o desenvolvimento da abstração, e a compulsão de repetição. Quer se trate da observação de Freud sobre o jogo do *Fort-Da*, quer das observações de Spitz sobre a gênese da comunicação humana, encontramos uma co-ocorrência quase-sistemática entre a *destruição* do objeto em proveito do símbolo (abstração), a compulsão de repetição e a identificação ao objeto correlata do reconhecimento do *self*. A abstração, do mesmo modo que o símbolo, pressupõe que a coisa simbolizada possa estar ausente, e, mais ainda, *destruída* (Winnicott, 1971; Bion, 1970) para *reaparecer* mais tarde no símbolo. A simbolização é, pois, a conjugação de uma ausência e de uma presença, de um homicídio e de uma ressurreição. É a obra conjunta de Tanatos e de Eros, que incentiva o sujeito em seus limites e em suas criações.

A importância da pulsão de morte na construção do símbolo, dentre os quais a criação verbal, não poderia ser negligenciada, sem que se corresse o risco de nada compreender dos processos psicóticos e das defesas do falso-*self*. A pulsão de morte manifesta-se na simbolização por meio de seus dois gumes: a destruição e a compulsão de repetição.

Por intermédio da primeira, ela se atualiza pelo 'vazio' necessário do objeto, em que pode vir abrigar-se o símbolo capaz de restituí-lo. Bion (1970) e Winnicott (1971) mostraram muito bem que na plenitude do espaço psicótico, a ausência de depressão, a recusa da vacuidade do objeto, leva a uma impossibilidade de chegar à criação. *Abstrair*, etimologicamente, significa tirar, destruir, tornar ausente ou distante, para que algo de *novo* se instale. O dicionário Littré diz que "o sentido próprio de abstrair é separar". E Mélanie Klein evidenciou bastante as infiltrações da pulsão de morte na pulsão epistemofílica. Esse homicídio da linguagem que abstrai a coisa é o suporte mais seguro da simbolização e seu maior obstáculo. Nós nos equivocamos ao colocar no mesmo plano o objeto ideal, o mau objeto e o bom objeto; trata-se de uma encenação que atrela os conceitos ao rastro dos dramaturgos; o Objeto ideal e o mau objeto não têm contorno nem forma, eles são *plenos*, são massas sobre massas, sem espaço e sem dimensões; o bom objeto da posição depressiva não tem mais as mesmas características: é uma figura, uma criação, que se vem alojar em um vazio, em um espaço, em um lugar *negativo,* do qual será o fenômeno positivo. No jogo do *Fort-Da* a criança abstrai a mãe e faz com que ela reapareça no símbolo. Mas o símbolo pressupõe uma depressão em que se inscrever, sem o que a linguagem é apenas uma *máquina* (plena) *de* signos que *se acrescentam* a outras máquinas sem substituí-las; quando muito ela as *duplica*. Esse homicídio só é suportável porque garante uma tomada *libidinal* na restituição pelo símbolo. O reaparecimento da coisa ausente no símbolo presente é uma *criação* (no sentido de Winnicott) do *self,* e se o psicótico quase sempre foge da criação, é porque lhe falta essa tomada libidinal; ao confundir *amor* e *ódio* ele não pode criar, pois, para ele, criar é também destruir; uma vez que o desaparecimento e a aparição ficam confundidos, ele *se imobiliza na plenitude* ou na fragmentação. É o que o corpo transforma em ato na abertura até a transparência da hipotonia, da logorréia, da falta de controle dos esfíncteres, mas também da crispação restituinte do mutismo, da hipertonia, da mineralização somática. Na criação, algo de si e do objeto é abstraído, abrindo espaço para uma restituição por meio do signo. A pulsão de morte também se manifesta pela *compulsão* de repetição, assim como o mostram as observações de Freud (1920) ou de Spitz (1957). No jogo, ou pelo 'não', a criança *repete* uma situação *traumática*, que ela reconstitui a seu modo, no melhor dos casos transformando sua *passividade* em *atividade*. É pelo esforço conjugado da compulsão de repetição e da identificação ao objeto que se adquire o código. Na postura imaginária da criança que fala e denomina a exemplo dos adultos, a pulsão de morte vem encravar-se na trama libidinal. Na metabolização, feita pela mãe, das produções e dos produtos psicossomáticos da criança – que prepara as funções , (Bion, 1970) – o sentido exerce uma violência ao dar uma forma e uma formulação; quando a criança assume a linguagem, algo da ordem do *traumatismo* se atualiza. O 'não' é um arrombamento da ilusão, uma destituição da onipotência infantil, e não é por acaso que esse signo 'vazio' constitui o fundamento da comunicação verbal. Aliás, o texto de Spitz faz implicitamente alusão a essa conjugação dos *fatores libidinais* (erogeneidade da zona oral e do movimento) e dos *fatores repetitivo-agressivos* (identificação ao agressor e satisfação agressiva por meio da descarga motora) na aquisição do 'não'.

No entanto, não nos devemos confundir; a restituição da coisa destruída, por meio, do símbolo, não é puro efeito da pulsão de morte; esta última está mesclada à libido. Não existe uma exata reiteração, mas *criação* de fato. A diferença é importante. O objeto que reaparece não é o mesmo que foi destruído (abstraído); ele é uma *construção* do desaparecido, sua 're-criação'. Nesse processo de ausência-presença que é a simbolização, a libido de objeto e o narcisismo devem beneficiar-se. Ao criar o símbolo, ao dizer as coisas, a criança satisfaz o prazer *erótico* pelo objeto, cujo reaparecimento pressupõe o reinvestimento libidinal e o prazer *narcísico* de se realizar como criador, como verdadeiro-*self*. É nesse sentido que poderíamos retomar as análises de Chasseguet-Smirgel (1965), mostrando que a "auto-reparação" (a nosso ver, trata-se antes de criação do *self* pleno) e a reparação do objeto, longe de se opor, estão presentes em toda verdadeira simbolização. Diferenciá-las significa confundir a criação (que conjuga destruição, narcisismo, erotismo) e a falsa, reparação, que não é senão uma formação reativa, pois ela não faz o 'vazio' prévio, por causa da intensidade das angústias de destruição.

Para nós, a criação verbal (protótipo e condição de toda verdadeira enunciação) pressupõe a abstração das coisas e do *self*, bem como sua restituição, sob uma forma requintada, por meio do narcisismo e da libido de objeto. É somente essa tensão das forças conflituais de Tanatos e Eros que dá ao símbolo verbal esse valor de *ausência-presença*: 'não se deve falar com a boca cheia'; poderia ser esse o dito espirituoso que caracteriza nossa teoria.

4. Perspectivas clínicas

Nossa teoria do ato de fala e da linguagem não pode deixar de ter efeito sobre a prática da terapia ou da formação, e principalmente sobre esses atos de fala que são o discurso associativo e a interpretação. À luz do que foi exposto, podemos tentar traçar as grandes linhas de uma teoria da interpretação a ser elaborada, ou também a ser *destruída*.

Quanto ao discurso associativo, diremos simplesmente que deveria ser apreendido em suas dimensões subjetiva, objetiva e transicional. É evidente que a regra fundamental tem por vocação o uso exaustivo da *face objetiva* da linguagem, que ela arrasta a enunciação nas malhas de sua subjetividade que pode ser apreendida apenas no silêncio, antes de ser recriada em um espaço potencial. A formulação é tipificada, restitui grosseiramente os processos em andamento[1]. Caberá a cada qual abstrair e reconstituir o trabalho. Nos grupos de formação em que os participantes podem recorrer aos mitos e às ideologias das teorias analíticas – promovidas a sistemas, máquinas falantes –, é forte a tentação de 'jogar' um jogo que seria apenas a triste 'aplicação' daquilo que se encontra nos manuais. A tentação é tão forte quanto à pretensão, pela qual é sustentada, de realizar o sonho de onipotência de uma cura 'abreviada'. O tempo objetivo – o do cronômetro – corre a todo vapor para não respeitar a subjetividade. Logo, a tarefa é difícil: digamos que, no final do percurso, conseguir reservar um lugar ao jogo da interpretação (nem muito imaginária, nem muito mecânica), já constitui um horizonte. Porém, mais vale um silêncio deprimente do que interpretações maníacas. Se esse espaço livre for ocupado por posturas imaginárias ou pela mecânica das teorias e das ideologias, será inútil se esforçar para alcançá-las por via de uma interpretação que, de qualquer modo, só será recebida onde for esperada. Será preferível deixar nosso silêncio morrer aos poucos.

---

[1] Lá onde a estrutura dialética do ser na linguagem não é mais sentida como uma ameaça, mas como um destino.

Digamos que a interpretação não se pode limitar a acrescentar um conhecimento ao outro – supostamente inconsciente –, o que seria 'completar' o 'repleto'; mas ela deve visar o 'esvaziamento' antes de construir sua própria criação. A interpretação 'intelectual' é, na verdade, a que se vem *acrescentar a um desconhecimento, sem abstraí-lo, e substituí-lo*. Só resta ao monitor esperar em silêncio ou instalar-se na postura imaginária do profeta ou do sábio, usar a 'força', por assim dizer. De um modo geral, diremos que o jogo dos antagonismos que pressupõem o ato de enunciação transicional deve ser respeitado, e que o terapeuta ou o formador deve sempre pressionar no sentido inverso da corrente que tende a objetivar ou a fazer com que tome corpo o que deve continuar como símbolo. Em outros termos, ele deve dar sentido ao que é incorporado na subjetividade, e dar corpo ao que era apenas signo. O discurso é um pouco como a literatura: um barco que, segundo a metáfora de André Gide, avança e é mantido pelos movimentos contraditórios e antagônicos do mar; se esse equilíbrio for rompido, haverá naufrágio: a monotonia da tagarelice, a insolente inquietação do silêncio ou das passagens ao ato. Saber 'navegar' no espaço do discurso significa sempre manter-se entre o corpo e o código. Para tanto, é preciso poder descer à base da onda, onde a depressão das marés lhe empresta o vigor.

Sénanque, outubro de 1975.

Da carne ao verbo: mutismo e gagueira 4

Annie Anzieu

1. A palavra, metáfora do corpo

Quando o filhote do homem desperta no próprio corpo o grito que o faz existir, o ar a sua volta enche o seu peito, mecanicamente, e dá a seu cérebro o oxigênio que o colocará em contato com a vida extra-uterina. Não tem consciência do próprio grito. Contudo, uma consciência exterior a ele, e especificamente a da mãe, indica que está vivo naquele momento determinante. A voz do recém-nascido é o sinal decisivo de seu aparecimento na vida fora do corpo materno: a criança está concluída, algo está terminado para ela, entre a mãe e ela. Sua voz é o resultado audível de um movimento geral que se manifesta pela boca.

Ao se considerar, a seguir, em que situação de dependência total se encontra o recém-nascido humano, incapaz de preensão ou de deslocamento, pode-se avaliar a importância que adquirirá essa possibilidade original de manifestação que é a voz humana. Grito orgânico inicial, depressa aprendido na sua provocação da resposta materna: torna-se signo em algumas semanas. Sinal de desejo, de necessidade, de desespero. O eu embrionário manifesta desespero diante da total incapacidade de controlar as necessidades de sobrevivência. A angústia, 'inscrita no corpo quando do nascimento', como afirmou Freud, utiliza para se manifestar o único meio à disposição do bebê, que lhe permita encontrar proteção contra uma vaga estilhaçadora.

Todo desenvolvimento genético que ocorre entre zero e três anos permite que o filho do homem construa aquilo que desde Freud denominamos um ego. Essa criança de três anos anda, controla os esfíncteres e fala. Ela se sabe diferente dos demais, consciente de suas possibilidades, de seus desejos, e utiliza sua linguagem para fins muito diversos.

Se retomarmos, de um ponto de vista psicanalítico, os momentos específicos, pelos quais passa o desenvolvimento da criança, voltamos aos três termos banalizados da oralidade, analidade e genitalidade. É importante porém notar que se nenhuma dessas fases é absoluta em suas formas e duração, a boca é a primeira e a última das zonas do corpo a ser utilizada nas manifestações que confirmam os processos. De fato, se o grito for a manifestação primeira da vida, a fala é a prova derradeira do desenvolvimento psíquico normal da criança. O que não significa que nada ocorreu nas zonas orais durante os períodos de maturação anal e genital. A boca é o lugar do primeiro prazer – a mamada, como da expressão primeira do *self* – o grito. Um arrasta o outro no andamento de vida do bebê. Contudo, com o passar do tempo o início da dentição modificará as possibilidades orais da criança: por volta dos seis meses o bebê consegue morder. A agressividade bem como a avidez podem então ser sentidas e expressas, de maneira ativa e não apenas passiva, na zona oral. Ao mesmo tempo, o homenzinho adquire vaga consciência do que ocorre através de suas cordas vocais e das sensações que nelas pode provocar. Tira novos prazeres em se ouvir repetir os ruídos vocálicos que aos poucos descobre. Também logo sabe utilizar esses ruídos para manifestar necessidades e desejos. Aprende que certos sons produzidos por sua garganta resultam na presença amada e tranquilizadora que almeja. Sente aos poucos nos maxilares, o sofrimento do início da dentição, e o seu protesto bem como a sua reivindicação utilizam as novas armas orais no seio materno.

Como em cada momento de sua vida futura, o homem de alguns meses constrói sua vida mental a partir das possibilidades somáticas e do meio ambiente que o cerca. Os afetos arcaicos que formam então sua vida psíquica são apenas vagamente diferenciados do vivido somaticamente. É tão somente com a aprendizagem da alternância entre satisfação e frustração que a criança trava conhecimento com as partes internas e externas de si, que agem e reagem em seu desejo inconsciente.

Nessa dialética, o grito mostra que a distância entre a criança e o objeto do desejo pode ser suprimida. Distância já inconscientemente percebida no tempo e no espaço por meio da ausência frustradora de contato do corpo e de contato oral. A voz constata a separação; a isso também remedia. Passar da mamada à palavra articulada exige um deslocamento da libido, da intencionalidade da pulsão, as praxias transformam-se também no âmbito muscular.

A separação entre a boca do bebê e o seio materno estabelece uma distância espacial e temporal que aos poucos se integra à experiência do vivenciado interiormente. A voz da criança, bem como a da mãe, preenche essa distância com uma possibilidade real de contato. A voz prolonga a boca, que mama nos limites perceptíveis ao ouvido.

Bem depressa, a voz também será o complemento espacial da mão, assim prolongada pelo apelo em direção ao objeto desejado. O apelo significa logo a capacidade de retorno do objeto para a mão e a boca.

A repetição desse tipo de experiência confirma o controle pela visão que bem depressa a criança pode exercer sobre os que a cercam. Ela também lhe traz a confirmação de que sua voz serve para levar à distância a expressão de seu desejo, e que essa distância do objeto ao seu corpo pode ser parcialmente anulada por uma atividade oral complementar da sucção e da deglutição.

A distância necessária à autonomia desse eu pode ser construída pelo sujeito na sua relação com os objetos à medida que a relação de objeto se elabora no eu infantil. A nomeação dos objetos implica essa distância: a palavra implica o não-contato imediato, como o apelo à mãe supõe sua ausência naquele momento. Também o nome substitui de algum modo a possibilidade de alucinar o objeto desejado que existiu anteriormente para o bebê: o nome substitui a coisa e a coloca imaginariamente à disposição do sujeito que, por isso mesmo, dela se diferencia.

A criança chega à fala por meio de toda a dialética do desejo endereçada à mãe e do desejo no qual a mãe a mantém. Os investimentos recíprocos de ambos fazem do corpo da criança um objeto cuja fruição é partilhada. E tudo o que deriva – tanto do corpo interno como do muscular – adquire seu valor: voz e ruídos por exemplo. A criança é banhada e penetrada pela voz da mãe, depois pela voz daqueles que a cercam, do mesmo modo que o é pelo bico da mamadeira, o leite, os ruídos, os objetos que vê. Os processos de mentalização que se realizam levam-na aos poucos, pela via simbólica, através dos dédalos psicossomáticos e da dialética eu/outro. A linguagem é a finalização, contanto que certas angústias não tenham emperrado as reviravoltas da relação objetal. Esse tipo de dificuldade explica a maioria dos distrúrbios da linguagem na criança tanto em sua forma oral como escrita. É também o que encontramos em inúmeros adultos cujo mal-estar em fazer uso da palavra não tem relação com sua inteligência ou cultura.

É o caso de Béatrice que deseja ser psicanalizada: ela não está em paz consigo mesma. Durante o tratamento, fica muito difícil para ela falar – não apenas de si –, mas simplesmente falar. Muito devagar, consigo relacionar alguns raros elementos de seu discurso: durante a gravidez a mãe quis abortá-la. "Se ela der indícios de existir", especialmente pela fala, pensa que irei devorá-la. Com isso projeta em mim o desejo inconsciente de apropriar-se por inteiro do corpo materno. Desejo que ela reencontra quando de suas crises de bulimia que provocam peso abdominal em parte provocado por uma constipação tenaz. Precisa evacuar tudo o que existe em excesso nela, tanto no plano verbal como no somático, mas receia que me aproprie de suas palavras para prejudicá-la, ou pelo menos para construir uma imagem ruim dela.

Assim, de Béatrice para mim as palavras são alternadamente pedaços dela ou o conteúdo de seu corpo, desejável ou detestável, que ela corre o risco de abandonar à minha disposição malévola caso as deixe escapar, caso as mostre a esse desejo rancoroso que me atribui.

Esta situação projetiva já existe no pequenino, quando elabora a capacidade de utilizar o discurso simultaneamente à de controlar o esfíncter anal. Toma também consciência nesse mesmo momento, do corpo sexuado e experimenta o prazer nesse novo lugar de si mesmo. O controle das saídas extremas do corpo faz com que pressinta a importância das *possibilidades* que adquire sobre os objetos internos e externos. Os conflitos que encontra fora, onde tenta impor a supremacia recém conquistada de si, colocam-no em uma situação interna conflitante dominada nesse momento pela construção de imagens proibitórias que integra a seu eu.

Somos levados à primeira tópica freudiana se considerarmos as instâncias da personalidade intrincadas na possibilidade verbal. Para Freud "o ego consciente representa unicamente nosso corpo". As representações verbais são vestígios mnésicos das percepções que se formam na esfera pré-consciente. A palavra é tão somente um fato de aprendizagem, de repetição. Sob nossa perspectiva, a palavra só pode ser usada pela criança se o recalque funcionar normalmente. De fato, a nomeação do objeto, caso esteja embasada pelo desejo para com o objeto, supõe também, como vimos, a distância tomada com relação ao objeto. A palavra é sinal dessa distância, o intermediário imagético que sai do corpo. No início da utilização verbal, as palavras não passam de signos mágicos produtores desses objetos, substitutos de ordem alucinatória. A linguagem só é verdadeiramente integrada pela criança depois que essas palavras se tornarem realmente signos simbólicos dos objetos, signos que adquirem sentido pela relação de distanciamento no tempo e no espaço, signos que distinguem o próprio sujeito do objeto, e cujo significado matiza em um contexto sintático os níveis de vinculação dos objetos com o sujeito.

Essa dialética verbal, metafórica, da relação psicossomática do sujeito com o objeto funciona conforme as relações: id-ego-superego. A fala é um ato, um movimento que projeta, no sentido próprio do termo, o sujeito em direção a seu ouvinte. Freud atribui ao superego um aparecimento mais tardio que nós mesmos não conseguimos perceber, tão influenciados estamos pelas visões psicanalíticas decorrentes da teoria kleiniana. O próprio Freud contudo ofereceu os pontos de partida dessa representação da precocidade do superego: "Se o superego não puder renegar as origens acústicas(...), a energia inerente a esses conteúdos do superego decorre, não do ensino ou da leitura, mas das fontes que se assentam no id" (*Le Moi et le Ça*, cap. sobre "os estados de dependência do ego"). Ora, o id é a representação psíquica do fundamento somático das pulsões e dos desejos. Está incluído no Ego, tanto quanto o superego.

Quando de seu desenvolvimento, ao afirmar sua persona, o homenzinho, como vimos, apossa-se de suas capacidades de controle, somáticas e psíquicas. Torna-se um sujeito falante, suscetível de opor pela palavra uma recusa a quem contrarie seu desejo. Ele já conhece o risco: perder o amor das pessoas amadas ou, no mínimo, atrair a sua agressividade. O debate interior entre a parte do ego desejoso e a que tende a mantê-lo sem reprovação, provoca certamente oscilações na aquisição do vocabulário, da sintaxe, da emissão verbal. Todas as estruturas fonéticas e lingüísticas são significativas de estados e movimentos inconscientes, controlados quando de sua exteriorização, por meio da forma específica utilizada pelo sujeito nas próprias estruturas. Os distúrbios de aquisição da linguagem na criança estão todos em estreita relação com a problemática afetiva. Algumas crianças dificilmente conseguem falar, mantendo assim uma situação de aparência não-conflitiva com familiares que as mantêm em situação de bebês. A culpabilidade de falar subentende um superego muito precoce e conflitos internos que incapacitam o desenvolvimento da pulsão epistemofílica.

É também um atestado de maturação que a criança pequena pode apresentar durante algumas semanas, quando do estabelecimento definitivo de sua linguagem, hesitações tônicas da ordem da gagueira. Na maioria dos casos, essa manifestação se resolve sem maiores delongas. Mas, às vezes, circunstâncias circundantes e o conflito interior da criança são tamanhos que esta conserva a gagueira. De qualquer modo, nesse caso, a luta entre pulsões violentas e um superego já muito forte não pode ser resolvido com violência verbal. A não ser que essa violência irrompa no corpo todo, mas não fora da boca.

Na cura psicanalítica, o processo de regressão do paciente dá à voz e ao discurso um sentido totalmente diverso do puramente simbólico do qual tanto se fala. Sem julgar útil aqui desenvolver extensamente o tema, diremos contudo que a ênfase colocada no sentido simbólico das palavras e da estrutura do discurso, tanto no analista como no paciente, corre muitas vezes o risco de alimentar as defesas de ambos os parceiro contra o processo de regressão. A análise permanece fixa no âmbito das representações fálicas, mesmo se esporadicamente a analidade e a oralidade dos afetos puderem ser atingidas. Entendemos aqui o nível fálico da palavra no sentido em que ela serve para colocar o sujeito distante de seus afetos, investindo no uso consciente e intelectualizado das palavras e da sintaxe. Assim sendo, a fala permanece o agente da expressão dos processos secundários, nada deixando de incontrolado diante da angústia suscitada pelos três modos de regressão (tópica, formal, cronológica).

Se, por outro lado, a emissão verbal do paciente for retomada pelo analista na perspectiva da transferência, com tudo o que implica de repetição, pode-se encontrar os meios de ressuscitar certos afetos contemporâneos dos conflitos, quando de situações antigas a fala e a voz foram investidas de forma totalmente diversa do que podem parecer na situação atual da análise.

Um paciente obsessivo, muito angustiado com o tête-à-tête analítico, manifestava resitências obstinadas, provocadas em parte por essa angústia. Este declarou-se contudo acalmado com o som de minha voz, mas sem poder captar e conservar minhas preciosas palavras, que pareciam escorregar sobre sua horizontalidade. Testemunhava assim a sua situação regressiva e reencontrava um estágio muito antigo de sua vida, provavelmente quando ele, mesmo não falando, ouvia a voz materna zumbindo à sua volta. Minha fala ainda não se chocava com uma verticalidade de homem, não podendo pois penetrá-lo, permanecer nele e arriscar produzir uma mutação inquietadora. Possibilitava assim ao paciente reconstruir uma satisfação pré-verbal ao mesmo tempo defensiva contra uma posição superegóica, mas também permitindo-lhe reconstruir um estado benéfico do qual tivesse garantias para recomeçar.

Esse banho verbal que a análise possibilita, recria a situação de um nascimento imaginário: a palavra do analista escorregando pelo corpo inteiro do paciente substitui o contato real e pode ajudar o paciente depressivo a erotizar o bastante o próprio corpo para revalorizar sua imagem.

Essa observação pode nos levar a considerar a importância do silêncio, os perigos imaginários que suscita e a angústia na qual alguns sujeitos depressivos estão imersos. Também se pode verificar no silêncio de alguns pacientes a luta interior que travam contra sua agressividade. As palavras podem tornar-se objetos preciosos ou perigosos, engrenagens do debate.

Uma paciente que passou por uma grande depressão diz estar retida no consultório por mim e por tudo o que me diz. Gruda-se no divã com suas palavras. Ao deixar escapar as palavras atingiu o fundo do sofrimento. Concluir sua análise corresponderá a encontrar o silêncio, talvez a própria destruição: o luto que deve fazer de si mesma, escravizada pela dependência transferencial, passa por um reinvestimento de seu discurso. Deve fazer com seu corpo algo além de estendê-lo no meu divã, com sua fala, algo além de trazê-la como um sofrimento sempre pronto. O luto passa pelo silêncio: o homem que fala deve também saber calar-se. O silêncio pode então ser entendido como uma forma de sublimação da negação.

2. A gagueira, fronteira da psicose

Deve-se assinalar uma diferença sutil entre os dois termos que designam esta perturbação da expressão – a gagueira. Alguns falam do 'gago' como de alguém estabelecido de certa forma em um estado. Outros, falam do 'balbuciador', termo cujo sentido evoca mais a maneira de agir, a utilização de um modo de falar. A escolha de um ou outro desses termos supõe, de antemão, uma intencionalidade de julgamento diante daquele a quem é atribuído. O tom muitas vezes pejorativo que acompanha a qualificação de gago acentua-se talvez com uma pitada de acusação ao ser chamado de balbuciador.

O gago e a relação persecutória

Se apelarmos para os elementos apresentados pela clínica, encontraremos de fato com muita freqüência comportamentos que fazem com que o gago se coloque em uma relação persecutória. Fica pois fácil para seu interlocutor reagir com uma atitude persecutória. E podemos inclusive chegar a pensar que a evidência e a sólida persistência do sintoma são valorações dessa atitude persecutória interior. As crianças gagas são o exemplo mais imediato de tal situação.

As consultas de crianças nos dão o ensejo de observar a gênese do distúrbio na relação do sujeito com os pais. As entrevistas com a mãe, e muitas vezes com o pai, e às vezes até com os avós, permitem observar com segurança os elementos neuróticos dos antecedentes que puderam influir na personalidade da criança. Essas características são obviamente encontradas nas lembranças e confidências dos gagos adultos. Foi assim que pudemos confirmar nossas hipóteses genéticas sobre a 'neurose da gagueira'.

Essa neurose, qualquer que seja a importância da participação do sujeito na sua formação, tem origens muito óbvias no sistema das relações familiais que cercam a criança pequena. Uma prova determinante disso reside no seguinte fato: para certas crianças muito jovens, não foi necessário um tratamento direto de sua dificuldade. Algumas entrevistas aprofundadas com a mãe, ou com o casal parental, revelaram os elementos que agiam naquela época na integração da linguagem daquela criança. O problema é assim resolvido por si mesmo na relação filho-pais, e o distúrbio de linguagem desaparece.

Esse tipo de caso é, certamente, o mais fácil de tratar quando se está apto a perceber os elementos profundos das personalidades respectivas que estão em jogo nessa dialética específica.

Poucos pais, porém, são capazes de revelar os traços de seu caráter que influíram na primeira evolução do filho. Em geral, é difícil ajudá-los a superar o desejo de uma solução mecânica e a alcançar o reconhecimento de problemas afetivos. A maioria limita-se em assinalar na criança uma espécie de má-vontade em utilizar adequadamente a fala. O sujeito é irremediavelmente acusado, mesmo que, por outro lado, pareça beneficiar-se do apoio da família.

E o que sente o gago é essa acusação profunda de sua maneira de ser; mas, por parte de seu ambiente familiar, essa acusação é um fato objetivo que também pudemos constatar nas psicoterapias psicanalíticas de gagos adultos. Essa idéia da 'perseguição' do gago levou-nos a aprofundar nossas observações quanto aos caracteres específicos da personalidade do gago.

Toda tentativa terapêutica de um caráter neurótico requer, para a pessoa em questão, um movimento denominado banalmente de seu 'pedido'. No caso dos gagos pode-se constatar estatisticamente que a grande maioria dos pedidos de terapia não é seguida de tratamento. Por um motivo aparentemente muito simples: o que solicitou a terapia não deu seguimento à proposta feita em resposta a seu pedido – fugiu.

O empenho do gago em uma cura qualquer é uma das maiores dificuldades encontradas nas relações que temos com esse tipo de 'doente'. Este traço é essencial à psicologia do gago. E deve ser levado em consideração na análise dos caracteres específicos que tentaremos destacar aqui.

O gago não se pode empenhar em uma relação, pela simples razão de viver toda relação no modo persecutório. Ele requer uma facilitação para se expressar em um plano aparente. Além disso, encontra uma aceitação de ajuda que o obriga a se empenhar confusamente, e inconscientemente, reconhecendo que esse empenho será o da troca. Em outras palavras, o gago deverá renunciar a certas posições interiores: representações de si, imagens de objetos internos, benefícios secundários defensivos ou regressivos; e deverá comunicar esses objetos ao terapeuta por via de seu discurso desmembrado. Por mais dolorosos e retalhados que sejam esses frangalhos de si, o gago não está disposto de imediato a deixá-los escapar, mesmo que pressinta a possibilidade de recuperá-los, agrupados, utilizáveis e consertados. Esse pavor do compromisso não é específico do gago como tal. É relativo à situação paranóide-esquizóide reavivada pela relação psicanalítica. Mas o que afugenta especificamente os gagos diante dessa necessidade terapêutica é o fundamento persecutório de seu sintoma.

De fato, pode-se reconhecer em um sentido escritivo essa manifestação bem representativa de uma dialética possuidor-possuído: "Você espera a minha fala, vou entregá-la a você, mas ela entrará em você como o meu desejo de agredi-lo, violentá-lo, possuí-lo, preencher o seu corpo interior; então você possuirá minha fala, mesmo obstruidora, e me esvaziará de minhas palavras, de meus objetos, de meu ser consciente e inconsciente. Tenho medo, fujo. Fico com minhas palavras".

Com sua gagueira, o gago fala duas vezes: o duplo discurso decorre da incapacidade de escolher e colocar a distância de uma palavra entre 'si-mesmo-sujeito' e os objetos próprios. O discurso é duplo na medida em que a forma de sua emissão é significativa de um conteúdo que o próprio discurso não significa: o gago enuncia ao mesmo tempo seu pensamento consciente e suas proibições relativas ao próprio pensamento, o qual não consegue controlar o sentimento de perseguição oral quando da emissão das palavras.

O balbuciador coloca-nos diante de um quadro de perseguição oral. Assim, Nicole, uma jovem de 20 anos queixa-se das crises de bulimia da seguinte forma: "Quando o 'édico 'e 'anda, ou 'inha 'ãe, co'er 'enos, isso 'e irrita e co'o ainda 'ais." Todos os emes são eliminados ou claramente 'mamados': os lábios se apertam e Nicole mama três ou quatro vezes o fonema ao falar de seu desejo de satisfação oral. E conta também como se abstém de certos alimentos e se 'entope' com outros. Na minha frente as sessões são uma diarréia verbal na qual o fio do discurso se perde, mas o prazer e a ansiedade de falar apresentam-se visivelmente mesclados de maneira compulsiva: com a boca cheia de palavras, foge de tudo o que de minha parte poderia dizer-lhe ou ser escutado por seus ouvidos. Derrama essa torrente de palavras para preencher o vazio em que corro o perigo de me manifestar na sua direção. Depois, de repente: "Não é ficando sentada na poltrona que resolve alguma coisa (!), é preciso 'fazer' as coisas, conseguir dizê-las." É um apelo do fundo de seu desespero, de seu vazio experimentado por trás das palavras que escapam. Sua fala-ato é uma tentativa de reunificar o seu eu pela vivência muscular, colocando o corpo em movimento sensível, percebido por mim. Mas, para poder aceitar a ajuda de minha intervenção, é preciso que ela tenha derramado em mim sem perigo de retorno, as parcelas amargas de sua insatisfação oral. Depois, sua angústia diminui devido ao não-retorno agressivo de minha parte. Ela pode então me dirigir seu pedido apavorado e agressivo, e minha fala então volta para ela constituindo uma imagem de si, construída por meio de meu próprio corpo.

Gagueira e psicose

Um garoto de 10 anos é trazido para uma consulta devido a uma gagueira tônica, intensa, acompanhada pelo cacoete de esticar as mãos. Três anos de 'reeducação' pelos meios mecânicos auditivos só agravaram seu caso: fecha-se, isola-se, não ousa mais falar. Temos a impressão de que está à beira de um precipício interior que pode ser o da psicose.

Elementos de sua anamnese permitem levantar algumas hipóteses sobre o aparecimento de sua gagueira, mais do que um estado psicótico. Sua mãe tinha 18 anos quando ele nasceu e havia feito de tudo para abortá-lo. Ainda hoje fala da criança como de "algo" que lhe é totalmente estranho e cuja vida e pessoa não são por ela investidos. Ela entregou esse filho à mãe assim que nasceu, vendo-o pouco até que completasse dois anos e meio, quando o pegou de novo para, na mesma hora, entregá-lo à sogra e depois a inúmeras babás.

A relação de que essa mulher é capaz é apenas de negação da existência dos outros, especialmente do filho. Parece que deseja anulá-lo, o que não conseguiu *in utero*. Nada sabe do desenvolvimento da criança a não ser que "dizem" que gaguejou por volta dos três anos, quando já falava (?).

Pode-se perguntar se esse menino não escapou da psicoce graças aos cuidados maternais adqueados dispensados pela avó materna, mãe "legítima" a quem a mãe procriadora o entregou. Esta é presa da culpabilidade narcísica de um superego edipiano da qual o filho é o fruto que não pôde aceitar.

O não-dito da psicose da qual o menino talvez tenha escapado encontra-se na dificuldade em dizer com o corpo: reencontra a mãe aos três anos, imerso na situação interior que lhe permitiria realizar um complexo de Édipo normal. Essa mãe que despertará nele novos desejos de amor e que os recusa, rejeitando-o de novo como um objeto ao qual ela não tem direito, 'corta-lhe' a palavra.

Provavelmente podemos encontrar nas idéias de Bion sobre a parte psicótica da personalidade a mesma orientação de pensamento daquela que nos guiou até aqui. A fragmentação dos objetos e do eu, expressa pela palavra moída do gago, é talvez um momento psicótico ou sintoma característico. As palavras, suportes do pensamento, são objetos interiores; porém, transmitidos para o interlocutor em um *setting* espaço-temporal, tornam-se objetos exteriores e adquirem assim valor, para o gago, entre o sistema psicótico que projeta para dentro e o neurótico que projeta para fora.

No entanto, em nossa experiência clínica foi muito raro encontrarmos gagos psicóticos ou psicóticos gagos. Como se, nesse caso, a gagueira fosse um meio de superar e controlar a parte psicótica da personalidade. É preciso notar que o número de sujeitos gagos que pudemos observar em consultas ou em tratamento, evidenciaram ser portadores de uma estrutura psíquica frágil ao extremo, por trás das aparentes defesas. A forma destas é em geral obsessiva. O que também se pode depreender das teorias de Bion é uma forte estrutura obsessiva que muitas vezes evidenciou a solução positiva da psicose.

Por outro lado, se considerarmos a dinâmica da gagueira na perspectiva teórica do paradoxo que é, para a escola de Palo-Alto um dos fundamentos da psicose, pode-se dizer que o gago não está em situação paradoxal. De fato, está preso à exigência, isto é, em um movimento afetivo cujo termo é único. Por parte dos pais a exigência experimentada e vivida pelo sujeito é determinada por uma meta idêntica àquela que experimenta em relação a eles: confuso desejo de transgressão incestuosa, de perfeição amorosa entre três gerações. De fato, a criança gaga é resultado da relação incestuosa fantasmática de um dos pais com seu próprio pai ou mãe. A meta dos desejos inconscientes do pai ou da mãe reencontrada por ele na criança gaga é a relação fantasmática dessa união fálica a três. União à qual Rosolato alude ao escrever: "Poderíamos ver na experiência infantil com a idealização que a sobrecarrega, a referência a uma perfeição, a uma unidade desejada, a uma anterioridade que apontaria a da fala." A vontade de poder, muitas vezes tirânico, manifestada nessa relação, não utiliza o modo paradoxal, mas o da obrigação com uma espécie de perfeição relacional fantasmática na qual a criança seria resultante do incesto e ao mesmo tempo desejosa de incesto: referência que reencontramos no objeto-palavra que passou pelo corpo do sujeito, transgressão no sentido próprio, carregando o próprio termo ao mesmo tempo a essência e o signo do significado.

A dificuldade da criança reside então em se descobrir não no paradoxo que opõe duas partes inseparáveis de um mesmo desejo, mas na *divisão* entre proibição e desejo. Em outras palavras, ao mesmo tempo que a maturação cortical permite que ela estabeleça uma comunicação verbal com um objeto amado, e portanto situar-se como sujeito autônomo, experimenta a incapacidade de situar a própria pessoa, seu eu, em uma dialética id-superego, entre corpo e pensamento verbal, entre a palavra e seu significado, clivagem sintomática na qual se manifesta justamente a proibição de ligar a palavra-pensamento do corpo por ela ser expressão do desejo. O 'falar' torna-se transgressor, expressando um discurso que significa o desejo de transgressão.

Entretanto, escolher a defesa obsessiva supõe o encontro da libido e o aparecimento do recalque além do qual nada mais é possível. Precocemente, o ser humano encontra-se assim preso à angústia. "(...) Parece pois correto dizer", escreve Freud "que os sintomas formam-se apenas para permitir escapar ao desenvolvimento da angústia, inevitável em outras circunstâncias." A angústia é a 'cor' da vida do gago: todo o seu sistema de expressão está impregnado por ela e a manifesta; revolta-se contra ela e luta sozinho contra as palavras.

A angústia que o gago manifesta no corpo e a utilização muscular que faz dele talvez sejam uma manifestação defensiva contra uma imagem explosiva e fragmentadora de uma possível evacuação, total, de seu interior por meio da voz e das palavras.

É então que encontra com maior facilidade esse sistema de expressão oral em forma de enterocolite, essa constipação-diarréia que o investimento da zona anal geneticamente permitiu-lhe. Mas essa solução depende de outra faceta do caráter do gago: o díptico *exigência-avidez* que nos traria de volta a posições teóricas que não examinaremos mais profundamente aqui.

Gagueira e neurose

Falar é conformar-se com normas reconhecidas por um grupo, empregar as palavras, a sintaxe e a melodia de uma língua comum a esse grupo; expressar um discurso perceptível a outros, ou seja, audível, intelectual, afetivo. Portanto, falar é escolher-se ao mesmo tempo como semelhante e diferente do outro, comunicar-lhe seu desejo de ser reconhecido enquanto tal; é também uma intenção de participação recíproca nesse desejo: é reconhecer-se como sujeito desejante.

Ora, o gago não consegue falar. Sua expressão verbal não passa de soluço, hesitação, mudança, impotência, insatisfação. Parece 'fazer com que desejem' a sua fala prometendo-a aos pedacinhos, e isso só resulta na insatisfação do interlocutor. O gago é um impotente oral. Pode-se perceber nesse uso do conteúdo verbal um jogo de sedução, tomando para se revelar a forma de uma hesitação; uma espécie de provocação do interlocutor pela espera e pela incerteza.

Se considerarmos que a gagueira aparece em geral no momento em que a linguagem aparece em discurso estruturado gramaticalmente, isto é entre dois e três anos, é evidente que se trata de um sintoma certamente precoce, mas que utiliza o mais elaborado modo simbólico da maturação da criança.

Se é banal constatar que uma criança emprega de bom grado a negação assim que começa a falar, o significado dessa predominância pouco chamou a atenção dos psicólogos, exceto Spitz que disso faz seu terceiro organizador psíquico. Por volta dos três anos o filhote do homem se interroga sobre muitas questões, dentre elas a da diferença entre os sexos. A aquisição do discurso, pelo qual em breve poderá responder ele mesmo, está na dependência das primeiras respostas que lhe são dadas por aqueles a quem dirige sua pergunta. Guy Rosolato nos *Essais sur le symbolique,* estuda as relações entre o simbólico e a diferença dos sexos. É assim levado a lembrar que

> a determinação sexual caminha paralela com a interdição, com a probição do incesto. Tal proibição é atribuição do simbólico; coloca a sexualidade no seu rol. E é nesse sentido que toda satisfação sexual, mesmo nas intricações pulsionais, encontra-se ligada à negação (o *não* da proibição) e ao sistema de linguagem que prevalece na relação com os pais.

O *não* pronunciado pela criança bem novinha assinala a integração do tabu do incesto. A criança gaga vai ao encontro dessa negação que seu desejo inconsciente não admite.

No caso que consideramos, existe uma espécie de contradição na relação de troca entre essa criança e o genitor de sexo oposto: nenhum deles concede ao tabu dominância sobre o desejo. As exigências recíprocas de satisfação acarretam, diante do ressurgimento permanente do tabu, manifestações de culpabilidade que, na criança, tomam então a forma do balbuciar. O tabu desloca-se do fato sexual para a expressão simbólica do desejo, sempre possível para o inconsciente, pela fala.

Deixar saírem as palavras adquire então para a criança o sentido de um risco terrível: a recusa de recalcar seu desejo evoca a possível castração. Antes mostrar-se castrado do que renunciar ao desejo. A relação afetiva frustra a possibilidade de relação verbal pelos significantes. O dizer, de simbólico que poderia ser, torna-se sintomático.

A criança que começa a gaguejar mostra-se mais opositora, mais colérica; suscetível. Seu sofrimento, que expressa por essa agressividade desesperada, é possivelmente o ter de renunciar à sua onipotência sobre um dos pais bem amado. Ela recusa tal renúncia.

O sintoma desse sofrimento elege como lugar o das primeiras fruições: a boca. As dificuldades motoras de respiração, da utilização do conjunto dos esfíncteres orais, e de contrações desordenadas de todos os músculos do corpo lembram a angústia espasmódica do bebê que grita.

A função verbal é questionada em um comportamento: 'o falar', é fato tão pouco natural que o gago "faz dele uma tragédia".

Comportamento duplo em sua forma e conteúdo, exprimindo com isso a duplicidade do inconsciente, uma vez que 'o falar' se duplica com o 'dizer', e que o sujeito se projeta ao mesmo em sua forma corpórea e na sua forma psíquica na fala, pela voz e pelo discurso.

Fenichel, em sua obra *La théorie psychanalytique des névroses,* teve o grande mérito de introduzir a gagueira entre as conversões pré-genitais. Singelamente, faz da gagueira uma neurose. Seu embaraço está em distinguir em que medida essa neurose participa, ao mesmo tempo, da histeria da conversão e da obsessão, uma vez que "as impulsões inconscientes expressas nesses sintomas são pré-genitais". Na realidade, encontram-se na análise dos conteúdos do discurso dos gagos alusões diretas a um erotismo pré-genital; e especialmente lembranças da primeira infância, experimentadas como muito culpabilizantes e incindindo na defecação, distúrbios intestinais e digestivos. Constipação e diarréia aparecem como manifestações somáticas banais de 'desordens' interiores na criança gaga. As psicoterapias de gagos são ricas em relatos desse tipo. Estes parecem confirmar o apego do gago por um conteúdo intestinal representativo de sua situação. Uma adolescente falava com imensa dificuldade durante um período de seu tratamento, quando pensava nos pais. Naquele momento o bloqueio tônico de sua fala era intenso e ela só relaxava para dizer com espantosa simplicidade: 'Isso não quer sair.' 'Isso' tornava-se logo "eu": "Não quero falar", mas também "não consigo". Após várias sessões desse tipo, certo dia fez uma associação repentina com uma lembrança de constipação na infância quando se encontrou em idêntica situação. A mãe então colocava supositórios que a obrigavam a se exonerar de forma um tanto brutal. Guardava um grande ressentimento pela mãe e tinha dificuldades em aceitar os supositórios.

O conteúdo do corpo é algo precioso que geralmente não fazemos questão de partilhar com os outros, a não ser livremente. Principalmente se for grande o interesse do outro por esse objeto interior. O perigo que ameaça esse objeto é a insatisfação materna, experimentada na realidade e no imaginário das crianças gagas, como fonte perpétua de decepção e castração. A mãe do gago é, em sua essência, insatisfeita, especialmente com o filho: mesmo inteiramente possuído por ela, permanece material e intrinsicamente outro. Essa insatisfação adquire múltiplas formas, sendo a mais banal aquela em que a mãe fala sempre no lugar do filho uma vez que ele "fala mal", "tem dificuldade em falar", etc. Diante da ansiosa insatisfação materna que se manifesta para ele sob as formas de uma exigência obsessiva e sem medida com seus meios físicos, a criança reage com o afeto mais primário, a angústia.

As pulsões anais e orais violentamente recalcadas se carregarão de angústia, e essa angústia se manifestará especialmente no nível oral de modo anal: o discurso não pode ser 'ejetado', o 'falar' é impossível. A fala torna-se ato significante que, como dizia Saussure, "remete ao conjunto da experiência" e por isso é investida além da intenção primeira da fala. Não é mais comunicação, deve ser comunhão. Na perspectiva kleiniana, pensamos que a comunhão com a mãe remete a criança à posição sádico-anal. Essa criança é levada a apropriar-se do interior do corpo materno e ao mesmo tempo a temer que a mãe se aproprie do conteúdo de seu próprio corpo de filho. Esse conteúdo é representado pelas palavras, depois pelas 'idéias' conotando os afetos.

As palavras tornam-se objetos destruidores carregados de agressividade e morte. A fala é um ato todo-poderoso: falar é arriscar-se a dizer. Dizer é dizer seu desejo. O gago não tem defesas solidamente organizadas que lhe permitam distanciar-se da invasão libidinal.

Está dividido entre a intenção de manifestar para a mãe o desejo de corresponder ao que espera dele e a necessidade persecutória de se defender de uma possível deterioração de seu interior. Essa situação me lembra um artigo de Winnicott escrito em 1963, sobre *La communication*, no qual reivindica "(...) o direito de não se comunicar. Era um protesto saído do meu âmago contra a fantasia angustiante de ser explorado ao máximo. Em outra linguagem, seria a fantasia de ser comido ou engolido".

Ao que tudo indica, o elemento projetivo do funcionamento verbal está subtendido por essa vivência persecutória. O sintoma de gagueira reúne o que passa pelo corpo e o que passa pelo pensamento. O fracasso técnico da coordenação expressa a incapacidade da criança gaga de utilizar o corpo para corresponder ao desejo parental. A desordem resultante não permite nem o controle dos afetos, nem o do corpo cujos objetos internos são retidos, controlados desmedidamente.

O gago e seu desejo

Entre os traços de personalidade corriqueiramente observados no gago, o mais característico é o da reivindicação. Ela é exatamente como foi manifestada por um jovem que me consultou por um problema de gagueira:

Tenho que fazer um exame na próxima semana. Não posso me apresentar gaguejando. Tenho de passar. Se tratar de mim todos os dias desta semana, funcionará e passarei. Pedirei uma dispensa se necessário. Não me foi possível vir antes. Mas uma consulta é para tratar das pessoas, não é?

A reivindicação manifesta-se diante de todos. É a recíproca da insatisfação materna. No gago, só iguala sua avidez. Esse traço de personalidade parece remeter, na gênese do sintoma de gagueira, a origens muito precoces de frustração. Testemunha disso é essa criança de aproximadamente dois anos cujo pai decidiu certo dia que a mãe deveria desmamá-lo. Para "enojá-la", disse o pai que desenhou pálpebras e a forma de um olho no seio da mãe. O seio materno olhava a criança, acusando-a de um desejo que se tornou ilegitimado pelo pai. A criança urrou de medo e pouco depois começou uma gagueira que talvez continue até hoje.

Por ser raro ver em nosso país crianças de dois anos no seio da mãe, fica ainda mais evidente a enorme avidez da criança de que falamos. Sem dúvida podemos considerá-la como a persistência de um erotismo oral primário. A relação dessa criança com a mãe reforça a dualidade mãe-filho excluindo o pai – a terça parte. Nada, até o momento da proibição, é expresso no que se refere à angústia. A criança monopoliza a mãe, que por sua vez a mantém em posição de objeto fálico. No interior do casal mãe-criança, o pai intervém, pressentido pelo garotinho, mas recusado por este, com a intenção inconsciente de apropriar-se do mais completo amor materno. A relação dual é destruída, a culpabilidade é suscitada na criança ao mesmo tempo que o despertar de relações já edipianas. Klein resume essa perspectiva em uma frase em *Les stades précoces du développment oedipien:* "A pulsão epistemofílica e o desejo de adquirir tornam-se assim bem cedo estreitamente ligados, e ligados também à culpabilidade despertada pelo aparecimento do conflito edipiano."

Parece que é apenas à beira de tal conflito que o gago entra no desejo. Talvez assim aconteça com os demais. A característica básica da gagueira está em encobrir com uma hesitação formal, e talvez essencial também, tudo o que pode ser sentido no tocante ao desejo. O gago tem consciência de ser muito ávido e esconde-se atrás da gagueira. Uma jovem de 18 anos comentava recentemente: "Gaguejo para desviar para a forma da minha palavra a atenção de meu ouvinte, para que os que me escutam ouçam minha gagueira e não prestem atenção ao que digo." O que ela diz talvez o faça. Pelo menos não tem a impressão de tê-lo dito, e de que o interlocutor talvez não tenha entendido.

O gago protege-se de seu desejo, diante de alguém que o escuta e o vê proteger-se. Finge ser infeliz em não conseguir dizer que gostaria de ter o direito de dizer. Mas se acalma com a gagueira. De fato, é curioso constatar que inúmeros gagos são apegados a seu sintoma. Muitos são encaminhados para uma psicoterapia por terceiros; família, professor, patrão, devido ao mal-estar profissional ou relacional que a gagueira acarreta. Alguns sentem-se fisicamente incomodados com as manifestações funcionais secundárias da gagueira. Mas, assim que se abordam de forma mais profunda suas estruturas psicológicas, percebe-se como o gago insiste em esconder e em manifestar essa fraqueza tão evidente que é sua única esperança de salvação.

Que meta atinge então esse sintoma no qual podemos perceber uma verdadeira intenção inconsciente? Fenichel pretende que ele impede a manifestação direta da agressividade com palavras obcenas de "valor mágico". E com isso confirma a posição em que anteriormente colocamos o gago, a saber, sádico-anal. De fato, a gagueira aparece geralmente quando a criança tem de dois a quatro anos. Mas esta também se encontra no início do período dito edipiano. Assim sendo, as pulsões pré-genitais acompanharão a finalização da aquisição verbal e o acesso a um sistema linguístico comparável ao do adulto pela forma sintática e quantidade de vocabulário usual.

O gago e sua dificuldade diante da problemática edipiana

A posição edipiana do gago parece a mesma a vida toda. Ousamos adiantar tal hipótese depois de inúmeras psicoterapias analíticas. Permitiram-nos constatar que o complexo de Édipo permanece no mesmo ponto de irresolução tanto no gago adulto como no gago criança. A dialética inconsciente formadora do problema edipiano é, sem dúvida, o ponto de estudo mais preciso pelo qual podemos atingir o que talvez seja a especificidade da gagueira.

Depois de Freud, acostumamo-nos a considerar que a neurose consiste em uma formação de comprometimentos incidindo especificamente em desejos do domínio edipiano. A forma dessa neurose varia sem dúvida com a escolha do recalcado por meio da personalidade do neurótico.

Foi em uma época bem precoce que aquele que se tornaria gago foi obrigado a recalcar as pulsões, uma vez que, como vimos, os componentes sádico-anais e orais de seu caráter permanecem muito acentuados.

Ao enfrentar os problemas do Édipo o gago se compromete com uma espécie de reticência causada por imensa angústia anterior. Parece que desde o primeiro instante encontra-se, com suas violentas pulsões libidinais, diante do problema que a libido materna desperta nele.

O objeto verbal adquire sentido quando a criança atinge a consciência corporal de maneira mais completa, pelo investimento de novas zonas erógenas. As técnicas de uso desse corpo, quer para sensações externas ou internas, supõem uma mudança dos investimentos objetais: a criança só usará o corpo no modo do prazer anal ou oral, ao abordar o estágio genital. A integração ao eu das proibições edipianas exige reforço dos controles pois o que penetra o corpo e dele sai adquire novo sentido erótico. A fala pode tornar-se símbolo de objeto fálico incestuoso. A alusão à angústia de castração é permanente no ato de falar. A regressão tópica provocada pela angústia reduz o significante genital a seu sentido oral primeiro: a castração genital é significada pela disfunção oral.

Muitas anamneses nos permitiram verificar que a criança destinada à gagueira é submissa a uma mãe tão ávida quanto ela e que além disso tem avidez pela criança. Essa mãe teima em manter uma dependência total da criança com relação a ela, e receia sua autonomia material e psíquica como a perda de um objeto querido e indispensável a sua vida.

Parece que a relação sádico-anal estabelecida entre mãe e filho, manifesta, em decorrência do que acima afirmamos, a fixação da criança por uma relação dual com a mãe, objeto de amor oral e anal. Essa relação de simbiose quase exclui toda relação com um terceiro objeto, a menos que pertença ao todo mãe-filho.

Todos os objetos fantasmáticos, bons e maus, são interiorizados como objetos parciais representativos do objeto único e global: filho-mãe, continente-conteúdo. No gago, tudo permanece nesse modo. Este alcança o nível do desenvolvimento genital nessa perspectiva, e nela persiste. O objeto fálico e superegóico, em que aos poucos se transforma a imagem paterna, é integrado a esse todo sincrético dos desejos mãe-filho e indiferenciado do todo. No plano mais superficial da personalidade, notamos, observando casais mãe-criança, traços comuns mais acentuados na criança e que persistem no gago adulto. Estes são de tipo paranóico. Se nos limitarmos à concepção, kleiniana não nos surpreenderemos. O que acabamos de descrever como modo de relação de objeto no gago acarreta a persistência daquilo que Mélanie Klein chama de "posição paranóide". A perseguição pelos 'maus objetos' é a característica essencial. O gago é perseguido. Ele o é na realidade pela mãe abusiva, e muitas vezes também pelo pai. Ocasionalmente suportamos algumas dessas mães que, escondendo-se de um adolescente ou de um adulto, vinham difamá-lo junto ao terapeuta ou então verificar do que aquele falou ou deixou de falar durante a sessão. O garoto gago é o mau objeto da mãe, e assim se vivencia, mas a filha gaga também.

Um adolescente de 17 anos sentia-se especialmente decepcionado e resumia seu retrato dizendo: "Sou uma merda." Nesse caso, como poderia "algo de bom sair dele" questionava-se o pai? A maioria dos objetos fantasmáticos são eletivamente maus desde as primeiras mamadas. É comum encontrar na anamnese desses pacientes dificuldades digestivas desde a tenra infância, bem como dificuldades de eliminação. O apego aos objetos e o modo mágico pelo qual se tornam significativos de intenções também é um traço que com freqüência se encontra neles.

Nessas condições, toda 'emissão' torna-se problemática. Mais ainda a emissão verbal. As palavras são vividas à maneira das fezes, como objetos agressivos, produções cuja intencionalidade profunda poderia ser a de ferir ou matar, e que são perigosas. É preciso ter cuidado.

É por esse cuidado, por amor aos demais, que se corre o risco de ferir ou destruir por ambivalência. Também é preciso ter cuidado porque sempre se corre o risco de desvendar para o outro tal ambivalência e assim merecer a desforra da agressão ou a proibição do desejo. Uma defesa costumeira do gago torna-se portanto, nessa situação, a perseguição. É exigente, tirânico, colérico. Com os seus, mas também com o resto da sociedade, na profissão por exemplo. Desse modo, um jovem de 19 anos, admitido em uma pequena empresa privada de administração, foi obrigado a mudar de cargo diversas vezes por ser "perseguido". Tratava-se sempre de uma mulher superior a ele em idade e cargo, da qual não suportava receber ordens. Por outro lado, a mãe do rapaz interveio diversas vezes junto a ela com ou sem concordância do filho a fim de que ele obtivesse um aumento de salário. A reação do rapaz, muito agressiva interiormente contra ambas as mulheres, era na realidade completamente passiva exteriormente.

O mais comum é encontrar nos gagos a segunda forma de reação, a outra face de sua ambivalência: a passividade. Poderíamos falar de atitude regressiva como se nunca tivessem saído da situação de um bebê exigindo ser empanturrado e ao mesmo tempo não gostando do leite. Nada parece edipiano nesse estilo de relação, no sentido clássico do termo.

Embora os traços paranóicos sejam a mais evidente das tendências patológicas que subtendem a gagueira, caminham paralelamente a uma nota obsessiva de peso. Certo é, entretanto, que esse caráter nos parece tanto mais marcante quanto maiores forem as capacidades intelectuais do sujeito.

Os traços obsessivos também são de origem menos precoce do que os persecutórios. Apresentam-se mais como uma neurose de defesa contra a invasão pelos afetos. O discurso do obsessivo é feito para ser vazio: fala para não dizer nada, racionaliza todo movimento interior. Na resistência do gago em falar, aparece um movimento semelhante, assim que uma forma de tratamento permitir expressar bem as livre-associações. O discurso adquire então um ar obsessivo e muitas vezes é acompanhado por traços obsessivos caracterizados, e até de obsessões no sentido próprio. Também fica patente que o nível afetivo envolve o sujeito em uma relação ternária: a situação deixa de ser dual. Diremos que é pré-edipiana na medida em que aborda a relação edipiana sem jamais poder enfrentá-la de fato.

Parece-nos que dessa perspectiva Fenichel fala da "sexualização do processo de falar e pensar" no obsessivo. Preferimos falar de erotização pré-genital da fala; esta adquirindo aos poucos o significado de um símbolo fálico-anal, sinal de poder para com a mãe, mas não reconhecido e culpabilizado pela relação pré-edipiana. Aliás, não nos afastamos muito de Fenichel quando escreve que as "fantasias de onipotência que estão relacionadas com os pensamentos e as palavras, aparecem como uma repetição da superestimação narcísica infantil das funções excremenciais". O gago esvazia seu discurso até o esfacelamento. É perseguido pela palavra exata que deveria dizer e da qual se desvia sem parar, em uma espécie de temor alucinatório.

Cremos que esse comportamento obsessivo não passa de uma construção defensiva contra o afluxo das pulsões agressivas do nível sádico-anal descritas acima. No mais das vezes, é acompanhado por comportamentos de tipo obsessivo não-verbais que parecem instalar-se ao mesmo tempo que a linguagem: meticulosidade, preocupação na apresentação, valorização, cuidado material.

A preocupação com o 'dever' tanto concreto quanto moral não é o menor dos traços da 'mentalidade gaguejante'. É reafirmado pela revolta incessante contra toda autoridade e parece decorrer de questões que ficaram sem resposta na mais tenra infância, da proibição da palavra, que o sujeito experimentou freqüentemente na época da coação esfincteriana.

Por outro lado, se acompanharmos Klein em sua compreensão específica da neurose infantil, constataremos, como ela, a existência de "uma luta prolongada entre a posição pré-genital e a posição genital da libido. No seu apogeu, entre três e cinco anos, essa luta aparece claramente como complexo de Édipo". O gago nunca se libera dessa luta. Está encarcerado e dela se desvia com posições obsessivas que lhe permitem superar a angústia.

Um moço de 24 anos, constrangido pela gagueira durante os estudos, segue uma terapia. Não tem a menor cultura psicológica. Conta um dia:

> Certa vez vi representarem 'Édipo', a peça clássica. De repente pensei que isso também poderia acontecer comigo. Fiquei chocado e pensei nisso por vários dias. Tinha cerca de 16 anos. Passado algum tempo, briguei com meu pai como acontece sempre. E ao deixá-lo comecei a ficar obcecado pela imagem dele; não podia

me desvencilhar dela. Depois transformou-se ora no rosto de meu pai, ora no de minha mãe.

Duas sessões depois:

Não penso ter mencionado minha obsessão com os olhos, de perder os olhos. Se olho, tenho um peso nos olhos, queima e não devo mais olhar.

Alguns minutos depois:

Sabe, conto tudo para minha mãe. Percebi desde que estou vindo aqui. Na minha opinião, na minha idade é ridículo. Então forço-me a não contar nada. Por exemplo, com minha namorada, em suma(...) minha amiga, a que me leva para sair(...) sinto dificuldades em falar no momento.

O investimento obsessivo do discurso pelo gaguejador pode ser entendido no processo da construção neurótica como sintoma de defesa de ordem superegóica, com relação ao sintoma histérico que é o balbucio. Esse modo de elocução, aparentemente disfuncional, revela de fato no sujeito o investimento dos órgãos fonadores de maneira inadequada. Pode-se dizer que da mesma forma que no histérico banal, certas partes do corpo são investidas por um funcionamento doloroso destinado a deslocar o investimento libidinal dos órgãos sexuais e a ignorá-los como lugar do desejo e fonte de prazer, da mesma forma no gago, a disfunção fonadora e o sofrimento causado pela emissão verbal são uma forma de conversão histérica. Na origem da instauração desse sintoma, e de acordo com a idéia que temos do processo que o provoca, encontramos de fato a incapacidade do eu da criança de se instalar em uma situação edipiana afirmada, que lhe permitiria investir o prazer genital nascente ao mesmo tempo que a afirmação verbal de sua autonomia somática e subjetiva.

É essa coexistência de dois modos de defesa do eu que parece impedir Fenichel bem como a nós de definir a neurose que subtende a gagueira. Alinhar o sintoma verbal entre as conversões histéricas supõe, ainda segundo Fenichel, que ele encobre "desejos genitais do campo edipiano que encontram uma expressão deformada nas alterações de funções físicas". Tal modo de defesa seria portanto posterior à regressão obsessiva que acabamos de descrever e que parece estar ligada à imagem da cena primitiva. E acrescentamos que ele dá a um sintoma de origem sádico-anal um significado genital. É talvez graças ao fato de o gago conseguir esse significado genital que ele seja apenas neurótico. Mas isso se dá sem dúvida graças à persistência das raízes orais muito arcaicas a que se correlaciona a quase impossibilidade de eliminação do sintoma. Pensamos no trocadilho de Freud: "Uma comparação que nos é familiar considera o sintoma como um corpo estranho que incessantemente mantém fenômenos de excitação e de reação no tecido onde fica implantado".

A palavra do gago significa em sua verdadeira expressão o deslocamento de uma dificuldade afetiva essencial: o desejo não pode ser expresso, a proibição é evidente, o significado permanece misterioso. "Trapaceio ao falar", disse um garoto.

É por meio de um sintoma que o gago expressa o conflito que vive eternamente. A primazia aparente da disfunção corporal que lembra a conversão histérica mescla-se ao distúrbio do manejo da linguagem que leva alguns a levantarem a hipótese de um distúrbio neurológico. As defesas obsessivas instauradas na maioria dos gagos permitem supor uma defesa contra a morte evocada pela possível perda do objeto. Ao falar da neurose obsessiva no capítulo "Etats de dépendance du moi" na obra *Le moi et le ça*, Freud descreve melhor do que ninguém o que nos parece ocorrer na personalidade do gago:

> Percebemos muito bem que o que garante a segurança do ego é a manutenção, a conservação do objeto. Na neurose obsessiva, é a regressão em direção da organização pré-genital que possibilita a transformação das impulsões amorosas em impulsões agressivas contra o objeto. O instinto de destruição tendo assim reconquistado a liberdade, quer aniquilar o objeto ou pelo menos parece ter tal intenção. O ego não adotou tais tendências, resiste a elas com

toda espécie de formações reacionais e medidas de precaução, a tal ponto que permanecem no Id. Mas o superego comporta-se como se o ego fosse responsável por essas tendências, e a seriedade com a qual busca realizar seus desígnios de destruição, mostram claramente que se trata não de uma aparência provocada pela regressão, mas de uma substituição real e verdadeira do amor pelo ódio. Impotente de ambos os lados, o Ego defende-se em vão entre as sugestões do Id assassino e contra as recriminações da consciência punidora. Só consegue impedir as mais grosseiras ações de ambos, e só consegue torturar-se sem cessar ou torturar sistematicamente o objeto quando possível.

A gagueira pode ser colocada na relação com a economia psíquica do gago tal como as formações reativas de que fala Freud. O controle sobre os objetos, internos e externos ao ego, funciona de modo permanente e desordenado. A gagueira aparece portanto como um fracasso do controle total ao qual seria necessariamente conduzido pela 'obsessionalização' da fala.

Podemos talvez evocar a origem muito antiga de conflito oral como uma das causas do fracasso da mentalização. Esse fracasso dá à gagueira a falsa aparência de uma neurose atual, no sentido em que J. Laplanche fala de "prejuízo" no momento em questão, opondo-o ao traumatismo no psicógeno. Quase sempre o único modo de explicar a gagueira, dado pela maioria dos sujeitos é: um acidente, supostamente traumático, mascara de certa forma como uma lembrança encobridora, as peripécias significativas da relação dos pais com o filho nos meses que precederam o aparecimento da linguagem neste.

O conflito primário inclui um recalque essencial que a seguir não desaparecerá, e paralelo a isso o gago faz avançar aos solavancos a maturação de sua personalidade. As nuances da evolução normal dessa personalidade colorem, ora mais, ora menos, essa base patológica, mas a encobrem, disfarçam, deformam. O ego do gago adquire sistemas de defesa, mas permanece marcado pela neurose em sua expressão total: neurose oral que a boca expressa com sua incapacidade funcional à linguagem. A proibição é tão importante, mas tão próxima da consciência que impregna tudo. Essa forma de sintoma que, como acabamos de ver, pode ser concebida como um fracasso da neurose obsessiva pode, em seus fundamentos clínicos, lembrar o que Freud chamava de "histeria de retenção": a ab-reação de importantes afetos foi impedida por intervenções externas. Ao aflorarem pulsões libidinais violentas, o sujeito sentiu-se ameaçado na própria existência. Ameaçado de destruição no corpo todo, por intermédio das fantasias orais de devoração ou de engolição suscitados pela violência da pulsão. Ameaçado de castração na seqüência de seu desenvolvimento e, do mesmo modo violento e total, pela representação de uma imagem castradora paterna ansiógena e devastadora.

Na fase edipiana, a culpabilidade superpõe um conteúdo prégenital a conteúdos sádico-orais e anais já importantes. O sujeito falante é passível de castração em todas as zonas libidinais e especialmente na boca. Mas a constipação e as dificuldades em alcançar uma realização sexual também são sintomas comuns no gago. Todos os orifícios do corpo aptos a emitir um objeto são passíveis de castração.

A desordem do corpo é sinal de sua fraqueza: já está punido e dolorido, portanto só pode despertar piedade. O sujeito esconde-se atrás do sintoma e elimina assim a possibilidade de expressar qualquer 'poder' diante de um outro. Toda lembrança ou representação de desejo, de tentativa ou curiosidade de ordem sexual é bem recalcada e investida de tamanha culpabilidade que se torna perigoso deixar que se suspeite de sua existência com possíveis interpretações do discurso expresso.

Um rapaz, intelectualmente muito evoluído, mas que gaguejava muito, submeteu-se durante dois anos a um tratamento psicoterapêutico, sem nunca falar do pai. Entretanto, certo dia, depois de uma alusão nossa a tudo o que permanece subentendido na sua relação conosco, acaba dizendo:

> Percebo, por exemplo, que nunca cheguei a falar de meu pai com minha mãe. Meu pai desapareceu certo dia. Sei que procuraram

por ele, mas nunca o encontraram. Eu tinha entre quatro e cinco anos. O amigo de minha mãe entregou meu irmão e a mim a uma ama-de-leite. Escamoteei o segundo marido e o nascimento, nesse entretempo, de uma irmã e de um irmão. Nunca se colocou a questão, e jamais questionei. Venho aqui há dois anos e percebo que tenho escamoteado. Foi preciso pensar que minha gagueira quase nunca me havia incomodado, para pensar nisso e nas minhas relações com garotas. Minha gagueira não me atrapalha, mas levanta uma questão que jamais consigo resolver. Impede-me de dizer o que tenho a dizer. É como se sempre houvesse utilizado a gagueira com essa meta: nunca falar de meu pai.

Esse discurso é um resumo perfeito da atitude do gago diante da palavra. Seu corpo manifesta um pensamento por ele ignorado. Trapaceia no próprio discurso por intermédio das palavras, o falar mascara o dizer.

Tal manifestação defensiva supõe um vínculo específico com a mãe, apego cujas características sádico-anais por nós descritas, logo se duplicam com traços genitais flagrantes. O rapaz de quem falamos acima e que precisava "contar tudo para a mãe", principalmente as lamentáveis tentativas sentimentais, não pode ter outro amor a não ser o da mãe. De qualquer forma, esta última é toda-poderosa sobre os desejos do filho. Essa situação edipiana reproduz a situação arcaica que Winnicott chama de "dupla dependência", na qual mãe e filho são identificados um com outro. A criança sai apenas parcialmente desse estado, para integrar o pai, não como sujeito, mas como elemento fálico materno. Encontra assim meios de conservar a fonte de uma satisfação narcísica primária. A proibição edipiana é o lugar mais íntimo: intimidade da transgressão fantasiada graças a sua existência recíproca. No entanto, esse filho representa também para a mãe um objeto perseguidor, uma vez que é o signo permanente de seu desejo inconfessável, recriminação viva de seu superego. O próprio fato de o menino gago ser obcecado pela imagem do pai nada mais é do que a manifestação clara de um terror edipiano exposto, mas de modo algum ultrapassado, e que aparece sob forma de alucinação, como poderia ocorrer em sonho ou na criancinha. O que pode ser mais natural do que ter 'um nó na garganta' nessa situação que se parece, nos mínimos detalhes, com um sonho de angústia? Cada psicoterapia ou psicanálise de gago trouxe esse triplo conteúdo histérico, obsessivo, paranóico. Conforme o momento e o paciente, uma ou outra faceta parece mais típica. Grande é nosso embaraço quando um sujeito obsessivo banal, por exemplo, se põe a 'falar para não dizer nada', com a riqueza e precisão verbal comum à maioria dos obsessivos inteligentes. Por outro lado, tudo o que expressa de significante em outros períodos nos leva a pensar que provavelmente gaguejou. Mas nada deixa supor a menor hesitação na sua fala: a escolha das palavras é precisa e rápida; o pensamento, encadeado e racional; a defesa contra a fantasia, sistematicamente edificada; e o sujeito mantém-se a respeitável distância do domínio do imaginário.

Por que então gaguejar? Por que optar por gaguejar? Fraqueza congênita na esfera cortical? Não é até agora detectável pelos meios disponíveis. Na nossa opinião psicanalítica, percebemos apenas uma hipótese que parece plausível: ela supõe a extrema precocidade do recalque, mas também que este é fruto, na criança que se tornará gaga, da intensidade das pulsões libidinais e ao mesmo tempo de uma maior capacidade em sentir na mãe a presença de um desejo edipiano sempre insatisfeito, do qual se torna objeto natural desde o momento da concepção. As defesas nele se estabelecem em todos os níveis de organização da personalidade, em várias camadas de formas típicas, sem que os elementos dessas camadas se integrem à personalidade. O acesso à autonomia subjetiva completa nunca é alcançado pelo gago. Encontramos na teoria das pulsões os termos que nos permitem exprimir, da melhor maneira, nosso pensamento sobre o funcionamento psíquico do gago: as pulsões parciais predominam sobre as do eu e o impedem de desfrutar de plena autonomia. Sua falta de organização definitiva em uma estrutura libidinal assumida pelo sujeito é evidente no sintoma verbal, representativo de um eu que não consegue assumir-se, a não ser de forma fragmentada e incerta. Resumindo, os elementos essenciais da dinâmica neurótica da gagueira, diremos que: um primeiro sistema defensivo aparece como uma 'obsessionalização' dos elementos orais do prazer; situa-se em uma perspectiva de culpabilidade paranóide no sentido kleiniano que aos poucos inclui os investimentos eróticos da zona anal. Dela resulta a vertente sado-masoquista da gagueira. A proximidade, no tempo dos processos de maturação, da linguagem e da zona genital, colocam então a criança diante de sua incapacidade em assumir a proibição edipiana. Diante de sua angústia de destruição, o eu não pode enfrentar o investimento da zona corporal genital e desloca esse investimento com um movimento regressivo em direção à zona oral, mesclando o anal ao oral nas manifestações esfincterianas. Essa sintomatologia histérica, na regressão somática à qual obriga o sujeito faz com que reencontre o sistema persecutório primário do qual o superego, por sua vez, se apropria e transforma em investimento obsessivo da palavra, provocando um 'curto-circuito' no papel real e satisfatório do corpo.

3. O mutismo psicógeno

No doente que não fala, parece que o corpo não se consegue transformar em linguagem. O conjunto dos processos de elaboração simbólica tornou-se de certa forma impossível devido ao embaralhamento dos diferentes níveis inacabados da evolução somática e afetiva.

O mutismo psicógeno pode-se apresentar momentaneamente no adulto que naufraga no autismo. Pode também ser absoluto em algumas crianças que, por exemplo, jamais falaram. Claro está que as tentativas de compreensão dessa ausência total de linguagem defrontam-se com imensas dificuldades. Necessitam, além de muita paciência, de uma reserva igualmente grande quanto ao prognóstico de evolução, e, enfim, de um questionamento de peso quanto às possibilidades de perturbações orgânicas tais como lesões ou tumores cerebrais. No entanto, o estado atual da ciência neurológica, embora permitindo detectar acidentes ou malformações maciças e definitivas, não nos dá os meios de alcançar com suficiente requinte um diagnóstico que poderia ser determinante na compreensão funcional do mutismo. Sem o que ficam hipóteses segundo as quais a maturação afetiva profundamente perturbada por um ambiente que deixa muito a desejar prejudica os processos de maturação psicossomática referentes às possibilidades de relações de um indivíduo com os demais.

A psicanálise muito contribuiu para unificar a nosologia das psicoses infantis. Foi a partir de tratamentos baseados no sistema teórico freudiano que os psicanalistas conseguiram estabelecer um sistema terapêutico das psicoses. Após a experiência, depois de muitas outras, de que uma criança autista consegue às vezes abandonar seu mutismo, nossa tendência é pensar que aí residiria talvez, pelo menos em parte, a prova de que nossa tentativa de compreensão teórica estava corretamente fundamentada.

Isolado no seu mundo interior, Maurice (nove anos), vive com as mãos atadas. Quando são desatadas, ele bate a cabeça. Sua única linguagem é um urro, modulado e com pouca variação conforme as circunstâncias de recusa, desaprovação ou pânico. Madeleine (25 anos) sempre foi esquizofrênica – dizem –, e atravessa períodos de mutismo autístico, durante os quais os dentes ficam cerrados; ingere álcool, muitas vezes acompanhado de altas doses de medicamentos. Ao emergir das crises, fala em voz bem baixa, de modo delirante, de muros que se estreitam, de explosões internas, de pânicos, e de feras invasoras, quadro habitual da loucura.

Madeleine está em tratamento psicoterapêutico há vários anos. Aos poucos, evoluiu para um estado que poderíamos chamar de quase normal, a não ser por breves e pouco freqüentes recaídas em seu estado autista. Por meio de seu percurso e do discurso que faz de si mesma, por meio da perlaboração dos sentimentos anárquicos que realiza – lenta mas seguramente – pôde contribuir e permitir que encontrássemos a formulação de algumas idéias clínicas aplicáveis aos infernos autísticos.

Em sua *Introduction à la psychanalyse*, Freud escreve que "é ao narcisismo primitivo que a demência precoce retorna". A evolução transferencial, quando se instala em um autista, leva a supor de fato que é disso mesmo que se trata. A observação da economia afetiva de uma criança, durante o longo início da terapia, permite algumas hipóteses teóricas.

As exigências que esse tipo de paciente manifesta para com o terapeuta são da ordem do totalitarismo. E duplicam-se, não sendo preenchidas; isso é compreensível, por um desinteresse não menos total para com o seu terapeuta, rejeitado para o mundo do *não-eu*. O nível alcançado pelo sofrimento do doente é nesse momento, e talvez permanentemente, o que Balint chama de "defeito fundamental".

Assim, Madeleine começa a delirar e depois se tranca em um mutismo vazio quando evocamos diante dela a morte da mãe. É então para ela um meio de escapar a uma realidade insuportável, tendo em vista sua história, sua ferida narcísica fundamental.

A realidade atual é anulada em função de uma realidade passada que precisou ser tolerada pelo sujeito, mas que provocou uma frustração por demais intensa para ser ultrapassada pelo eu no estado em que se encontrava então. A paciente recusa reencontrar esse sofrimento. A ausência dos cuidados necessários ao bebê em seu estado de dependência total, provoca nele violenta revolta, um dilaceramento repetido, impedindo-o, a seguir, de confiar em qualquer realidade que lhe diga respeito. A única defesa de que dispõe é a de bloquear menos a percepção do que a sensação na superfície global do corpo e *a fortiori* das saídas do corpo. Tustin[1] dá a esse sujeito as imagens acolhedoras do eu encapsulado como um crustáceo: essa forma sincrética do *self* é destinada a evitar o insuportável. Tudo o que lembra ao doente determinada experiência muito antiga é anulado pela sua "ausência muda". Sua única força é o silêncio diante dos outros, a negação da

---

[1] Os trabalhos de Tustin muito contribuíram, desde alguns anos, para a compreensão do autismo e das causas do mutismo que o acompanha. Não citaremos aqui suas recentes publicações, muito interessantes, mas ainda não traduzidas para o francês.

existência dos seres vivos, considerados normalmente como objetos e como sujeitos.

A aparente situação deste mudo é tamanha que nada sai dele, mas também nada penetra; seu corpo é, de certa forma, como um ovo em movimento. Parece que a casca imaginária serve para protegê-lo de um nódulo interno essencial, embrião frágil do eu, que corre o risco de escorregar para fora do todo. Mas também ameaça a destruição se algo o penetrar: "A desintegração, escreve H. Segal, é a mais desesperada tentativa de escapar da angústia." Mais vale não ser do que ser um. O envelope cutâneo externo do corpo é realmente 'perfurado' pelos órgãos dos sentidos, o ânus e o orifício uretral. Pode-se levantar a hipótese de que a sensibilidade desses orifícios, orientada para fora do corpo pelo objeto que dele faz uma passagem, provoca uma confusão na criança pequena: o contato interno do corpo e de seu conteúdo contra a parede cutânea que estabelece seus limites não é diferenciado do contato cutâneo externo contra os objetos circundantes. Isso significa que a criança é penetrada pelas imagens visuais, sons e odores, e que ela se torna o continente e o lugar de sua passagem, como ocorre para as fezes, a urina, o leite, ou o próprio grito. O envelope interno pode também, portanto, ser atacado e perfurado pelas percepções-objetos. Certas situações de angústia fazem desse fenômeno fantasmático uma perseguição permanente que violenta e agita o interior corporal do bebê e contra o que torna-se necessário para ele fechar todos os orifícios controláveis, por quaisquer meios. Nenhuma possibilidade de troca é assim concebível, uma vez que supõe um vai-e-vem entre o dentro e o fora, que dá livre acesso aos orifícios do corpo. Deve-se notar que os doentes autistas têm às vezes um contato pelo ofalto: cheiram os objetos antes de olhá-los. Essa possibilidade arcaica de sensação é em nós a mais imediata, mas, habitualmente, em vez de ser desenvolvida, é inibida pela maturação cortical do cérebro. No homem normal, o olhar é muito mais investido do que o olfato (e mais bem preservado pela consciência). A saída da respiração é em geral inconsciente, ao passo que o olhar, que percebe a distância ao mesmo tempo que o objeto, permite avaliar diretamente o risco de contato. A noção de distância da respiração será retomada com o uso da voz, que é então reinvestida, e completará o sentido espacial dado pelo olhar. Quanto aos esfíncteres, estão todos carregados com a onipotência dos objetos internos. Esta por sua vez é projetada para os objetos externos: daí sua perigosa representação. A boca é o principal lugar por onde passa o desejo e sua resposta. A primeira necessidade é a de ingerir e também a de regurgitar. A fantasmática do paciente que não fala baseia-se nessa primeira relação. Para ele, toda comunicação oral é construída no modo devorador. O sadismo primário aterrador que reside nos órgãos orais proíbe todo uso dos objetos internos, e entre eles a palavra. A passagem pelo interior do corpo produz a sensação justificada de que algo vital ocorre graças ao que nele circula: o ar, o leite. Deixá-los escapar seria a morte por fragmentação, por evacuação do *self*. Parece-nos inclusive que o autista é desapossado de toda linguagem, mesmo a interior.

Um longo período da terapia é muitas vezes dedicado, pelas crianças autistas, à manipulação dos líquidos: a água é o agente de experiências múltiplas e entre elas podemos reter aqui o sentido de escoamento entre o interior e o exterior do corpo. Escoamento cuja emissão verbal e audição aos poucos se tornarão metáfora.

O caso de Christian, nove anos, é bem representativo desse momento essencial das terapias de crianças autistas. Entre as cinco palavras que dominava, Christian utilizava *xixi* para tudo o que escoa, tanto para urinar como para a água que sai da torneira. Empregou-a comigo para pedir de beber, durante as brincadeiras com água. Na época, o menino passava sessões procurando um modo de contato comigo. Eu mesma utilizava muitas vezes o desenho, verbalizando as etapas e os possíveis significados. Aos poucos, enquanto modelava bolinhas, Christian expressou o desejo de beber, alcançando a torneira existente na sala. Bebia seguidamente vários copos, que logo esvaziou, aninhado em mim e radiante. Logo depois pedia "xixi" e me levava ao banheiro.

Além da maternagem corporal que dava a Christian, eu verbalizava, o quanto podia, nossos gestos e seu sentido fantasmático quando me parecia sensato fazê-lo, a fim de lhe dar o suporte verbal habitual à relação mãe-filho.

A repetição dessa experiência primária que é a passagem líquida pela boca e uretra, pareceu-nos o primeiro estágio que a criança autista atravessa quando consegue aceitar conscientemente que algo escapa de seu corpo e nele penetra. As reações de medo ou de satisfação que sente quando o líquido circula entre o interior e exterior de seu corpo são, sem sombra de dúvida, uma premonição do que sentiu e que experimentará com relação à palavra que escoa com a respiração. Para tanto basta observar com que atenção o paciente ouve o barulho da água quando da deglutição, da urina e da água da torneira nos recipientes. Esses sons suscitam momentos de fixação aterrorizada ou de intenso júbilo. A orelha torna-se então um orifício complementar, representando esfíncteres.

A utilização feita no funcionamento lingüístico pode ser relacionada à seguinte observação: a emissão verbal e a audição podem ser entendidas como 'sublimações' do funcionamento corporal com relação às pulsões e desejos. É este o sentido que a linguagem adquire no obsessivo, para quem o corpo pode ser esquecido, e assim a vida inteira se resume ao sistema sensorial, na esfera mental, permanecendo portanto perfeitamente controlado pelo superego.

Maurice entra em contato com a terapeuta, dando-lhe cabeçadas. Aos poucos ele a olha, toca e morde. Progredirá muito quando aceitar a maçã que ela lhe oferece diariamente (inspirada pelo livro de Mme. Séchehaie), como um objeto parcial do qual se nutre avidamente. Em seguida, o objeto às vezes delicioso, e às vezes cuspido, torna-se um bolo pedido pelo próprio menino: sua primeira palavra. E esta evoca a última vez em que a mãe o visitou e que desde então parece tê-lo abandonado. Encontra pois a palavra com uma lembrança, comprovando que a mãe existe de fato para ele, como uma realidade com a qual a terapeuta não se confunde, pelo menos não totalmente. O objeto-palavra só pode ser lançado para alguém na medida em que a experiência foi solidamente estabelecida: o ruído do semantema não vai carregar-se com ódio devastador no corpo do interlocutor. O sujeito identifica-se completamente com o objeto. Mas ele se organiza aos poucos em um todo emissor de objetos parciais dos quais difere, e que se tornarão palavras, objetos de trânsito entre ele mesmo e os demais. A dialética das identificações de objetos parciais só se pode estabelecer no autista quando, de algum modo, reviveu até saciar-se, de maneira raramente reparadora, as primeiras experiências de sua economia afetiva. As palavras tornam-se então objetos possíveis, que deixam de ter funcionamento autônomo inquietador, tais como secreções somáticas; mas objetos que constrói e de que dispõe para fazer com que os demais participem de sua vida, sem que sua identidade seja posta em dúvida de modo permanente pela troca verbal.

Na verdade, essa passagem para a palavra possível só se faz por movimento depressivo. Nenhuma separação pós-simbiótica é possível fora da posição depressiva. Esse momento exige o luto de algo, de uma forma que o objeto da satisfação narcísica adquire então, de uma parte de si indefinível para o sujeito, mas que naquele que se recusa a falar bem poderia ser algo como a certeza de sua onipotência pelo silêncio. Onipotência que lhe permite anular a presença do outro enquanto tal, de fazer desse outro parte integrante de si, mesmo inutilizável e assustadora, controlada contudo, submetida pela ignorância fingida. Essa fruição inconsciente torna-se para aquele que não fala a base em que fundamenta suas possibilidades identificatórias com o terapeuta. A fruição consciente, possibilitada por meio do objeto exterior, permite-lhe separar a parte do todo. O processo de luto dos objetos parciais engendra o da representação. A distância para com o objeto é, ao mesmo tempo, mantida e reduzida pela comunicação verbal enfim assumida como signo.

Gagueira e violência oral 5

Bernard Barrau

1. A 'gagueira' de Emmy Von N.

O caso de Emmy Von N. é o segundo dos cinco apresentados por Breuer e Freud nos *Études sur l'hystérie*. É o texto de Freud que mais enfatiza a gagueira, pois o restante de sua obra antes e depois dos *Études* só contém breves e espaçadas alusões[1]. Trata-se como sabemos de uma mulher de 40 anos, mãe de duas meninas de 16 e 14 anos, que perdeu o marido em circunstâncias dramáticas, logo após o nascimento da segunda filha, de quem guardou muito ressentimento por tê-la impedido de se dedicar inteiramente ao marido durante a doença. Essa mulher dirige muito bem a importante indústria que pertencia ao marido, mas desde a viuvez, disse ela – na verdade os distúrbios são bem anteriores –, sofre de depressão, insônias e dores insuportáveis. É verdade que a saúde das filhas lhe causa muitas preocupações; também foi maltratada pelos familiares após a morte do marido – chegaram a acusá-la de tê-lo envenenado.

Pouco sabemos de seu passado. Sua mãe era uma mulher demasiado enérgica e severa, que aliás sofreu de distúrbios mentais

---

[1] Podemos catalogar facilmente. Na *Psychopathologie de la vie quotidienne* (p.112), Freud diferencia dos *lapsus linguae* "os distúrbios que afetam não mais a palavra isolada, mas o ritmo e a execução de um enunciado completo: distúrbios como a gagueira e o balbucio provocados pelo embaraço. Mas nisso também trata-se de um conflito interno que é traído pelo distúrbio da fala".

Em uma nota de 1924 (p.92), assinala que o jogo que consiste em dobrar as sílabas iniciais a -, po - (A-a, Po-po são em alemão as palavras infantis designando os excrementos e o traseiro) incita freqüentemente à gagueira nas crianças. (SE, VI, p.82).

Pode-se assinalar enfim a declaração feita em Federn em 1910 e que citamos à p. 192, nota 2.

e, como outros membros da família, passou diversos períodos em um asilo psiquiátrico; um dos seus irmãos era toxicômano. Ela mesma, outrora, fora acometida por convulsões e desmaios; diversas vezes aconteceu de perder completamente a voz. Desde a viuvez nunca mais teve relações sexuais... Freud a considera uma histérica, embora também reconheça no caso elementos de neurose atual, neurose de angústia devido à abstinência sexual[1].

Ela apresenta dois sintomas relacionados com a fala ou com a voz:

• por um lado, um tique que consiste em emitir convulsivamente uma série de estalos vocais separados por pausas;
• por outro, 'interrupções espasmódicas da fala, chegando à gagueira'.

Se é o caso de uma gagueira, trata-se portanto da forma atônica desse distúrbio, com traços bem específicos, pois por um lado só se manifesta em situações de pavor (aliás Freud afirma que qualquer emoção a desencadeia); por outro lado, surgiu recentemente, enquanto no que comumente é descrito como doença da gagueira as dificuldades surgem a partir da infância.

Ambos os sintomas têm origem em acontecimentos traumáticos. O cacoete surgiu cinco anos antes, quando Emmy estava à cabeceira do leito da filha mais nova doente; queria não fazer barulho para deixá-la dormir, mas não conseguia deixar de emitir esse som esquisito.

A gagueira está relacionada a duas cenas: na primeira vez, estava de carro com as filhas quando os cavalos se puseram a galopar; na segunda, novamente de carro com as filhas, atravessava uma floresta durante um temporal; o raio atingira uma árvore a sua frente, os cavalos reagiram, e ela dizia para si mesma: "Não devo gritar, senão o meu grito assustará os cavalos e o cocheiro não conseguirá controlá-los". A gagueira surgiu depois do primeiro

---

[1] Desde a pesquisa inédita de Ola Anderson, mas cujos resultados foram amplamente divulgados, sabe-se que Fanny Louise von Sulzer-Wart não era especialmente abstinente: escolhia parceiros entre sua equipe de jovens médicos.

acontecimento, desapareceu a seguir, e instalou-se definitivamente após o segundo.

O tratamento, que é provavelmente a primeira aplicação por Freud do método catártico de Breuer, estendeu-se por dois períodos de duas semanas, separados por um intervalo de exatamente um ano. A gagueira atenuara-se bastante no primeiro período sem desaparecer de todo; recomeçara nesse ano de interrupção subseqüente a um acontecimento traumático (Emmy sem querer tocara o corpo de um homem escondido em um armário de roupas) cuja evocação no segundo período do tratamento teria efeitos terapêuticos definitivos.

Cacoete e gagueira, que freqüentemente são simultâneos, pedem a mesma explicação. Em ambos os casos, trata-se da intervenção de uma 'representação antitética' (*Kontrastvorstellung*) ou de uma contra-intenção (*Gegenwille*) que se opõe à intenção consciente (*Willenvorsatz*) de permanecer em silêncio. Isso é vivido como uma fraqueza da vontade e não como conseqüência de uma intenção hostil desconhecida, embora se trate de fato disso, sem que Freud nomeie o que está em jogo: evidentemente a intenção de matar os filhos com seus gritos[1].

Essa 'representação-meta' não é admitida pelo 'eu' consciente; há portanto conflito psíquico cujo resultado é por um lado o recalque da representação, e por outro a inibição da descarga. Inibição total no que tange à gagueira, parcial e 'desviada de acordo com vias anormais' no que tange ao cacoete. Assim, a reação normal ou o estado de inibição se vêm 'fixados' (*fixiert*) o que significa que podem funcionar como 'símbolos mnésicos' da situação traumática.

Será que se pode falar de conversão histérica? Certo é que o sintoma partilha com conversão histéria a origem em uma situação traumática que põe em jogo uma representação recalcada. No

---

[1] E nisso ela apenas teria- se vingado do que ela mesma sofrera: os berros da segunda filha nos primeiros anos de vida a deixaram doente a ponto de ser obrigada a se acamar.

entanto, é bem diferente se considerarmos seu desencadeamento e finalmente a própria natureza do sintoma.

A conversão histérica que não ocorre em geral no momento exato do traumatismo, mas depois de um 'momento auxiliar', é desencadeada pela ameaça de reunificação do eu clivado: uma representação ameaça tornar-se consciente, aquela mesma que operava na situação traumática ou outra, quando o mesmo sintoma é utilizado por conflitos psíquicos diferentes[1]. De qualquer forma, a conversão está ligada ao recalque, o recalque é seu *motor*, sendo seu *mecanismo* a transformação da energia psíquica em uma 'inervação' somática (movimentos, sensações, percepções alucinatórias, etc.)

Ora, o que Freud descreve é totalmente diferente. Sem dúvida, há um conflito psíquico na origem da fixação, mas o sintoma não é comandado pela representação, mas pelo afeto. Ele escreve que ambos os sintomas "originando-se de um movimento de extremo pavor ligaram-se a seguir a qualquer pavor... *mesmo quando o pavor não levaria à realizacão de uma idéia antitética*".

Não se trata portanto de conversão histérica, mas de uma formação sintomática 'mista' que tem em comum com a conversão histérica o fato de originar-se em um conflito psíquico, mas o sintoma é desencadeado pela quantidade de afetos, e não pela representação recalcada; isso a aproximaria da neurose atual.

Essa concepção se impõe mesmo no caso de uma gagueira intermitente como a de Emmy Von N., pois não vemos que a cada uma de suas ocorrências podemos localizar, como no caso do sintoma histérico, o conflito psíquico que por ela seria responsável.

Continuemos: a própria noção de conflito psíquico – estaria no traumatismo inicial – é eliminada se acompanharmos Freud em sua discussão da comunicação de Federn sobre a bronquite asmática (colocada na mesma categoria nosológica da gagueira e do cacoete)[2]. "No sentido estrito do termo, o caso de Federn não

---
[1] Conforme o caráter monossintomático da histeria.
[2] Minutas da Sociedade Psicanalítica de Viena. Sessão de 8 de janeiro de 1915. *Les premiers psychanalystes*, ed.Gallimard, 1975, p. 172.

deveria ser considerado histeria. Tais casos têm condições de predisposição específicas. Essas neuroses orgânicas alinham-se com a histeria, certamente, mas devem ser delimitadas com relação a esta. As pressões erógenas sobre os órgãos prevalecem sobre o mecanismo psíquico, forçando a neurose a se manifestar sob formas orgânicas. Tais neuroses distinguem-se da histeria por não representarem o recalque, mas o infantilismo[1].
A noção essencial torna-se então a de *fixação*. Caso haja conflito psíquico, seria apenas secundário. Sabemos que, após uma observação do próprio Freud[2], a clínica psicanalítica comprometeu-se maciçamente – e decerto com excesso – na via do investimento anal.
Voltemos porém à observação de Freud. "No início da segunda semana de tratamento, a senhora Von N. relata a Freud um caso que descobriu no jornal *Frankfuter Zeitung*. Um aprendiz amarrara um garotinho a uma cadeira e lhe introduzira uma cobaia na boca; a criança aterrorizada morrera. O Dr. K. dissera que havia mandado uma caixa cheia de cobaias para a cidade de Tiflis. Ao relatar isso, ela manifestava todos os sinais de terror, cruzava e descruzava convulsivamente as mãos: "Fique quieto! Não diga nada! Não me toque! Imagine uma criatura assim na minha cama (ela se arrepiou). Imagine quando abriram a caixa, tinha talvez um rato mo-or-dido (*an-ge-nagte*)".
É uma cena de imobilização traumática – não é a única nas lembranças da paciente –, acentuando-se que, se é verdade que a criança fora amarrada na cadeira, a cobaia enfiada à força em sua boca é uma invenção de Emmy, como Freud pôde constatar. Pode-se pensar certamente que se trata de uma fantasia retroativa; o temor da penetração vaginal reportando-se ao funcionamento oral (a seguinte imagem: "Imagine..." tem um conteúdo gênito-anal). Também é possível pensar em situações de alimentação forçada (de criança bloqueada em seus movimentos e alimentada

---

[1] *Les premiers psychanalystes*, ed. Gallimard, 1975, p. 172.
[2] Carta a Ferenczi de 26.11.1915, citada por Jones, *La vie et l'oeuvre de S. Freud*, 1955, vol.2, trad. fr. PUF, 1961, p. 196.

à força pela mãe), o forçamento estimulando (a 'neurotização' da gagueira começaria aí) uma agressividade canibal que se encontraria na alusão aos dentes arrancados do primo, e na maneira como Emmy mastiga a palavra *an-ge-na-gte* ao falar das cobaias que se entredevoraram.

Forçamento alimentar: Sabemos que a mãe da senhora Von N. era severa, que a pequena Emmy não podia deixar nada no prato apesar do nojo que sentia da gordura fria e dos escarros do irmão sifilítico. Mas, o que parece ainda mais sugestivo é o espantoso episódio transferencial-contratransferencial que está nas últimas páginas da observação. Em um dos últimos dias do tratamento, Freud surpreende a paciente livrando-se da sobremesa; ele reage muito mal: embora Emmy não fosse "especialmente magra", exige que coma e beba mais. Freud reage colocando-se do lado do pai, ele também com pouco apetite, ele também enfrentando as intrigas alimentares da mulher (as más línguas diziam que ela o envenenara). Freud obstina-se, Emmy cai em depressão, recusa deixar-se hipnotizar. Finalmente Freud lhe dá um ultimato: ou ela aceitará as condições, ou irá embora dentro de 24 horas. Emmy cede e sob hipnose relata seus nojos alimentares.

Existe realmente aí um episódio de violência oral em que vemos até onde Freud deixou-se arrastar. Mas é verdade também que a técnica da *talking cure* como Freud a praticou nada mais faz além de substituir a violência alimentar. Pois é preciso que ela fale (e que fale de seu distúrbio da fala quando nem se queixa), mas não tem o direito de falar quando Freud acha que já falou bastante sobre o assunto (que era o da imobilidade imposta aos doentes internados): incitações, interrupções que uma vez provocaram sua raiva, pois ela se rebela contra a tirania da palavra.

Dizer mais seria arriscado, mas sem dúvida a violência oral mais do que qualquer outra está presente na transferência e na contratransferência. Pode-se falar de violência oral?

2. A gagueira de Xavier

É violência oral – origem da fixação sempre presente no que diz respeito a investimento da palavra? –, que gostaríamos de tecer comentários sobre o caso Xavier.

Trata-se de um menino de 12 anos, o mais velho de dois irmãos, inteligente, bom aluno em uma instituição religiosa onde a disciplina é rígida. Os pais se preocupavam com sua gagueira – muito tônica – porque ela o atrapalhava nas chamadas orais; eles pensaram em uma reeducação ortofônica, mas não se opuseram à psicoterapia uma vez que necessária. Pai e mãe formavam aparentemente um casal muito unido, levando uma vida totalmente regrada. O pai, homem discreto, sério, um tanto retraído, muito atento à educação dos filhos, deixava contudo muitas iniciativas nesse campo por conta da mãe, ex-professora que dedicava muita energia a essas tarefas.

No decorrer das primeiras entrevistas, mãe e filho voltaram-se um para o outro, ficando o pai afastado: gracejavam de um modo que devia ser o deles; severidade acentuada por parte da mãe, "cabeça dura" do filho e isso tudo com prazer partilhado. A fala da senhora X era rápida, clara e forte, Xavier gaguejava as réplicas, o rosto virado para o da mãe, cativado – parece – pela voz dela. A senhora X falava da ortografia "que não entrava na cabeça do menino", da gramática "que ele não queria engolir". A respeito de alimentação, ela disse que Xavier vomitara muito quando criança, e contou que as dificuldades se tornaram dramáticas quando da passagem aos alimentos sólidos: ele não queria "que enfiassem isso na boca", sendo "isso" a colher.

A psicoterapia começou com desenhos cujo motivo único eram peças de artilharia cuspindo fogo, e depois Xavier declarou que não queria mais desenhar, mas falar, pois era para isso que estava lá; foi o que fez ao contar que houve melhora no aproveitamento escolar devido à justa severidade de seus professores; depois trouxe tesouras, cola e papelão e se pôs a fazer meticulosamente, mas sem grande sucesso, sólidos regulares. No entanto, eventualmente, ocorria uma diminuição dessa provocação e então, falava daquilo que sabia me interessava. Foi assim que um dia contou que quando gaguejava era como se tivesse uma trave de madeira na garganta. A idéia, boa ou ruim, ocorreu-me de que essa trave era "isso" – o falo materno é óbvio.

Uma tentativa de falar com a mãe de uma pressão pedagógica que poderia ser amenizada provocou nela tamanho acesso de fúria e lágrimas que não insisti, convencido de que seria o fim da psicoterapia, da qual decidi fixar, na mesma ocasião, os limites.

No decorrer dos meses, a transferência se liberou um pouco da relação anal; sem que nada fosse dito, o pai passou a se preocupar mais com o filho, a gagueira atenuou-se sensivelmente. Como a família me parecia pouco receptiva, e Xavier raramente se submetera a um trabalho psicanalítico, talvez este não conviesse mais; deixei a psicoterapia findar com o ano escolar.

Essa observação, por mais insuficiente que pareça, fornece alguns indícios sobre uma possível fixação oral. Glauber (1958) afirma que as dificuldades alimentares são encontradas em todos os casos de gagueira e atribui isso a uma posição materna que faz da mãe "uma nutriz gaguejante" [1].

No caso da mãe de Xavier, ficamos espantados principalmente pela onipresença da fantasia 'introduzir à força', quer se tratasse de alimentação forçada ou de seus equivalentes metafóricos. Voz e fala pareciam igualmente investidas. A fala materna forte, nítida, perfeitamente articulada, abre caminho até a boca da criança e esta a 'bebe' ou 'vomita'; ela repele uma palavra mais fraca, e cria ao que tudo indica na zona oral uma situação de descarga impedida, e por conseguinte um ponto de fixação[2] que pode integrar-se a diferentes organizações sintomáticas.

---

[1] "As dificuldades alimentares estão quase sempre presentes no primeiro ano de vida da criança. Podemos identificar a origem na atitude hesitante ou particularmente ambivalente da mãe. Um exame aprofundado revela as características específicas da ambivalência: alternância de gestos de alimentação agressivos e interrupções súbitas, ambos acompanhados por ansiedade." (pp. 98-99).

[2] Talvez já instalado nas trocas pré-verbais nas quais se evidencia que a mãe pode, ou não, fazer jogos alternados.

Que a violência tenha sido oral não implica absolutamente que a gagueira seja um sintoma oral. Pode ser tanto anal quanto fálica conforme o investimento pulsional da fala, ou de acordo com o investimento secundário do espasmo tônico ou clônico. A bem da verdade, pode funcionar em qualquer neurose, atual ou de transferência. No caso de Xavier, a 'estrutura' parecia obsessiva, mas nem sempre é assim, e Fenichel engana-se, a nosso ver, ao fazer da gagueira uma manifestação exclusivamente anal: tanto pode ser oral como fálica e, nesse ponto, seria preciso lembrar que, diante da cabeça da Górgona, a rigidez paralítica é também uma recusa da castração?

Do que foi lavrado o ato[1]

Michel Mathieu

1. As relações entre o ato e a palavra em psicoterapia infantil

Conhecendo intimamente Laurène, filha de um médico psicanalista, soube deste caso. Quando tinha cerca de oito anos, o peito da mãe não parou de assombrá-la durante semanas, queria ver os seios, tocá-los, insistia, questionava, voltava à carga. Depois, diante de uma atitude de firme recusa parou de tocar no assunto. Como se tivesse esquecido, renunciado; ou melhor, como se algo nela estivesse sofrendo mutação, pois bruscamente um dia apresentou um desenho (fig.1) à mãe, e esta assustou-se em seu íntimo. Avaliem: uma criança na cama, segundo a versão de Laurène, estendendo os braços para o arco das cortinas. Segundo a versão do pai: a simbolização de um intenso desejo oral em um clima regressivo anterior à fala; regressão alimentada provavelmente pela presença nessa família de uma caçula de 15 meses despertando para o mundo balbuciante da linguagem. 'Seio inchado ou pênis ferido, essa massa vermelha no canto das cortinas? Frustração ou castração?' Ao que tudo indica, problemática interna à fase de latência que poderíamos formular esquematicamente assim: Laurène, com ciúmes da irmãzinha ainda não desmamada, sente a tentação de voltar ao seio, na beatitude tensa da inveja; rosto e braço estendidos em um mesmo esforço.

---

[1] Este texto é resultado de dois textos anteriores, levemente modificados: "Ensaio sobre as relações do ato e da fala", *Revue de neuropsychiatrie infantile*, nºs 5-6, 1975, e "Passagem ao ato e regressão", comunicação em Journées de l'Association Psychanalytique de France, dez. 1975, *Documents et Débats*, nº 12, 1976.

E que sofrimento, que inutilidade nesse esforço! O pé se ergue em ereção. Pois a menina não conhece, como o menino, o recalque radical da libido edipiana; ela reprime intensamente as tendências pré-genitais. É por isso que, do fundo da regressão, a genitalidade aflora simbolicamente no desenho de Laurène, por meio da ereção do braço e do pé. Talvez a identificação com um mais velho, primeiro da fratria, que já chegou à puberdade, tenha reanimado

Fig. 1

tal genitalidade; outro impulso viria do pai que recentemente a presenteou com os lápis de cor utilizados para o grafismo revelador. Mas a mancha vermelha (ou pelo menos sua forma, se pusermos entre parênteses o simbolismo da cor), nada mais é do que um pênis no fim das contas (do conto) castrado, a menos que aponte sensações vaginais recentes, silencioso nascimento para a feminilidade.

Em suma, o desenho de Laurène: imagem da identificação bissexual da fase de latência da menina, presa nas múltiplas malhas das pulsões pré-genitais e tentando desvencilhar-se pela criatividade artística, atividade motriz que ultrapassa dissimulações da linguagem.

Se o caso adquire para mim valor de observação científica, é por ilustrar dois fenômenos capitais no campo do desenvolvimento psicológico da criança, e no de sua abordagem metapsicológica – excetuando inclusive a questão da diferenciação entre os sexos. Dois fenômenos interligados. O primeiro é o impacto do ato na evolução geral da criança. Uma conflitualização pulsional foi resolvida em Laurène, sem o uso de palavras, pela simbolização de um desenho, resultado de um gesto motor. Uma estrutura inconsciente em estado de transtorno revelou-se de repente para além das palavras no movimento da mão. O desenhou cercou, consignou um certo distúrbio da linguagem e ao mesmo tempo o simbolizou. Quando os significantes lingüísticos verbais são ultrapassados, o desenvolvimento da criança só pode passar pelos atos – prova disso é o jogo, a escolaridade, os esportes: atividades em que a fantasia toma corpo; sem falar da época da adolescência quando o ser, vítima das dilacerações contraditórias da expressão verbal e da motora, oscila incessantemente da espontaneidade metafórica à espontaneidade corporal como o prova exemplarmente o fenômeno da criatividade artística.

O segundo ponto que gostaria de salientar objetiva minha reflexão. Quando volto ao desenho de Laurène, duas coisas de fato me surpreendem: primeiro, que a mãe não tenha correspondido aos seus apelos; tendo não só recusado ceder a um desejo de L., mas tendo literalmente encerrado o diálogo; e principalmente, que o desenho tenha sido inconscientemente dirigido ao pai, médico psicanalista, uma vez que foi feito no verso de uma de suas receitas. Assim, em um intenso processo de circulação dos afetos, uma criança de oito anos exprimiu uma estrutura complexa de desejos pela mediação da fala, e o sentido desta não lhe sendo devolvido, transpôs esse complexo em uma estrutura gráfica. Entendo que seria artificial fazer referência aqui a um processo de ordem transferencial. O que prova que a mutação de um inconsciente falado em um inconsciente escrito, e portanto agido, só se sustentou pela impossibilidade de as palavras da mãe alcançarem um sentido na criança. É que a natureza do desejo de Laurène era dupla: real e irreal, realizável e irrealizável: voltar ao seio da mãe e possuir um pênis como o pai. Pudesse a mãe de Laurène falar ou interpretar, a possessão do pênis pela criança teria de qualquer modo sido uma ilusão. Só restava ao imaginário inscrever a contenção do gesto na dramatização simbólica do desenho, ao lugar preciso e perturbador onde as pernas-cortinas se juntam para apontar a castração. A lei do pai, escrita no verso da receita, só podia ser a melhor garantia de tal transfiguração operada pela magia dos lápis de cor.

Aprendemos a falar em um emaranhado estreito e eternamente confuso da imagem e do som, com os movimentos do corpo que produzem e acompanham esse som. Às vezes porém não sabemos mais falar, não queremos mais falar. Então o ato libera todo o corpo, substitui a boca. Ele garante o dinamismo do ser. Com o desenho de Laurène estávamos nas origens. Observemos agora o que ocorre da dialética do ato e da palavra quando a transferência está no ápice da estiagem, quero dizer, canalizada, organizada, quando a técnica tem por objetivo fazer circular intencionalmente o reconhecimento do inconsciente. O caminho da linguagem está aqui totalmente desimpedido. E designo classicamente por transferência o processo segundo o qual um passado se atualiza, com seus desejos, seus objetos, no deslocamento para a pessoa do analista, e por extensão para o do psicoterapeuta. Repetição dos mais antigos acontecimentos infantis, vivida na diferença. Encenação do que foi esquecido, em um presente escandido por uma nova presença. Ao mesmo tempo a alavanca da rememoração do recalcado e principal obstáculo. Pois o que é transferido é da ordem da equivalência simbólica, e a essência do simbolismo é ser simultaneamente desconhecimento e reconhecimento. Daí a alternativa da rememoração e da repetição como experiência vivida, sendo a encenação da transferência também uma atuação. Daí a luta do dizer e do fazer. Revive-se, na transferência, para lembrar ou para não lembrar? Até onde pode a fala reinvestir os vestígios mnésicos, e quais os limites da tradução em linguagem consciente das lembranças recalcadas e dos afetos a ela ligados?

A hipótese que sustento, a partir da observação de Laurène, é a de que nas margens e nas falhas do texto falado do inconsciente, só o gesto pode surgir para preencher a fenda do desejo, só a realidade do movimento do corpo pode tranqüilizar o imaginário. Tomo como exemplo alguns trechos de psicoterapias infantis.

Diane, onze anos e meio, é uma pré-adolescente apresentada pelos pais como preguiçosa, distraída na escola, lenta e apática em casa. Acompanha mal os estudos – sempre pensando em outra coisa –, tem dificuldades mais específicas na escrita. Uma vez que os exames preliminares não evidenciam distúrbios instrumentais, proponho uma psicoterapia. Parece-me que o comportamento de Diane, tanto no plano da ineficiência escolar como no dos investimentos da vida cotidiana, indica de fato uma inibição neurótica. Ela desenhará regularmente em cada sessão, lentamente, para pouco comentar e associar. Traços fóbicos se evidenciam. Sua reivindicação fálica tem por alvo a imagem do irmão mais velho, por meio das metáforas de um barco, bicicleta, e enfim, o carro do pai, imagem ambígua, ao mesmo tempo paterna e materna. E certo dia desenha na folha em branco a prima e ela mesma, trepadas em uma árvore. Essa prima desempenha na vida real um papel tranqüilizador e a figuração gráfica retoma uma cena vivida. De fato, ela insite, no decorrer de suas associações, na folhagem dessa árvore, envolvendo em sombra verde e quente, representa bem a imagem de uma problemática bissexual: árvore erguida como um pênis, árvore protetora como uma matriz. O tratamento já começou há um ano e meio. Os investimentos do eu se desenvolvem, a imaturidade afetiva regride; a inibição cede aos poucos para só se fixar na fortaleza escolar. Alguns meses mais tarde, Diane falta a duas sessões consecutivas. É o momento decisivo quando relata o que aconteceu. Na primeira vez, fora convidada a comer na casa de uma amiga, depois foram a uma festa popular no Bois de Boulogne. Na segunda vez, "era uma vacina no ombro". Insiste na festa, na refeição: "comemos bem e nos divertimos muito", desenha a si mesma com a amiga na frente de máquinas distribuidoras de guloseimas. Diane cresceu, é a menina do vestido verde. Elas escolhem as guloseimas que custam 10 centavos. Estão satisfeitas. Quando mostro a Diane que ela preferiu a boa comida à injeção desagradável, porque esta última talvez esteja, em sua mente, ligada ao meu tratamento, ocorre uma mutação que de início só percebo intuitivamente. Nos meses subseqüentes, a inibição escolar diminui, a escrita se liberta. Diane apresentará nos últimos desenhos uma imagem mais serena de si mesma no seio da família: pai, mãe e irmão mais velho. Uma árvore a representará, tendo "perdido algo", mas com "belas folhas" no próprio despojamento. Depois um barco de casco verde, menor que o dos homens, menos rápido, e no entanto "tão belo quanto". Assim, duas ausências permitiram, em sua especificidade de atuação, a expressão de uma problemática bissexual elaborável no outro ato do desenho. Diane aceitou-se como uma menina sem pênis; o personagem verde de mãos cortadas transformou-se na possível árvore materna, e o barco pôde navegar na água de uma feminilidade aceita entre os mastros viris.

Françoise, catorze anos e meio, é ao contrário extremamente brilhante no plano escolar, mas sofre com pesadelos, angústias, tem relações muito difíceis com os pais e colegas, refugiando-se

Do que foi lavrado o ato

em manifestações desajustadas o enfezamento se alterna com o ataque de fúria. Os pais fazem psicanálise – a mãe há cerca de dois anos e o pai há três. Posso dizer que no início da psicoterapia de Françoise só trato de motivações truncadas: a adolescente quer mais tarde tornar-se psicanalista infantil. Hesitei longamente a iniciar o tratamento. De um modo geral, desde o primeiro desenho, trata-se do corpo sexuado, toda uma série de resistências se organizam em torno da sua representação, que tem por objetivo preencher, deslocar, recusar a angústia. Todo afeto heterossexual é impossível de ser integrado. Françoise agarra-se desesperadamente as suas pulsões homossexuais. O desenrolar das sessões é estranho: ela fala muito e ao mesmo tempo desenha, não só sem qualquer relação lógica entre o grafismo e o discurso, mas também sem que eu consiga ligar entre si as moções pulsionais nas quais ambos desembocam. Salvo exceção, é precisamente quando conseguirei primeiro captar, para apontar a seguir a falha entre o ato e a fala, preenchendo-a com o selo de uma significação desvendada e só então Françoise evoluirá. O primeiro momento situa-se quando Françoise aborda sua profunda relação com o irmão; alega nunca ter sentido ciúmes dele, mas fala de um pato de que gostava muito na infância e que um dia acabou "na laranja". Ao mesmo tempo cria três patinhos de massa de modelagem que coloca sobre um casal romântico que acaba de desenhar. Françoise também tem uma irmã, a mais velha da fratria. Portanto, consertou simbolicamente a fratria toda, isto é, o pênis do pai, objeto de violência no ventre da mãe. Posteriormente, os pais confirmam que ela "está melhor", "quase não grita mais à noite", "está mais calma de dia". O segundo momento é contemporâneo de um plano de mudança de escola. Françoise iria para uma classe mista. Até então, as pulsões heterossexuais podiam ser amordaçadas, só tinha amizade com meninas. Agora a angústia vem à tona. Estamos ao final do segundo ano de psicoterapia. Os pesadelos reaparecem, o sono chega cada vez mais tarde. Prudentemente estabeleço a ligação (pois os pais em análise, principalmente o pai, martelam em casa interpretações selvagens) ao fato de ela passar a freqüentar uma sala de aula mista. Responde que de fato: "Não tenho namoradinho" e desenha... um chapeuzinho vermelho levando um lobo domesticado pela coleira. Pelo menos é o que interpreto no meu íntimo, perguntando apenas no final da sessão: "É a tua versão do chapeuzinho vermelho?" Se olharmos bem esse lobo, não conseguimos dizer se ele possui dois pequenos seios ou um pênis; nessa última hipótese a caneta hidrográfica teria borrado um pouquinho abaixo. É que esse grafismo parece expressar ao mesmo tempo fantasias edipianas e pré-edipianas. Enquanto que o episódio com a massa de modelagem era da ordem do pré-genital, a genitalidade aflora discretamente aqui na ambigüidade fálica do lobo. Alguns meses depois: terceiro momento. As resistências tornam a aumentar. A partir de um sonho de tonalidade homossexual, comento com Françoise que há algo nela com relação aos meninos que ela não consegue me dizer. Ela então se lembra de que quando era pequena, deitava na cama do pai quando tinha pesadelos; e aliás quando o pai se ausentava por muito tempo, "cada um por sua vez ia na cama com mamãe; quando era meu irmão, eu temia que ele engravidasse mamãe". "Agora, quando estou no metrô com papai e meu irmão, e que vejo propaganda de absorventes íntimos..., parece-me que eles são tão indiscretos, que não deviam estar aí. " Em todo o caso, é este o ponto em que chegamos no tratamento!

Claude, onze anos, vem ao consultório por distúrbios escolares, graves no início, mas melhorados por uma recente estadia em um internato. Além do atraso intelectual há um atraso afetivo; uma enurese desencadeada pelo nascimento de um irmão menor e que há um ano persiste. Entre Claude e o recém-nascido se intercala uma irmã de cinco anos, em tratamento com uma fonaudióloga. Ao começar a psicoterapia, estou bastante embaraçado com a defasagem existente entre sua maturidade fisiológica e sua imaturidade afetiva. Ele tem muita dificuldade em verbalizar, e os desenhos que me apresenta durante meses são regressivos, praticamente não evoluem. Estamos estagnados. Pouco se pode esperar dos pais: pai inacessível em sua estrutura paranóica, mãe fóbica. Uma contratransferência negativa acabando aliás por afastá-los de mim na medida em que morando em um reboque, eles representam aos meus olhos o que os meus próprios pais mais desprezavam acima de tudo: "os que acampam", "os nômades", "os ciganos", os que vivem em 'carros-reboques'. Finalmente consigo me controlar quando de uma explosão de agressividade de Claude contra o pai. A mãe, depressiva, pensando em suicídio, vem me consultar com urgência: não suporta mais o filho, quer interná-lo de novo. Com a proximidade das férias, chega-se a um meio-termo; Claude ficará com os pais até as férias, e eu assinarei um termo de responsabilidade para uma colônia especial. Do que foi lavrado o ato. Ao mesmo tempo, nas duas últimas sessões substituo o desenho por jogos com fantoches. No início das aulas, a psicoterapia ingressa em uma nova fase, simbólica, rica e evolutiva. O menino acabou não indo para a colônia de férias, mas dividiu os meses de julho e agosto entre uma sociedade beneficente encarregada de cuidar de jovens e uma viagem com os pais. Soube que a família vai alugar um apartamento. Os fantoches continuam dando vida às fantasias de Claude. Na minha opinião está amadurecendo.

É por não ter reconhecido o valor estruturador do ato no desenvolvimento psicológico da criança que talvez eu tenha deixado Claude estagnar por longos meses antes de ajudá-lo a realizar suas fantasias. A partir de uma situação de crise cuja violência tinha forçado os pais, por um mecanismo de deslocamento fora da relação transferencial, pude compreender que me deparei com uma motricidade que permanecia não empregada, uma corporeidade negada (é verdade que de início pensei em aconselhar o psicodrama). Então, minha própria atuação, ainda defensiva no que diz respeito ao diploma médico, mas elaborado em minha proposta de brincar com marionetes – por eu partilhar ativamente de afetos que o desenho trancava em solidão, minha própria passagem ao ato desencadeou a evolução da criança. Para Diane, foi o impacto de duas ausências que permitiu concluir o trabalho psicoterápico, pela possibilidade que elas ofereceram de 'dialetizar' na interpretação da transferência as relações entre o dizer e o fazer. Quanto à clivagem em Françoise, entre o ato do desenho e a fala, entre o que sai da boca e o que passa pela mão, ela logo fez parte da essência da transferência; quando de uma ou outra maneira pude apontar a ambiguidade, provoquei uma mutação. Poderia multiplicar os exemplos. Eric, nove anos, diabético de estrutura regressiva, só consegue começar o tratamento se protegido pela presença da avó. Vincent, pré-psicótico de sete anos, se aproxima de mim oferecendo balas que comemos juntos. Nadine, oito anos, 'em estado de abandono' e realmente abandonada por pais destituídos, estagna por muitas semanas antes que eu entenda que preciso ativar o engate da transferência: com massa de modelar fabrico "um senhor e uma garotinha sentados frente a frente", e pergunto: "que acontece agora?". A criança consegue então abordar fantasias que um ano depois, em uma brincadeira, levam-na a me dar um par de binóculos. Philippe, dez anos, imaturo, identificado histericamente com os distúrbios cardíacos da mãe só começa a falar depois que eu mesmo tenha desenhado uma história. Que fique claro: a passagem pelo ato na psicoterapia infantil não é uma simples organização técnica. Sua utilidade é essencial para que o ato participe da essência do desenvolvimento psicológico. Note-se de passagem sua dupla necessidade: que seja partilhado com o terapeuta em um símbolo que os una, e que seja específico na resistência que deve desbloquear. Quando deve possuir essa última característica e como (marionetes, desenho, massa de modelar, recorte, pintura, jogos de construção, etc), é o que cabe à contratransferência perceber. Finalmente, é a fala que sairá ganhando também graças à paciência. Penso em Fabienne, linda adolescente de 16 anos, que atualmente hesita em iniciar uma relação terapêutica comigo por ignorar tudo a respeito de seu pai, que foi embora antes de seu nascimento, e que de fato, em sua relação fusional agressiva com uma mãe solteira, eu introduzo como uma terceira pessoa simbólica tão desconhecida quanto, e por ora incômoda. Ao cabo de três sessões, Fabienne afirma que prefere vir em resposta ao pedido, colocando em evidência nos joelhos um fichário de escola no qual está gravado "Help". Evito demonstrar que vi seu pedido de socorro, e que onde a sua fala hesita em se comprometer, sua motilidade está pronta. Aguardo. Submeto-me tanto quanto um outro às metamorfoses estranhas, maravilhosas e inquietadoras da contratransferência. Mas é justamente a respeito de casos como o de Fabienne que me pergunto se a decisão da responsabilidade psicoterápica não é por vezes uma passagem ao ato, e assim precipitada demais. Há psicanálises que se iniciam como aventuras desenfreadas. É que o valor estrutural do ato no adulto é mais complexo do que na criança ou adolescente. O gesto pode tornar-se irremediável. O problema a meu ver, situa-se aliás, no plano da conceituação teórica e técnica do ato na transferência. Há uma forte tendência a se privilegiar seu aspecto defensivo, impulsivo de atualização em detrimento de seu aspecto motor integrativo. Se, por um lado, para mim é relativamente simples desenvolver o lugar da atividade muscular, na psicoterapia da criança, como suporte e desabrochar do simbolismo, no adulto é diferente. Existem, por certo, métodos em que deliberadamente esse ponto de vista é adotado em graus diversos: a psicoterapia frente a frente, a dinâmica de grupo, o psicodrama. Algo da ordem da motricidade, da troca gestual, introduz-se, vibra, organiza mutações às quais a fala plena e nua não saberia levar. É, esquematicamente, o campo de tratamento dos doentes não acessíveis à cura típica, o da formação psicológica, o da abordagem temível dos psicóticos. Pode-se lamentar, contudo, que essas técnicas não sejam reconhecidas conforme os casos, a não ser como paliativos, evitações.

    Não sei se a salvação está em uma ideologia do reconhecimento do inconsciente que investe preferencialmente a verbalização. O que sei é que no caminho da psicanálise do adulto, o ato é uma parada obrigatória, às vezes um descanso e uma força, quase sempre uma etapa do significado. E esclareço sobre a ambigüidade acima assinalada: não apenas a própria transferência é 'encenação'[1] de fantasias e desejos inconscientes, e, de fato, o seu desenrolar apenas se sustenta em uma dialética inevitável, embora descontínua, entre o ato e a lembrança; além disso, na noção de ato, mesclam-se e até se confundem dois registros: o da atualização e o da motricidade. Se a transferência apóia sua autenticidade na rememoração (e não na atualização repetitiva) do passado, no retorno ao significado da fala, isso só pode acontecer por uma lado; a outra parte de sua autenticidade diz respeito ao retorno aceito do gesto como encarnação do verbo. O que mostrei por meio do exemplo da psicoterapia da criança e do adolescente também é identificável no tratamento psicanalítico do adulto.

Evidência de ordem geral, tanto a importância do ato como substituta da palavra não é uma descoberta; uma ausência, um atraso (ou um adiantamento) de pagamento, uma ligação amorosa, um acidente de carro, uma doença, são também movimentos pulsionais por onde o sentido pode advir. O agir não é apenas gratificação ou defesa; para além de sua busca de cumplicidade ou de ostracismo, torna-se representação. A psicanálise está ancorada na linguagem, mas todo o seu processo investe uma experiência de comunicação que transcende a exclusiva capacidade simbólica das palavras. Para atravessar o campo do discurso, a mutação deve, às vezes, operar por intermédio do corpo.

Direi inclusive que é obrigada inevitavelmente a isso, pois a fala tem ela própria valor de ato motor, fala como um gesto tanto quanto uma gesta. A fonação assenta-se em bases pulsionais. Há os sons melosos do erotismo oral, a palatização que reinveste os movimentos bucais da sucção. Há as oclusivas, as explosivas da agressividade anal; há as inundações da pulsação uretral; há os sons eréteis da genitalidade. Há em que cada frase de um discurso, às vezes em cada palavra, a articulação elocutória de todas as pulsões. Assim, nessa perspectiva, a literatura, o teatro, o canto podem ser entendidos. Assim, sabemos que na criança a evolução fonética é paralela à pulsional, tanto nos progressos como nos

---

1. Em francês *mise en acte*. (N.T.)

avatares. Assim, devemos reencontrar na cura tais fenômenos, realçados por Fónagy (1970-1971). Limitar-se ao significado do dito não basta; é necessário entender o dito do significado. Pois a palavra vinda do divã veicula extraordinário emaranhado de significados. A palavra ainda diz algo por trás da aparência primeira do discurso: é a comunicação global de uma fantasmática. Em outro nível, em que a palavra é levada ao pé da letra, a suas letras e não mais ao seu espírito, o que aparece é uma comunicação diferente: a do ato fonador com seus componentes pulsionais desdobrados. Falar com o psicanalista supõe intenções diversas, conscientes ou não, por parte do paciente, e o mínimo que podemos dizer é que elas circulam por todo o campo da intersubjetividade. É possível, pelo menos teoricamente, conceber toda a relação transferencial a partir desse modelo, e nada leva a acreditar que os três sistemas de significações que o subtendem sejam sempre claramente discerníveis e obrigatoriamente dirigidos para a mesma meta. Um discurso pode expressar: 1) uma lembrança ou uma fantasia, colocando em cena material oral; 2) uma intenção de controle anal da situação; 3) com palavras reinvestindo a pulsão parcial uretral; tomando só um exemplo arbitrário e esquemático apenas no campo da tópica. Na verdade, essas três estruturas transferenciais de comunicação trocam e combinam seus significados em de todas as instâncias da metapsicologia: tópica, dinâmica, econômica; e o mais das vezes o psicanalista só consegue captar fragmentos compreensíveis ao seu paciente. E é no plano do ato fonador que é mais díficil situar-se, pois se a linguagem for estruturada como o inconsciente, ela não se preocupa, no divã, de deixar adivinhar por intermédio de jaculações, vocalizações, palatizações, etc. suas origens corporais.

Robert, durante longos meses em seu segundo ano de psicanálise, elaborou na transferência sua problemática homossexual inconsciente em um verdadeiro drama em que a linguagem encarnava, no sentido mais arcaico, a violência e a dor dos afetos, enquanto o corpo imitava as agonias de um coito anal que também era um parto imaginário. A sua fala, que voltou aos mais remotos balbucios, gemidos (espedaçamento do grito), escandia-se em horror voluptuoso. O restabelecimento de um discurso coerente permitiu uma retomada da elaboração em uma conflitualização mais generalizada.

Olivier, em seu terceiro ano de psicoterapia frente a frente, cala-se: agressividade, certamente, e mais profundamente necessidade de estar presente comigo em um clima regressivo anterior à linguagem, nostalgia do invólucro materno perdido; silêncio que contrai os maxilares, e que em outros momentos mergulha Olivier em uma espécie de adormecimento de beatitude; quase invariavelmente, duas palavras começam uma frase curta: "de fato...", e a sessão acaba; ouço: "em festa...". Olivier sairá do silêncio após ter lembrado, em uma singular mistura de registros pulsionais, que na infância, quando os pais estavam reunidos à mesa com tio e tia, não tinha o direito de falar com eles; tinha apenas o direito de comer. Era uma festa deixar esse inferno.

Jean, cerca de 30 anos, professor de ginástica e judoca, procura-me, após uma consulta de aconselhamento conjugal para deixar de ser impotente com a mulher. Casado há cerca de dez anos, sofre de distúrbios complexos do desejo sexual: ora ejaculação precoce, ora medo até da penetração. Em suma, pouquíssimos coitos desde o casamento, busca de uma impossível lua-de-mel na periferia dos prazeres preliminares; ou o amor, capital da dor. Não levo em conta a masturbação. Jean apresenta enfim escoamentos vesicais e não sabe se ocorrem devido a um mau controle esfincteriano ou a uma secreção prostática exagerada, e "escoamentos sinusianos" que atribui a "no mínimo uma asma". Jean consultou em vão muitos psiquiatras, psicoterapeutas, médicos homeopatas antes de vir consultar-me. Optou por aceitar meu tratamento, primeiro porque eu conheço bem a conselheira conjugal que me recomendou a ele: dessa forma ele recompõe um casal parental que, aliás, representará nos primeiros passos da transferência; e principalmente porque apontarei de imediato o caráter criador de sua personalidade: escreve contos de ficção científica (sensibilidade contratransferencial oriunda de minha própria atividade literária, que se comprovará lucrativa a seguir, uma vez que permitirá salientar o talento de Jean à luz de uma temática bissexual: escrever, parir como a mãe, fazer um filho anal ao pai). O judoca inicia portanto a psicoterapia frente a frente, fala de sua única irmã, mais velha do que ele, e das brincadeiras sexuais da infância; do pai morto de um câncer das vias urinárias; de uma cena primitiva pega de surpresa quando tinha 15 anos; da casa natal que não tinha banheira nem chuveiro, sendo a cozinha o único lugar para as abluções; fala-me de sua outra atividade criadora: a fotografia, obviamente.

Logo Jean percebe que não pode mais investir seu tratamento como lugar de um desejo fechado na realização sexual do casal, mas que este é o caso apenas nas profundezas de seu inconsciente. Aceita, então, vir três vezes por semana e deitar no divã. Instala-se com entusiasmo na transferência, imaginando, associando livremente. Sua fala me submerge com uma fantasmatização 'espumosa' em que o assunto são filmes, mitologias, história da França, pintura. Ele estrutura imaginariamente o espaço de meu consultório decorando-o com afrescos de Michelângelo, menos atrás dele, onde estou. Girando a temática de seu discurso em torno da problemática sádico-anal, observo que o único lugar em que não identifico espaço é o que ocupo. Ele admite, mas na sessão seguinte informa que foi rever a conselheira conjugal, e no final da semana me manda um telegrama pedindo-me para mandar com urgência um atestado médico, e assim, justificar sua psicanálise para a mulher. Não respondo. Passado o fim de semana, enquanto manifesta imediatamente sua agressividade diante de pessoas em geral grosseiras, descorteses, em suma digo: "Recebi seu telegrama domingo e não respondi. Do ponto de vista das convenções sociais isso pode ser de fato uma grosseria, sinal de má educação. Mas do ponto de vista da sua psicanálise, e mesmo sem querer esgotar todos os sentidos possíveis do telegrama, podemos nos questionar também sobre as características de seu pedido: a urgência, o desejo de sua mulher, a autenticação de seu procedimento com um certificado".

Em Jean, a passagem ao ato pela escrita recobria, na verdade, múltiplos sentidos. Primeiro, evitava que um desejo me fosse manifestado pela fala, na minha presença, e o colocava em um plano em que precisamente era sentido como engajado – extraordinária intuição do inconsciente! – A seguir, colocava em questão o profundo investimento da psicanálise de Jean. Revelava enfim, com seu jogo de resistência, um dos valores significativos da fala à qual se substituía: um valor de ato. E eu não levara em conta essa realidade fonatória. Sem dúvida, pareceu-me que o discurso de Jean era verboso, invasor, sem pausas; frases sucedendo-se a frases com conjunções arrastadas, idéias sucedendo-se, música desenfreada do inconsciente. As palavras me submergiam, queriam afogar-me. Um dia, Jean me enviara um telegrama, e esse fato autorizava uma interpretação: que sua falta fora transmitida por um sistema de canos, que ela era a metáfora desse jato. Assim, na sessão seguinte, como o volume diminuiu, entrecortado por curtos silêncios, Jean disse que queria que a psicanálise fosse para ele e não para o casal; falou de suas micções e relacionou-as com sua fala-dilúvio. Lembrou-se da irmã mandando-lhe um jato de saliva na boca quando ela tinha uns dez ou onze anos e ele uns três ou quatro.

Passaram-se alguns meses. O volume dircursivo de Jean conserva sua modificação, é menos difuso, mais tônico. É principalmente, após a passagem ao ato de mandar o telegrama, mais compreensível para mim. Tal jaculação carrega na verdade a marca de um ritmo que podemos qualificar de uretral, evocando muito mais as contrações estáveis da musculatura vesical do que as contrações sincopadas da ejaculação. Nisso a verbalização de Jean representa na transferência o mecanismo profundo da ejaculacão precoce: desejo inconsciente de molhar a mãe. Um dos mecanismos mais exatamente, pois o vagalhão verbal com o qual Jean me inunda não deixa de remeter também, por um movimento de identificação com o agressor, ao jato de saliva da irmã, e aos banhos incessantes dados pela mãe na infância, quer dizer, às raízes pulsionais orais da ejaculacão precoce. Embora

Jean ainda tenha a percorrer um longo caminho para chegar ao término da integração dos componentes 'parciais' de sua sexualidade genital, uma etapa transferencial crucial foi ultrapassada no que diz respeito ao agir no caso do telegrama. No fundo, exigiu que eu mandasse um atestado médico à mulher, e assim repetisse na contratransferência, na pessoa desta última, e ao agir pela escrita, a fantasia organizadora da relação com a mãe: molhá-la com um jato de saliva, com um jato de urina.

Há uma evolução psicofisiológica da motricidade no decorrer das várias posições ocupadas pelo eu em seu desenvolvimento. Edifica-se uma organização que integra cada vez mais a motricidade intencional e refletida em uma hierarquia funcional; ao mesmo tempo e inversamente, a motricidade difusa e impulsiva perde terreno. Ao passo que de início, e por um longo período, o gesto se inscreve em uma posição oral caracterizada por uma situação de dependência biológica e pela necessidade absoluta de descarga imediata e maciça do afeto, a possibilidade de diferir a ação, contemporânea da erotização da rentenção anal e uretral, abrirá progressivamente o caminho do controle motor das pulsões. Mais tarde, a motricidade marcará a atividade sexual; ao atravessar o estágio genital edipiano, marca indelével e eternamente ambígua, uma vez que o recalque é aqui a outra face da realização. Dessa forma, as produções fantasmáticas, representantes das pulsões, terão a possibilidade de uma dupla saída: a do ato voluntário e consciente, a da *reverie* imaginária. Evolução na realidade ideal, alternativa truncada para sempre nos dois sentidos. Da mesma forma que os cenários, os mais imaginários do inconsciente, não podem ser levados para a cena do reconhecimento, da mesma forma uma certa atividade periférica motora jamais ocupa espaço no edifício do sistema neurônico.

Minha primeira pergunta foi: em que se transforma o ato, o que determina o ato assim concebido na transferência? Caso fosse fácil dar uma resposta no que diz respeito à psicoterapia da criança, ela se tornaria menos evidente no quadro do tratamento psicanalítico. A problemática complexa da noção de passar ao ato é aqui uma séria hipoteca. Entendo que nenhuma cura possa desenvolver-se no simbolismo exclusivo da fala, e que o sentido do imaginário advenha inevitavelmente neste ou naquele momento da transferência, pelo ato: a motricidade do corpo é uma evidência incontestável. Mas trata-se apenas de uma convicção implícita oriunda da experiência, e conviria garantir solidamente suas bases conceituais.

A fala integra-se em um esquema psicomotor, pelos movimentos dos músculos mastigadores, língua, laringe, diafragma. Existem vozes de falsete, existem palavras que vêm das entranhas. Falar é um ato que transporta fantasia, e, enquanto tal, esse ato inscreve-se, entranha-se na evolução pulsional. O mais antigo mecanismo do mundo interior funciona conforme o princípio prazer-desprazer, segundo a modalidade oral: engolir-cuspir no plano corporal, introjetar-projetar no plano da fantasmatização. Falar funciona originariamente da mesma forma. O ar entra e sai pela boca, e estamos no direito de declarar que é nesse apoio que sustenta a equivalência simbólica das palavras aos alimentos, e depois às substâncias corporais excrementícias: fezes e urina, enfim, ao esperma. Introjeção-projeção: duplo movimento precursor da alternativa: identificação secundária-recalque à qual a fala não escapa. Pois não é apenas pelo conteúdo do sentido das palavras e frases que o discurso no tratamento resiste à transferência ou fica fascinado, é também pela realidade do ato fonador que instaura esse sentido. Há um ato de fala, a ser identificado ao nível das qualidades motoras da voz: volume, tecitura, articulação.

Portanto, se a voz veicula a gesta fantasmática, é por encarnar o gesto do corpo em que se inscreve a pulsão. Mas não passa de um primeiro momento. É preciso ir além. A palavra permanece articulada à coisa, e a coisa fala antes do homem, o corpo fala antes do sentido, isto é, mexe-se, age, brinca. Toda instância pulsional mescla o sentido do dito ao dito do sentido. Essas verdades do ser, que eu sentia na prática da psicoterapia, e que toda a psicologia genética pressente, não seria precisamente no campo da regressão que conseguiriam ser mais claramente formuladas, ou pelo menos mais intensamente? É o que penso.

2. Passagem ao ato e regressão

Existe em Freud essa espantosa intercorrelação: transferência-agir, transferência-regressão. Por um lado, a transferência é uma atuação de fantasias e desejos inconscientes, isto é *agieren*. Em *Remémoration, répétition et élaboration,* no qual sem dúvida está especificado que agir é uma maneira de lembrar o golpe da compulsão para repetição, a própria transferência é reduzida a "um fragmento de repetição". Por outro lado, a transferência tem relação com a repressão, quer consideremos a situação análitica como introdutória – estado de sobrepercepção e de submotricidade – quer nos remetamos ao avatar paradigmático da regressão: o sonho, caminho glorioso para a cura. De qualquer modo, a situação transferencial, como projeção da cena psíquica, é o espaço que se abre ao mesmo tempo para o sonho e para a passagem ao ato.

O que dizer desse espaço da regressão? Posso decifrá-lo de fato a partir do modelo conceitual dado em *Die traumdeutung*, a saber conforme os eixos tópico, temporal (genético) e formal? Na medida em que no sono os pensamentos têm acesso proibido à motilidade e retornam ao sistema percepção-alucinação, o sonho é uma regressão tópica. A memória também, embora menos total, menos profunda. Enquanto que a passagem ao ato é exatamente o contrário, e por assim dizer uma recusa. Na certa, trata-se aqui da primeira tópica, concebida conforme um modelo físico-biológico, mais especificamente ótico. Só mais tarde aparece o novo modelo, antropomórfico. Nessa segunda tópica, ego, id e superego são apresentados em termos de relações interpessoais, o que oferece a vantagem de levar melhor em consideração o ponto de vista dinâmico, a saber, o conflito psíquico e o recalque. O sonho é também uma regressão, conforme a segunda tópica, mas, no que se refere ao *acting out*, a resposta se torna mais delicada. É preciso observar no entanto que, mesmo no sonho, a motilidade pode tornar-se efração, conforme prova a possibilidade de agitação, gritos, despertar, e até de 'somatização' passageira residual, e também a existência de atos falhos ou verdadeiras passagens ao ato substituindo-o; também é prova disso a necessidade para o sonhador de acompanhar o relato onírico com um gestual do espaço.

Consideremos agora a dimensão temporal da regressão, que ocorreu em Freud entre 1914 e 1917. Devem ser notadas diferenças, conforme se considera: 1) a volta da libido aos primeiros objetos; 2) a volta a uma fase de organização anterior; 3) a volta a mecanismos de evolução do ego (identificação, projeção...). Assim, classicamente, a neurose histérica não passa de uma regressão aos primeiros objetos sexuais incestuosos, ao passo que na neurose obsessiva se acrescenta e a essa regressão quanto ao objeto, uma regressão quanto ao estágio, aqui sádico-anal principalmente. Poderíamos encontrar no cap. IX da *Psychopathologie de la vie quotidienne* (1901), um exemplo do terceiro tipo de regressão genética. Ao analisar os atos falhos na terapia, Freud procura explicar porque uma paciente rasgou em dois pedaços uma nota de 100 florins; encontra no material clínico dados que permitem esclarecer o mistério, mas acrescenta incidentemente: "o que torna esta explicação absolutamente verossímil é que foi justamente na véspera, à noite, que lhe (a paciente) falei das ações acidentais e sintomáticas. Ela aproveitou a primeira oportunidade para produzir algo análogo". No ponto em que Freud se encontra quanto à compreensão da transferência, não pode ir além. Devemos apreender agora, sem prejulgar dos pontos de vista quanto ao objeto e quanto ao estágio, um mecanismo de identificação atuado regressivamente.

A regressão formal, enfim, consiste em uma volta a modos de expressão arcaicos, ou seja, de um nível inferior de complexidade, diferenciação e estrutura. Essa noção é ao mesmo tempo simples e confusa. Para Laplanche e Pontalis (1967), há diferentes maneiras de compreendê-la: por um lado poderia tratar-se de um fenômeno de volta do processo secundário ao processo primário, – mas então recaímos em um registro tópico e genético (entre parênteses, facilmente eu tenderia em situar como regressão formal, assim entendida, o mecanismo da comunicação paradoxal). Por outro lado, poderia tratar-se de uma desestruturação de tipo jacksoniano, e nesse caso a volta para trás não se faria para uma etapa libidinal, mas pendendo para uma função ou estrutura anteriores; o que estaria dessa forma em jogo é o lugar da pulsão, como vemos em certos conceitos de Winnicott.

A importância descritiva da noção de regressão formal de qualquer forma salta à vista no que se refere ao agir. Com relação à fala, é óbvio que o agir se situa arcaicamente, em suas variantes extralingüísticas (atos), infralingüísticas (mímicas, posturas) e fonéticas (modos de ampliação da voz). No entanto, surge uma dificuldade: é a extensão desse campo de expressão, para não dizer de comunicação. Se, por um lado, um grito, um murmúrio, prantos são sinais regressivos do agir, por outro, como observa Greenacre (1970), trata-se com freqüência de uma compulsão que impele a reproduzir "uma experiência global ou todo um episódio (do passado) em vez de escolher um fragmento representativo do todo"; há um aspecto organizado da passagem ao ato.

Vemos pois que as características essenciais da passagem ao ato que são, para Freud, a noção de deslocamento da descarga pulsional, e para Greenacre a de organização e de dramatização, articulam-se com o conceito de regressão, mas com múltiplos matizes. Às perspectivas tópica, genética e formal, não se deve deixar de acrescentar o ponto de vista econômico. A meta da atividade psíquica está em tentar controlar quantidades de excitação para impedir o desprazer oriundo de sua estagnação. Na passagem ao ato ocorre um movimento de certa forma circular entre o refluxo da libido para os objetos, caprichos, representações imaginárias prestes a serem reinvestidas, e sua irrupção, sua descarga por meio de gesto, voz, e até palavra; como um retorno de chamas reacende o braseiro, como uma onda desencadeia uma água estagnada. E é o jogo da transferência e da contratransferência que mobiliza essas massas, esses jorros.

Um paciente vem fazer uma psicanálise, aconselhado por alguém da família que me foi anteriormente encaminhada por um colega. No decorrer das entrevistas preliminares, espanta-se de que eu não lhe proponha o mesmo preço. Mantenho o preço, inferior aliás. Esse paciente é médico que trabalha exclusivamente em um hospital, mas levou em consideração o dinheiro da mullher, também médica, para avaliar o preço do tratamento. Honesto e escrupuloso, mostra-se deferente ao me entregar um envelope com o pagamento. Dois anos se passaram: ao voltar das férias, no final de um mês, disse-me que, como o custo de vida subira, passaria a pagar mais. Recuso essa precipitação, argumentando que de fato pensara nisso, mas que prefiro esperar, determinando uma data para os novos honorários. É então obrigado a retirar do envelope o excedente que decidira dar-me antecipadamente. No decorrer da sessão seguinte, compreendo que ele se 'aumentara' para uma tarifa intermediária entre a anterior e a atual – e essa tarifa é aliás a que desejava de início (mas por identificação com sua parente). A seguir, as suas associações o levam a falar do desejo pela mãe na infância, mas também de sua vida adulta, profissional e conjugal. "Uma mãe gasta sem olhar" disse, e concluiu acrescentando que se sente comigo como com ela. Como ele acrescenta que nem sempre sabe diferenciar esse desejo do próprio, opto, não por enfatizar esse aspecto da transferência, mas por desvendar o inverso complementar. Respondo-lhe que, por intermédio dessa transação financeira, ele também desempenhou o papel da mãe dele e fez com que eu desempenhasse o dele, de criança, querendo que eu sentisse o que é ser submetido ao desejo do outro.

Acredito que seu *acting out* expressava aqui, por deslocamento, um movimento de identificação regressiva com a mãe, ao mesmo tempo em que continha um movimento de volta a uma relação erótica anal, uma vez que se tratava de um 'paciente-filho' dando o 'dinheiro-fezes' à 'analista-mãe'. Mas não me parecia propício apontar tal aspecto da transferência, porque afastada ou próxima demais do consciente. Talvez, precisamente por ser importante respeitar a passagem ao ato em seu papel de distanciamento. Esse paciente me falou então do ataque a sua liberdade, e lembrou-se de um episódio da vida do pai: este, prisioneiro de guerra evadido, refugiou-se em uma igreja e quase foi denunciado por uma mulher, e salvo por outra que impôs *in extremis* silêncio à primeira. O pai, sentado em um banco de igreja, alvo de um desejo de traição e de um desejo de liberdade.

Gostaria de relatar outro momento dessa análise. Enquanto, logo no início da terapia, o paciente falou de um sonho cujo conteúdo escrito ao acordar leu deitado no divã, foi preciso esperar um longo momento antes que ele retomasse esse caminho. Foi justamente antes da passagem ao ato de que falei, e aqui apresento o que entendi. Em uma primeira abordagem, ao interpretar o medo que sentia de me contar seus sonhos, com receio de ser roubado de sua mais preciosa substância, ele reencontrou o seguinte fragmento: vai de bar em bar, bêbado, cambaleando em uma estreita rua de paralelepípedos, com a idéia confusa de matar alguém. O alcoolismo está inscrito em seu passado por intermédio de um parente distante. O que antes de mais nada o espanta é a tonalidade exibicionista desse sonho, e por associações chega à lembrança de uma cena contada pelo pai: um homem exibindo o pênis em um zoológico e oferecendo-o para ser lambido por um lhama através de um buraco na grade. Daí minha hipótese de que o sonho era para ele como um pênis. E ele retoma o sonho do início da análise, justamente um sonho de exibição, durante uma refeição quando era residente. Completei a interpretação no seguinte sentido: "o sonho é seu pênis e eu me torno a boca do lhama. Referir-se a um texto escrito abole portanto o perigo de ..." e ele especificou: "de mordida".

Ainda não sei como se articulam exatamente, na problemática do sujeito, esses dois atos principais, em que a regressão operante, atrás de uma aparente rivalidade edipiana, tinha por objetivo os mais arcaicos registros da castração oral e anal, sem que obviamente apenas a fala conseguisse assumir sozinha a expressão transferencial. (Deveria também questionar-me sobre minha contratansferência inevitavelmente desencadeada a respeito da utilização dos sonhos, uma vez que Freud anotara cuidadosamente os seus, como eu havia esquecido de fazer.) No momento em que o paciente diz ser o "desejo da mãe em ação", ele retoma com elação o velho sonho de dar a volta ao mundo, camaradagem iniciática que reencontra os perigos vizinhos de uma promoção profissional, e identifica algo da ordem da transgressão, mas mais ainda como algo da ordem do que falta. Pois ir de bar em bar não é apenas ir de mulher em mulher incestuosa, mas de mãe nutriz em mãe nutriz, não apenas de erro em erro, mas também de falta em falta (no sentido da falta fundamental).

Para Rosenfeld (1969), o *acting out* é mais do que inevitável, "ele constitui, na verdade, um elemento essencial para toda análise eficaz". É quando, transbordando da transferência, invade todas as demais atividades e relações do sujeito, que se mostra excessivo e perigoso. Não consideremos a palavra "eficaz", que talvez demonstre fidelidade a uma ideologia ativista da análise. Basta apoiarmo-nos, como Rosenfeld, nas teses kleinianas da relação de objeto precoce. Sustenta que a passagem ao ato, quer parcial ou total, remete às angústias e aos mecanismos, os mais arcaicos, sobre os quais se assenta a constituição do eu: dessa forma, o paciente se desvia do analista da mesma forma como tentou fazê-lo em relação ao seu primeiro objeto, o seio, e mais exatamente ele o vive repetidamente, seja como boa, seja como má imagem. Trata-se de uma regressão ao estágio paranóide-esquizóide do desenvolvimento, incluindo as defesas consecutivas contra a elaboração da posição depressiva. A frustração da situação analítica é que induz tal fenômeno; mas também o fato de que a clivagem pôde ser geneticamente profunda demais entre um mau seio e um seio muito idealizado: nessas condições, nenhuma introjeção de um objeto amado pôde constituir-se solidamente, e a angústia persecutória está sempre a ponto de se apoderar novamente, para deteriorá-la. No tratamento, o resultado final depende da capacidade do sujeito em introjetar o analista de maneira estável enquanto bom objeto, e a transferir e projetar os sentimentos positivos em atividades externas e objetos secundários com o mínimo de hostilidade para com o analista, que ocupa o lugar do objeto primário.

O risco de tamanha regressão é maior, acrescenta o autor, quando o analista conseguiu mobilizar sentimentos de transferência positiva. O paciente então percebe que seus investimentos externos dependem de ele ter-se desviado de maneira hostil do objeto primário; sente culpa porque o que faz fora do tratamento, endossa sua independência hostil com relação ao analista. Esses sentimentos de culpabilidade contêm angústias depressivas e angústias persecutórias. Se, conclui Rosenfeld, as angústias depressivas são mais fortes, a reparação se inicia e temos diante de nós apenas um *acting out* parcial; se, pelo contrário, são as angústias persecutórias que dominam, a reparação fracassa e o *acting out* se intensifica. Produz-se, então, ou uma fuga da análise ou um abandono por parte do sujeito de todas as suas atividades e um corportamento de criancinha dependente implorando conselhos e segurança. O sujeito, nesse caso, procura tranqüilizar o analista vivenciado como hostil com um pedido de amor que tem por objetivo arrastá-lo em um contra-*acting* 'amigável'.

Escolherei, para ilustrar essa tese kleiniana, o caso de um paciente que, depois de várias entrevistas preliminares, decidi colocar no divã duas vezes por semana. A partir da primeira sessão a angústia foi tamanha que sentiu necessidade de fumar no divã. Por ser desajeitado, não teve sucesso, e, quando conseguiu, a culpabilidade veio à tona. Falei-lhe dessa dificuldade terrível de estar nas condições da análise: deitado, impedido de comunicar-se pelo olhar, tendo que falar de preferência a uma modalidade de existência totalmente diferente. O que penso ter sido uma intervenção de tipo Winnicott, envolvendo o *handling* e o *holding*, permitiu-lhe ultrapassar essa fase, e acessoriamente deixar de sentir necessidade de fumar. A sessão que eu gostaria de relatar situa-se seis meses mais tarde: regressão e passagem ao ato estão de novo intimamente mescladas. Nessa sessão, a paciente chega com 15 minutos de atraso, deita-se gritando, chorando, lamentando-se, ou seja, utilizando ao máximo os recursos fonadores da voz; depois, durante os últimos 15 minutos, senta-se no divã fumando cachimbo. Qual o sentido de sua queixa, do grito de alarme? Que não pode mais continuar vivendo assim.

Regressão formal quanto ao ato fonador, prantos e gritos denunciam que a palavra não conseguia mais sustentar sozinha o significante, e anunciavam o ato de fumar. Regressão temporal também, volta para a analidade e a oralidade. Regressão conforme a segunda tópica, enfim, no sentido em que o id e o ego ideal substituíam o ego e o superego. E além disso? Voltou ao superego, acusando-se, durante o frente-a-frente de infringir as regras do jogo. A isso respondi que não era o que me parecia primordial. Disse-lhe..., mas ao redigir percebo que o que lhe disse parece ter sido calcado nos três momentos da sessão. Primeiro – volto a exprimir aqui – aceitava sua regressão, e aceitava que fosse intensa, e aceitava vivê-la bem como interrompê-la com ele. Havia entretanto, por baixo, um sentido que girava em torno da alimentação e da dependência materna. Depois, quando respondeu: "Não espero que você me dê de comer aqui", em um tom de comovente negação, foi que justamente me perguntei se um ambulatório onde cuidariam dele seria ou não uma possibilidade a ser considerada, caso não pudesse mais me pagar – falando portanto, nesse terceiro momento, de minha contratransferência, que era um eco ao seu pedido e seu medo de absoluta dependência.

A sessão seguinte foi fecunda, pois incidiu sobre material persecutório. "Continuo minha análise, disse, aliás nunca estive impossibilitado de comer, mas azar, não pagarei meus impostos, nem multas, nem meu aluguel." "Bom-mau, respondi. O exterior é mau para você, e eu sou bom, mas por minha vez torno-me mau, uma vez que a análise contribui para a sua hemorragia (ele empregou essa palavra) de dinheiro". Então uma floração de significantes se desenvolve: sangue, esperma, fezes, alimento, a ponto de eu me perguntar agora se uma das funções essenciais da passagem ao ato, além da noção de elasticidade transferencial que assinalei acima, não está em cristalizar significantes, estágios libidinais, mecanismos do eu; articulá-los justamente em uma ópera bufa, o gesto alçando a palavra à estiagem do drama. A última sessão que observei é um aprofundamento genético, uma vez que um dos momentos constituintes de sua infância reencontrada foi a vivência da perseguição quase real que a mãe sentia perante a religião, em particular a missa dominical. Naquele dia, sentia-se tão ameaçada, o rosto vermelho e silencioso, de um silêncio violentamente contraído, que ela se desgastava na igreja e ele também, nos gestos loucos de se ajoelhar e do sinal da cruz. Ameaça outrora encarnada no corpo de uma mãe, que ele reencontrava agora na liturgia diabólica do inconsciente.

Os aspectos clínicos e metapsicológicos da teoria de Winnicott mereceriam um extenso estudo, detalhado, preciso, que apenas esboçarei, pois estamos provavelmente aqui nos limites extremos das relações da passagem ao ato e da regressão, no ponto de fuga das emergências comuns. Freud, conforme Winnicott (1971), só estudou doentes que tiveram na infância um bom ambiente, no sentido de mãe-suficientemente-boa. Nesse caso, não precisam regredir muito no tratamento. Pelo contrário, os doentes que viveram uma situação de carência primitiva aspiram a uma profunda regressão e só ela pode corrigir uma adaptação às necessidades, inadequada no passado. Trabalhando com o *handling* e o *holding*, o analista até pode ser utilizado por seu fracasso em diminuir a carência. Nessa regressão organizada para a dependência, a interpretação em termos neuróticos não é comum, o que conta é o real do ato, e em Winnicott o mundo do analisado é o do chá, dos cobertores, horários flexíveis, de todas as posições do corpo. Apenas em um segundo momento, quando o *self* estiver "plenamente submetido ao eu", é que podemos chegar à análise "ordinária", chamada de neurose.

Vemos que a noção clássica de *acting* deve ser seriamente reconsiderada. Winnicott indica, por exemplo, que seus pacientes mais regredidos e dependentes na transferência ajudaram-no a responder à pergunta: onde está a brincadeira? É possível levantar a hipótese segundo a qual o agir seria como um fenômeno transicional, situado entre o eu-paciente e o não-eu-analista, ou entre o eu-analista e o não-eu-paciente; o agir ou o objeto que ele toma emprestado: telefone, ônibus para vir às sessões, etc. Área da ilusão, atividade comum criada para não ser contestada, entremeio apoiando o sentido. Alguns sonhos de conteúdo catastrófico interno precoce parecendo-se mais com atos do que com pensamentos, e com isso não traduzíveis em livres associações, podem também, na minha opinião, ser considerados objetos transicionais.

Entretanto, desenvolverei apenas um ponto específico, por ser aquele que mais me interessou em minhas pesquisas, aquele no qual regressão e passagem ao ato envolvem na situação analítica os vínculos sutis, tênues e fundadores da bissexualidade; em outras palavras, o jogo do *ser* e do *fazer*. Na obra *La créativité et ses origines* (1975), Winnicott articula o que chama de elementos masculino e feminino em estado puro, com a relação de objeto. Apenas, afirma, o elemento masculino, no homem como na mulher é associado ao insitinto, no sentido ativo e passivo. O aspecto pulsional do modo de relação com o objeto é lido "na relação do bebê com o seio e com o aleitamento, e depois na relação com todas as experiências que dizem respeito às principais zonas erógenas, e também na relação com as pulsões e satisfações subsidiárias". Inversamente, o elemento feminino – tanto na mulher como no homem – "é ligado ao seio ou à mãe em um sentido bem diferente: o bebê torna-se o seio (ou a mãe), o objeto é então o sujeito"; nenhum vestígio, acrescenta o autor, de moção pulsional, porém, importância capital do conceito de mãe-suficientemente-boa ou insuficientemente-boa no contexto de uma dependência absoluta. Enquanto o elemento masculino faz, o elemento feminino é: é a base da descoberta de si e do sentir que existe. Esse *eu-sou* é sem dúvida próximo, conclui, do conceito kleiniano de posição depressiva, pois a partir dela forma-se a capacidade de desenvolver um dentro e um fora, e a de utilizar os mecanismos de projeção-introjeção. Entretanto, o desenrolar das coisas ocorre segundo esta fórmula: "Após ser: fazer e aceitar que ajam sobre você. Mas primeiro ser".

Para ilustrar o que acabo de dizer, recorrerei a dois fragmentos de casos.

O primeiro se refere a uma paciente que acompanho em ambulatório há um ano e meio. O tratamento ocorre frente a frente, uma vez por semana. O filho também foi tratado no mesmo ambulatório, segundo meu encaminhamento, mas interrompeu o tratamento. É um adolescente enurético. O problema causado pela mãe, atrás de uma fachada sintomática depressiva, com idéias de suicídio e sentimentos de desvalorização, diz respeito a seu narcisismo. Volta sempre à carga em dois pontos: que retomemos o tratamento do filho, e que eu também trate o marido. Quando aceito esse último ponto, e por fim se comprova a impossibilidade de realizá-lo, podemos tentar compreender juntos o que seu pedido e minha resposta implicam na economia do tratamento. Chego a propor a seguinte hipótese: que o marido (como o filho aliás) representa o seu próprio elemento masculino, e que foi por querer reassumi-lo plenamente que me propôs um encontro em carne e osso, como se a realidade interior devesse passar pela realidade exterior. Esse homem de fato é brilhante, realiza grandes atos, mas também critica a mulher, considerando-a "menos do que nada". No entanto ela conseguiu, ultimamente, tomar emprestado o carro dele, e diminuir sua inibição em desenvolver uma atividade ao lidar com marionetes. Assim, consegue não apenas ser, mas realizar e criar. O aspecto pulsional do elemento masculino é uma representação superegóica e "ideal do egóico", que aliás se liga à figura paterna por uma inversão parcial: o marido é tão sujo quanto o pai era "impecável", mas ambos são homens a quem se deve respeito. A sujeira remete também ao id por intermédio do filho enurético.

Elementos que auxiliam nessa interpretação serão apresentados na seqüência da psicoterapia; é para lutar contra a perda do elemento masculino que essa mulher recusa reassumir o cargo de professora primária inesperadamente oferecido, mas no âmbito de uma substituição, de uma "brigada volante" como ela se exprime, pensando no marido engenheiro da aeronáutica. E até mesmo sua atividade gratuita, lidando com marionetes, é um fardo. E quando respondo "bobo volante?"*, ela estabelece um elo entre esse amor pela brincadeira (que obviamente apresenta uma tonalidade de identificação com o agressor quanto a 'manipular os barbantes') e o pai que participava de um grupo de teatro amador do qual ela era a atriz em destaque. O casamento rompeu esse vínculo.

O segundo fragmento de caso é a seqüência da análise de um paciente que mencionei há pouco. Após evocar a missa dominical, continua falando das longas caminhadas nas tardes de domingo, perambular que considera ridículo e estéril, e por meio do qual, mais do que procurar um outro, busca a si mesmo. A caminhada esteriotipada é aliás um sintoma que invade toda sua vida. Ou talvez seu elemento feminino – alimentado por uma relação com uma mãe descrita cada vez mais como não-autêntica, falsa devota manipulada por um ambiente religioso – não tenha podido abri-lo a esta fase do eu-sou, próxima, de acordo com Winnicott, da depressão kleiniana. Compreenderíamos melhor a defesa pelas fantasias persecutórias; a passagem ao ato, consistindo em sentar-se no divã e fumar um cachimbo, seria uma tentativa desesperada de *ser* realmente o seio. Um sonho recente, no qual uma amiga lhe traz absorventes íntimos, prossegue nesse caminho da bissexualidade. Caminho desregrado e maravilhoso que da mesma forma a arte inscreve na seriedade escultural das igrejas romanas (fig.2), ao ludismo movediço do desenho infantil [1].

---

* Jogo de palavras entre *bénévolat* (beneficente) e *benêt volant* (bobo volante).
[1]. Ver a árvore, pênis-matriz, de Diane.

Fig. 2 – Igreja St. Pierre, Chauvigny.

Tentei demonstrar como, nas relações da passagem ao ato e da regressão, o ponto de vista freudiano podia apontar a ordem edipiana da resistência à transferência, e como o ponto de vista kleiniano o aprofundava em termos de clivagem do objeto. Se a regressão for de fato uma defesa do ego contra a angústia de castração, implica também busca desesperada de uma relação fusional. Poderia então haver articulação entre duas significações do *acting out*: uma, edipiana, em que a dialética em jogo é a da regressão e da transgressão; outra, pré-edipiana, que seria a da regressão e da agressão. Solicitar Winnicott, no plano muito específico dos elementos masculino e feminino da personalidade, é enfim utilizar uma metapsicologia sempre próxima da ontologia, enquanto o tempo pulsional ocupar um lugar problemático.

Ao fim de meu percurso, que me conduziu do agir como descarga brusca da pulsão, com deslocamento e condensação, ao agir como busca de uma identidade primária quase inefável (e a regressão, nesse ponto, deve tomar o nome freudiano de 'temporal', na medida em que escrever 'o sujeito é o objeto' pode ser traduzido em termos de retorno do ego ao narcisismo primário), abandonei duas questões: primeiro a do recalque. Poderia afirmar com certeza, nos dois últimos casos citados, se a motricidade se encarregando do sentido da fala diz respeito à regressão do elemento sexuado biológico do sujeito, ou o recalque do elemento sexuado complementar? A seguir, a questão das relações do dentro e do fora. Sou daqueles que dão ao advérbio *out*, em *acting out*, o significado de 'até o fim'. O que não impede que existam o agir no tratamento e fora dele. A hipótese dos elementos masculino e feminino clivados levanta exatamente essa questão do lugar *in* e *out* dos representantes pulsionais na tópica libidinal.

E apenas aventei uma última questão: a da contratransferência a respeito do sonho do homem "com o lhama". E só acrescentarei o caso de uma jovem "parturiente" para quem algo no tratamento se desencadeou a partir de uma artigo do analista, ato criador se for o caso, regressão controlada a serviço do eu, como se diz, ato *out*, ou voz *off,* se assim desejarmos.

Gostaria, para concluir, de empregar o termo de 'passagem pelo ato'. Como é que algo que foi vivido, ou não, pode acontecer à fantasia, à representação; e como é que a fala pode fazer parte dessas imagens, na comunicação consigo mesmo e com outro, como? – a não ser justamente pela passagem pelo ato, pelo corpo perceptivo-motor, esse aporte do fora que se vem encarnar no aporte do dentro e cuja presença apenas não pode sem dúvida fundamentar o pensamento, mas cuja ausência aniquilaria o ser.

Agradeço aos pacientes que me permitiram ir mais além na compreensão do inconsciente, graças a esse modo específico de desenvolvimento que é a verdade do ato. Como o próprio andamento no tratamento está longe agora do momento cujos atos escolhi aqui reproduzir, eles poderão sem problema não considerar meu testemunho um ato indelicado, mas, pelo contrário, creditá-lo de um questionamento radical da fala por meio do corpo. Pois foi a obra deles que criou este texto.

O código ou a máquina de significar 7

Roland Gori

Várias vezes (Gori, 1975, 1976) comparamos a linguagem a uma "máquina de influenciar", principalmente quando o ato de fala, nas situações analíticas, se hipostasiava em um *discurso-signo*. Chegamos até a encontrar várias analogias entre o "saber prévio" (Gori, 1974), a ideologia e essa construção delirante. A conceituação psicanalítica proposta por Tausk (1919) em seu artigo *De la genèse de 'l'appareil à influencer' au cours de la schizophrénie* nos fascinou. Gostaríamos neste curto artigo de controlar as conseqüências desse fascínio, tentando conceituar, de maneira mais sistemática, as eventuais analogias entre a linguagem, como conjunto de signos pré-arranjados (código), e 'o aparelho de influenciar'.

A tese poderia encontrar uma primeira formulação simples, do tipo: 'o código é antes de mais nada uma máquina para significar o corpo, em sua *gestalt* totalizadora como em seus conteúdos diferenciados'.

O que queremos demonstrar?

1) Gostaríamos de buscar as analogias (e as diferenças) entre o 'aparelho de influenciar' analisado por Tausk e o cógido da linguagem, promovido a *máquina de significar*, cuja prova mais aperfeiçoada reside na construção paranóica; mas cuja origem 'normal' reside na simples aprendizagem da língua materna.

2) Em sua gênese, o código da linguagem tem o poder de desdobrar especularmente a experiência corporal, contê-la e significá-la. A observação clínica de crianças autistas (Gori, 1976) pleiteia em prol da constatação de que o código é primeiro

descoberto como corpo, antes de se objetivar como conjunto de signos, e também antes de objetivar o próprio corpo como código.

3) Essa concatenação do espaço corporal e do espaço do código funciona nos dois planos funcionais propostos por Pankow (1969) quanto à imagem corporal: como *gestalt* totalizadora (continente especular), e como significado (experiência corporal de conteúdos fragmentados). Os parênteses especificam nossos pensamentos, "a imago corporal" refere-se tanto a uma forma pregnante unificante como aos conteúdos corporais fragmentados da experiência subjetiva aos quais dá *forma* e *significado*. Propomos como método (a saber, etimologicamente como 'caminho') resumir as construções hipotéticas de Tausk e comentá-las. Nossas próprias hipóteses consistem de certo modo em uma 'extensão' das propostas do autor e em sua articulação com nossa problemática.

O artigo a seguir e os comentários que dele fazemos constituem o arcabouço de nossas hipóteses.

1. Resumo do artigo de Tausk e comentários

Tausk descreve primeiramente as principais conseqüências do "aparelho" no doente: produção de alucinações visuais, sensações somáticas (erupções cutâneas...) e ações motoras (ereção...) no próprio corpo com impressão de roubo de pensamentos e sentimentos. Esse aparelho, ao que diz o doente, é manipulado por inimigos, para persegui-lo. Tausk constata que "*uma paranóia somática*" sempre precede o aparecimento da "máquina de influenciar": modificações, alterações e percepções corporais anormais aparecem muito antes que o doente localize a causa como exterior a si mesmo.

É a *primeira fase – de alteração –* que Tausk descreve como sendo provocada por uma *estase libidinal narcísica* localizada em um ou vários órgãos, induzindo preocupações hipocondríacas. No decorrer da segunda fase – conhecida por sentimento de *alienação* – a recusa pelo eu desse órgão superinvestido acarreta sua *exclusão* no mundo exterior. A terceira fase consistirá na restituição do excluído pela elaboração de um sentimento de *perseguição*. Essa paranóia somática, fruto da projeção das modificações corporais no mundo exterior, desemboca em sua restituição persecutória, quer sob forma de um "aparelho de influenciar", quer atribuindo-as a um poder estrangeiro. Tausk constata que a complexidade do aparelho imita a dos movimentos corporais; poderemos também acrescentar, do *relato delirante* que o expressa, o qual se mostra, na nossa opinião, a perfeita duplicação do espaço narcísico do corpo, bem como da máquina de influenciar. Tausk observa também que a máquina se desumaniza progressivamente ao se complicar; poderíamos acrescentar também: a exemplo da *construção delirante* que a expressa, e ao "estranhamento" do *self* corporal consigo mesmo. Tausk aproxima do sonho o aparelho de influenciar, principalmente do "sonho de máquina": "poderíamos supor que o aparelho de influenciar é uma representação – projetada no mundo exterior – dos órgãos genitais do doente; seria análoga em sua gênese à maquina do sonho" (Tausk, 1919, 1968, p.237). Ora, sabemos desde Freud – e Geza Roheim (1952) desenvolveu perfeitamente – que o espaço do sonho é o *corpo do sonhador*. O sonho, a máquina e *o relato dele feito* são representações do espaço corporal do doente. A máquina é construída por ele, em *seu discurso*, mesmo que a localize no real objetivo. Creio que isso é importante, pois de alguma forma ele elabora um código passível de explicar o que ocorre no seu corpo. Esse código é a duplicação na linguagem do "aparelho de influenciar". Tal código deve ser suscetível – como máquina perfeita – de prevenir, antecipar e significar experiências corporais que escapam ao domínio daquele que é objeto, e que assim se torna *estranho* ao que acontece em si mesmo. Buscando um sentido e um 'envelope', o paciente encontra uma máquina que cria ao descrevê-la; o próprio discurso aliás lhe escapa, torna-se o *código do outro* – o doente ouve vozes ou então sente-se forçado a dizer coisas a que máquina o obriga – suscetível de conter e de significar *um corpo que se torna estrangeiro para ele, outro*. Encontramos aqui essa perfeita *dissociação* da qual falamos em nosso artigo anterior: uma objetividade que se torna estranha a si mesma (os investimentos narcísicos dos lugares corporais), *dissociada* de um código significante e unificante *reconstruído*[1], como "corpo estranho", literalmente, no mundo exterior. Por um lado, uma experiência corporal estranha e fragmentadora, por outro um código – perfeita mecânica – estranho que detém o poder, *o significado e o lugar*. Não nos deixemos enganar; por projetar os conteúdos corporais fragmentados e fragmentadores (sobre os quais Tausk pouco fala, mas sensíveis a todo profissional), o doente os localiza, acha-lhes *um lugar e um significado*. E que lugar! A projeção de um *corpo ideal*, mecânica perfeita que jamais falha, engrenagens perfeitamente articuladas e eficazes, *antítes* da experiência corporal fragmentada e sem significação articulável, da qual o doente é objeto à sua revelia. O que o paciente encontra é a perfeita mecânica dessas pulsões e investimentos (cf. ver a esse respeito D. Anzieu, 1973: *Le groupe machine*). Assim, a máquina *contém e significa* o que ele sente, é realmente um 'envelope' e um código ideal-persecutório. Aliás, quando Tausk aborda o contorno do corpo projetado especularmente no aparelho, o faz pelo horizonte ideal do *órgão genital masculino* que é a perfeita representação do corpo unificado e poderoso. O que leva Tausk a escrever: "Na realidade, o aparelho não representa apenas os órgãos genitais, mas ao que tudo indica a doente em seu todo. Representa, no sentido físico do termo, uma verdadeira *projeção, o corpo da doente* projetado no mundo exterior" (ibid. pp. 239-240). E mais adiante: "o corpo todo é um *órgão genital*" (p. 262). Tausk descreveu perfeitamente a qualidade narcísica do investimento, e insiste do início ao fim por esse estado ser um "estágio psíquico regressivo" no decorrer do qual a diferenciação

---

[1] O esforço de *restituição* ocorrendo com a construção da "máquina de influenciar" é inegável. O delírio também se coloca do lado da verdade (forcluso) e de sua simbolização (encontrar um *lugar-espaço-sentido*).

sexual não existe, mas no qual o que conta exclusivamente é "a oposição entre libido objetal e libido narcísica" (ibid, p. 261). Mas na verdade, se Tausk foi levado a partir do falo a descrever esse aparelho de influenciar, o mesmo motivo o leva a compará-lo ao "corpo grávido da mãe. As baterias que se encontram representam talvez a criança, que é a própria paciente" (p.263), ou seja, a função de envelope[1], de continente unificador da própria construção, do sistema delirante. Eis aqui a função de *gestalt totalizadora* do prórpio corpo que a máquina de influenciar, e portanto (a nosso ver) o código do delírio que o constrói. Mas Tausk nos informa mais ainda e quase explicitamente sobre as relações da linguagem, do aparelho de influenciar e da experiência corporal. Constata no início do artigo que "a perda dos limites do eu" no esquizofrênico acarreta a fantasia de que os outros não apenas conhecem os seus pensamentos, mas os fabricam, induzem; e Tausk associa essa fantasia a uma realidade infantil:

> o sintoma: '*dá-se* pensamentos ao doente' decorre da concepção infantil de que os demais conhecem seus pensamentos.Trata-se apenas da expressão reforçada desse fato, fundamentada em uma situação infantil *ainda mais precoce*, de que a criança nada pode fazer por si só, mas que recebe tudo dos demais, tanto a utilização de seus membros como a linguagem e o pensamento. Nesse período 'tudo é realmente feito para a criança', cada prazer e cada dor e a criança não está obviamente em condições de compreender em que medida participa de suas próprias performances (p. 244).

Assim, não apenas podemos considerar esse "aparelho de influenciar" como o duplo especular do corpo em si, mas ainda, a nosso ver, como *a imago parental* que *metaboliza* sua experiência corporal pela identificação narcísica (não passa do *duplo* da criança) e a seguir a *conceitua* por sua função alfa. Não só o

---

[1] Não foi sem dúvida por puro acaso que Tausk aludiu a erupções cutâneas ou a sensações anormais do peristaltismo intestinal ao evocar a primeira fase de alteração corporal (paranóia somática): é a mesma problemática do continente e do conteúdo, do envelope corporal e dos limites do si corporal questionado.

aparelho é um lugar, mas é também *um significado que produz conseqüências* de que o doente é objeto. Assim, o significado da experiência corporal escapa ao conhecimento do doente, este só a reencontra projetando-a em um *Outro que se torna lugar e código*. O doente só restitui um sentido a sua experiência no relato delirante que faz, mas é *então ao custo de uma objetivação de si*. Assim, o exato momento em que encontra um lugar e um sentido (aparelho persecutório) para suas experiências subjetivas é o exato momento em que as perde como propriedades privadas (induzidas por Outro), e o momento em que é o lugar (paranóia somática) é o momento exato em que perde o sentido, devolvido a Outro, duplo narcísico persecutório. É quando *o código delirante se constrói especularmente com a experiência corporal e o aparelho de influenciar*. O que também interessa no texto de Tausk é o fundamento de realidade restituído ao fantasma: assim, o que em determinada época o doente descreve no delírio existiu, quando criança os demais o despossuíam de si mesmo, restituindo-lhe o sentido e o nome daquilo de que era objeto em seu corpo e à sua revelia.

Isso deu origem à fantasia de que os outros *sabiam o que ele sentia por serem a causa*. A experiência corporal se perde assim no lugar do Outro que detém o código, e portanto o sentido.

Observação interessante para nossas hipóteses, Tausk relata que quando da discussão que seguiu-se à conferência Freud salientou que essa crença da criança tem sua origem especificamente na *aprendizagem da fala*. E prossegue: "A luta pelo direito de possuir segredos à revelia dos pais é um dos mais poderosos fatores da formação do eu, da delimiltação e da realização de uma vontade própria" (p. 243); e mais adiante: "pois a criança, junto com a linguagem recebe os pensamentos dos outros, e sua crença de que os outros conhecem seus pensamentos aparece fundamentada nos fatos bem como a sensação de que os outros lhe 'fizeram' a fala e com ela os pensamentos" (p. 244). Assim, a criança identifica o que sente em sua experiência corporal como resultado do desejo do outro, emoções corporais que o outro conhece, adivinha e nomeia. A partir de então é no outro e pelo outro que vai buscar o *sentido unificador* do que ocorre com ela. Da experiência corporal à maquina de influenciar, e da máquina de influenciar à linguagem, há um trajeto que nos propomos balizar.

2. O código, máquina de significar

Nossa tese mais genérica consiste em pensar que o *discurso da mãe (do ambiente) é o aparelho de influenciar da criança*. No código da linguagem, a criança aloja ilusoriamente a massa indiferenciada e fragmentadora das emoções corporais. Na e pela linguagem materna elas adquirem *forma e sentido*, encontram seu lugar *de unificação e de significação*. Mas não é a linguagem que produz a experiência corporal – exceto nas ideologias platônicas e espiritualistas – é esta que é *identificada projetivamente com o código*. A partir daí, o código é o lugar de uma totalização unificadora de experiências corporais fluidas e fragmentadas, tem valor de localização e de *gestalt* para o *self,* metabolizando sua subjetividade e sua história. Pois, não só o código localiza – 'eu' corresponde a esse signo que me indicam com o gesto, o olhar e a voz – mas que também *significa*: "Esse súbito calor que me invade o corpo, que me transforma em tremores e sensações bizarras, esses clarões fulgurantes que zigzagueiam e invadem como o frio a superfície de meu corpo: a isso dá-se o nome de febre. Poderia chamá-lo de meu prazer." Essa função unificadora do código, de reunir marcas da subjetividade, significá-las totalizando-as, pertence incontestavelmente à função alfa conceituada por Bion. Nesse período de ilusão, não apenas o corpo e o código se correspondem nos conteúdos, mas também como continentes *gestalt* unificada da imago corporal. Assim podemos compreender superinvestimento da linguagem na psicose como tentativa de unificar e significar um corpo que se fragmenta. O código funciona então exclusivamente como "máquina de significar" a experiência corporal.

Como por outro lado dissemos (Gori, 1976), a *desilução* traz a objetivação do outro e do código. O próprio modo pelo qual essa desilução ocorre condiciona o futuro das relações do si, do objeto e da "máquina de significar". É onde se determina a potencialidade dos objetos e fenômenos transicionais, isto é, a articulação entre a subjetividade e a objetividade. Vimos desse modo que em um espaço potencial essa "máquina de significar" não era dissociada da experiência corporal, podia deixá-la imprimir-se e se unificar. Inversamente, em certos casos, 'saber prévio' e 'distúrbios da personalidade', a dissociação que resulta de uma objetivação brutal pode manter separados "a máquina de significar" e o corpo. "A máquina de significar" permanece então um duplo idealizado do próprio corpo na plenitude da unificação fálica, mas o sentido é perdido, deixa de expressar a experiência corporal, os conteúdos e os afetos, ele os *exorcisa*. Fica apenas o contorno de um outro esvaziado de toda humanidade que o paciente contempla, solitário em sua subjetividade exilada. O sentido e o corpo tornam-se outro. A função totalizadora do código não se perdeu, é exacerbada às custas do sentido das emoções corporais. A ideologia continua sendo esse duplo narcísico do corpo próprio, mas constituiu-se *contra-vontade*, e por conseguinte permanece dissociada de uma experiência corporal que só podemos definir pela falta. No *setting* da psicose, a objetivação do código e do objeto é sempre ameaçada, e o paciente oscila entre uma confusão subjetiva em que o código a exemplo do corpo fragmenta-se sem a contenção do sentido, e uma reação objetivante quando a subjetividade aparece, mas como outro, objeto estranho, expropriado do si.

Para simplificar dizemos que – colocando-se de lado os fenômenos transicionais – a experiência corporal e a "máquina de significar" encontram-se em uma *dupla relação de correspondências*: de continente para continente e de conteúdos para conteúdos. Nossa construção hipotética pode estilizar suas relações da seguinte maneira:

• na neurose clássica um ou vários lugares (conteúdos da experiência corporal) não encontraram seu lugar no código

(continente). Disso resulta uma relação alterada entre conteúdos que praticamente nunca questiona o *afastamento* entre corpo e código, sua função unificadora e semântica. O conteúdo *recalcado*[1] retorna no sintoma e até na linguagem, sob forma de lapso;
* nas neuroses de personalidade (distúrbios de personalidade – neurose de separação, etc) código e corpo se encontram em uma relação de *dissociação*. As funções unificadoras da "máquina de significar" bem como da imago corporal não são questionadas. A bem da verdade, tampouco suas funções semânticas, no entanto estão *desencaminhadas*. O sentido do outro opõe-se à subjetividade que ele contra-investe e reciprocamente. Por exemplo, a ideologia é realmente um duplo especular do corpo, mas o sentido do outro não significa a experiência corporal. Ele a *contra-investe*. Quanto à experiência corporal, ela não encontra lugar em que se imprimir na "máquina de significar", nenhuma letra correspondente;
* na psicose, corpo e código acham-se em uma relação de *forclusão*. Confundidos subjetivamente no sofrimento da fragmentação, da fusão e do contra-senso, sua objetivação recíproca não ocorre nos mesmos lugares. Quando um está fora, o outro está dentro, e inversamente, para esquematizar o processo. Aqui, o sentido e a totalização são atingidos nesses diversos graus conforme a gravidade da estrutura psicótica (Pankow, 1969). Na psicose esquizofrênica, código e corpo estão fragmentados em busca de limites unificadores. Nas psicoces não-esquizofrênicas, e em especial na paranóica o código do outro, é o sentido da experiência subjetiva, mas a totalização e o sentido sempre se contentam com a estranheza consigo mesma como lugar de uma emoção corporal ou como sentido.

---

[1] Retomamos aqui a distinção de Winnicott entre "recalcado" e "dissociado", e a de Lacan entre "recalcado" e "forcluso".

3. Conclusões

Nossas analogias entre "a máquina de influenciar" e "a máquina de significar" permanecem sumárias e deverão ser desenvolvidas a seguir, principalmente em suas perspectivas psicopatológicas. Contudo, parecia-nos importante insistir em suas funções ao mesmo tempo *unificadoras e semânticas*; e isso porque, incontestavelmente, a fala é o lugar por identificação projetiva de nossa experiência corporal em sua *gestalt* e em seus conteúdos. Assim, quando nos grupos de formação, os participantes buscam uma *linguagem comum* para comunicar, na verdade pedem *um sentido que unifique a fragmentação especular e sonora*. A multiplicidade dos olhares (Missenard, 1972) 'como a das vozes' mobiliza a expressão e a figuração de angústia de fragmentação da imagem do corpo. E o que os participantes esperam da linguagem dos monitores bem como dos próprios discursos é, simplesmente, a *re-unificação pelo sentido* do estilhaçamento sonoro e visual. Dirigem-se à função alfa da interpretação. E isso porque, sem dúvida, se o código for o lugar em que se projeta o corpo com o qual se confunde subjetivamente, a objetivação progressiva de um participa da do outro. O código é primeiro um corpo, mas um corpo só é figurado com sentido e *gestalt* com a ordenação favorecida pelo código, quando não foram dissociados ou excluídos um do outro.

Insistimos em promover a diferenciação de Winnicott referente à angústia: em nível edipiano ela se determina ao redor da castração, em um nível mais narcísico e dual diz respeito à separação, e finalmente em um sentido psicótico ela representa os tormentos do aniquilamento e do não-ser. Assim, quando Fenichel (1941) e Bouvet (1967) descrevem estruturas alternando entre o refúgio à sombra das palavras ou dos conceitos (obsessivo) ou, pelo contrário, com o refúgio na dramatização dos afetos (histero-fóbico), situam-se numa esfera *neurótica*, e por conseguinte só descrevem, na nossa opinião, *a alteração das relações de concatenação entre conteúdos do espaço corporal e do espaço literal (ou intelectual)*. Mas o que descrevemos depois de Winnicott (1963) e de Pankow (1969) parece-nos capaz de justificar não só a alteração e/ou a *dissociação do sentido* das emoções corporais e de suas incrições literais, mas também as perturbações nas *relações de concatenação entre as formas totalizadoras do corpo e do código*.

A comparação do código da linguagem e da "máquina de influenciar" valoriza e evidencia a *estrutura espacial* do ato de fala em suas relações de duplicação e concatenação com o espaço corporal. O espaço da linguagem é o que dá sentido e forma às experiências corporais; e isso por ser descoberto como corpo antes de ser objetivado como código. Para além das relações paradigmáticas entre objetos subjetivos e fragmentos da linguagem – na simbolização dos objetos parciais – o espaço do corpo e o da linguagem mantêm estreita dependência como *formas totalizadoras, continentes* das experiências subjetivas, primeiramente indiferenciadas, e a seguir objetivadas e articuladas. Essas relações de confusão, e depois de comutação e de duplicação entre a *gestalt* do corpo próprio e a forma diferenciada da linguagem, revelam-se principalmente no horizonte da *dissociação* quando o desejo se aliena na plenitude sonora do discurso do outro, quando o ato de fala não é mais o lugar da inscrição metafórica do desejo, mas o seu duplo, seu simulacro 'dessubjetivante'. Tal escândalo que faz da linguagem um corpo deportado, e do corpo uma configuração semiótica, sustenta-se no paradoxo em que a aquisição da fala depende da sutura dos orifícios do corpo erógeno, e em que o sentido e a forma da experiência corporal encontram-se condicionados pelo modelo da linguagem. Aí também "o paradoxo não deve ser resolvido" (Winnicott, 1972), pois caso contrário corremos o risco de estabelecer uma dependência causal falaciosa entre o espaço corporal e o semiótico, ou então uma preeminência ontogenética factícia. Pois se a linguagem é realmente essa "máquina de significar e de unificar" a experiência corporal, a própria linguagem é estruturada pelo espaço: o espaço corporal, objetal e lingüístico da mãe, e a seguir do sistema do ambiente familial. Assim sendo, a linguagem e a experiência corporal aparecem como os fenômenos de uma estrutura que as organiza, literalmente, em seus conteúdos e como *envelopes*, que denominamos imago corporal. Essa estrutura que organiza a experiência corporal, bem como o ato de fala, dá a elas sentido e forma [1]. Por suas qualidades figurativas ela se apóia no vivido das fantasias corporais; por sua forma unificada e unificadora, na imagem do corpo próprio (como a do semelhante; Lacan, 1936); e, por seus efeitos semióticos, no sistema ordinal do código. Em um futuro trabalho de pesquisa, a conceituação dessa estrutura estará no âmago de nossas preocupações. A metáfora, nessa problemática, aparece como o ponto de percussão e de inscrição dos espaços – lingüístico e corporal – como lugar de uma experiência corporal significada. Como lugar, torna-se também o *modelo* (*gestalt*) de uma imagem do corpo bem como do discurso, flexível e criadora, domínio da fruição no prazer do símbolo.

Sénanque, outubro de 1975.

---

[1] Vide também os trabalhos de Pankow (1969).

As marcas do corpo na escrita: um estudo psicanalítico do estilo narrativo 8

Didier Anzieu

Crítica da interpretação psicanalítica tradicional das obras de arte

Em Freud e seus sucessores o estudo psicanalítico das produções artísticas limitou-se, no mais das vezes, a detectar a fantasia que se supôs ser o organizador inconsciente dessa produção. Gaston Bachelard resumiu corretamente tal perspectiva ao enunciar que a razão pela qual uma obra literária nos sensibiliza é ser ela construída em torno de um complexo. Acrescentarei que, quanto mais infantil for a literatura (ou pretender sê-lo: por exemplo os *Contos* de Perrault) ou quanto mais figurativa for a narrativa (por exemplo os quadrinhos, por assim, dizer sem legendas), mais a fantasia tende a aparecer de maneira crua ou muito saturada. A crítica psicanalítica consistiu até agora principalmente em relacionar a fantasia organizadora da obra com o que a biografia do autor – os documentos pessoais que deixou, cartas, diários íntimos, autobiografia, completados pelas confidências dos próximos – deixa supor de suas fantasias pessoais inconscientes. Isso era feito com freqüência, e pode agora ser feito por um crítico sem experiência pessoal em psicanálise ou até por um estudante de Letras com certa prática. O problema prévio é pouco abordado: saber, tendo acesso às obras, se são, em um criador, as mesmas fantasias que operam em sua vida e obra (o que parece ocorrer às vezes) ou se obra é construída a partir de uma região de sua vida psíquica, a qual seja marginal com relação às outras atividades – amores, profissão eventual, vida social – (o que parece ser o caso mais comum). Uma vida é feita de realidades cotidianas e excepcionais. A obra, quer encene a existência cotidiana ou acontecimentos extraordinários, tem origem diversa: ela inventa uma representalibilidade para um setor da realidade psíquica tanto do autor como do leitor, que não a possuía, como Ehrenzweig mostra em sua obra *L'ordre caché de l'art* (1967). Ela encadeia, em estado de vigilância e por um ato criador, as transformações que, à noite, o pré-consciente opera espontaneamente nos pensamentos latentes do sonho: deslocamento de intensidade das imagens e dos afetos, transferências de significados, figuração, dramatização. De fato, não se deve confundir o conteúdo manifesto e a gênese, o produto e o processo da produção.

Há uma segunda tarefa negligenciada pela crítica psicanalítica, mas que Lucien Goldmann pressentiu: relacionar a fantasia organizadora da obra com as fantasias do público e buscar compreender por que tal obra toca, em dado momento, o público. Espero poder escrever um dia, dentro dessa perspectiva, uma análise dos romances e teatro de Samuel Beckett: por que nossa época se reconhece de modo exemplar ou privilegiado nessa obra? Pergunto-me, aliás, se deveríamos buscar a resposta pelo enfoque da fantasia ou, de preferência, daqueles dos níveis discordantes na estruturação do eu, de falhas no envelope do *self*, de um funcionamento psíquico de tipo esquizóide (no sentido dado por Fairbairn e Mélanie Klein) e de uma imagem, acentuada pela civilização industrial, do corpo-detrito, do homem-máquina.

Os autores aceitam geralmente com dificuldade a interpretação psicanalítica de suas obras, e por muito tempo acreditei que se protegiam da ameaça de serem desnudados. Depois, eu mesmo me tornei autor, quer dizer, um escritor modesto, porém publicado, e achei muito desagradável ouvir de amigos ou colegas que leram meus *Contes à rebours* (1975): "Encontro aí suas fantasias em perfeito estado de conservação, como aprendi a conhecê-las quando comecei a trabalhar com você há 20 anos", ou: "Que coragem (meu interlocutor quer na verdade dizer: 'Que imprudência') entregar assim suas fantasias de psicanalista aos seus pacientes". Sobre minhas fantasias, a longa experiência em psicanálise que tenho de mim mesmo e dos outros ensinou-me o bastante para que pudesse reconhecê-las de relance quando a inspiração ditava-me um conto, seja com surpresa, angústia ou júbilo. Escrevia, prioritariamente, ao sabor dessa inspiração, cuidando de levantar a censura interna, sempre prestes a desfazer o que se cria murmurando: "É ruim", ou o que dá no mesmo: "É você"; e apenas me permitia um pensamento em filigrana do tipo: "É provavelmente o excedente fantasmático que você desvenda e oculta. São fantasias que vivem em você, mas também das quais você finge ser hóspede e com as quais você brinca tal como faz qualquer imaginação, qualquer escritor".

Tentemos tratar do estilo com o mínimo de efeito estililístico e digamos, para aproximar ao máximo a descrição do processo, que ao roteiro interior, geralmente visual, cujas imagens eram projetadas em mim como por um caleidoscópio ou um taxitoscópio, eu tentava corresponder com a escrita. E dessa escrita, pouquíssimos leitores, na minha opinião, falaram, exceto meu editor quando anunciou que a escrita de meus *Contes* o levou a publicá-los.

Compreendo melhor a atitude dos autores diante das explicações psicanalíticas. Não é resistência inconsciente à interpretação; é a legítima reticência daquele que não reconhece mais o que fez no que se diz dele. Sua obra é, por um lado, eminentemente pessoal, só ele pôde fazê-la. Por outro lado é singular, pois não se parece com nenhuma outra, mesmo que pontilhada de parentescos confessados ou imprevistos. É assim que essa dupla individualidade, que faz com que sua obra seja uma obra, se encontre reconduzida, reduzida, relegada a algo geral, que seguramente existe nela, a fantasia, no que tem de trivial e comum. O autor partilha suas fantasias com inúmeros, não com todos, o que atrai duas categorias de leitores: os que encontram as próprias fantasias nele, e aqueles que descobrem na obra a existência de uma vida secreta diferente. Teríamos voltado a Aristóteles, ao afirmar que "a única ciência é o geral"? A fantasia é o menor múltiplo comum da maioria dos homens e portanto seria esta que a psicanálise aplicada à arte se atribuiria como tarefa erudita, desmascarar? Azar: o estatuto próprio à obra de arte, o que a distingue do objeto fabricado, anônimo e reproduzível em um número indefinido de exemplares e o que a aproxima dessa identidade própria à pessoa humana, esse estatuto de originalidade fica desconhecido.

No entanto, a eficácia da psicanálise como tratamento provém de operar sobre um ser humano em sua especificidade. Não identificamos nossos pacientes por sua categoria nosológica ou seus 'complexos' como por sua história singular, modo de agir conosco, o estilo de seus discursos, ou melhor, o leque de estilos, pois um paciente não tem obrigatoriamente o mesmo estilo ao sonhar, ao comentar o sonho, ao falar de nós, ou ao relatar acontecimentos de sua vida.

Existe uma resposta a essa objeção: o trabalho do estilo e da composição ocorreria entre o consciente e o pré-consciente; não estaria mais a cargo dos processos psíquicos primários, mas da elaboração secundária. Verdade é que todo autor efetua um trabalho desse tipo, e também é verdade que outro poderia fazê-lo em seu lugar, que um leitor da editora, que a secretária que decifra o manuscrito, que os amigos aos quais submete a primeira versão, colaboram em última instância. Mas, respeitemos o modelo metapsicológico do sonho. A criação, bem como o sonho, é primeiramente a transformação de um conteúdo latente em conteúdo manifesto, ou seja, de dados inconscientes em pré-conscientes; transformação que faz de uma fantasia banal um sonho singular, um texto original. Na inspiração, que é uma visão em estado de vigília e que às vezes até visita o autor sob forma de sonhos noturnos, pode acontecer que a frase lhe seja dada já pronta, forma e conteúdo, estilo e fantasia, imagem e palavras, e esta frase desencadeie a seqüência, com a sensação de uma dupla necessidade fonemática e semântica, por meio da qual verifica-se a dupla articulação que o lingüísta Martinet erigiu em traço específico das línguas humanas naturais. Um encadeamento de significantes, a saber, de sons, oferece-se a minha percepção juntamente com uma cadeia de significados. Na narrativa – especifico que me limito apenas à literatura narrativa e que não falarei dos dois outros grandes modos literários, o modo poético e o didático –, portanto, ritmo, assonâncias, amplitudes, volume, cortes, a saber, características formais acompanham e mesmo precedem no aparelho psíquico do criador a emergência do sentido. Inúmeros autores salientaram a importância decisiva em sua criação, do *incipit,* ou seja, da primeira frase que contém, anuncia, chama a obra que virá.

A fantasia é o conteúdo latente da obra, é o que lhe garante o alcance geral. Sua forma é o que tem de individual, e, por forma, entendo três coisas: o estilo, a escolha do gênero, ou melhor, a combinação específica dos gêneros, pois uma obra raramente depende de um único gênero, e, enfim, a composição ou estrutura de conjunto. Não seria o que Buffon queria dizer ao enunciar: "O estilo é o homem"? Embora tivesse sido mais rigoroso se escrevesse: "O estilo é a pessoa". E acrescento: o estilo é o pré-consciente individual. Os estudiosos de estilística também formularam à sua maneira: para eles, o estilo é uma linguagem pessoal talhada na língua comum; definem-no como desvio com relação à norma. Assim, o estilo é uma maneira de se colocar opondo-se.

Há, em todo estilo, matança, individuação e até recusa de se comunicar por meio de códigos semióticos em vigor; encontra-se o fascínio de Mallarmé, pela página em branco, ou o refúgio narcísico nas sutilezas da caligrafia ou da tipografia. Paul Valéry sentiu profundamente o essencial quando, no poema didático

Cimetière marin, escreveu:

*Où sont des morts les phrases familières,
L'art personnel, les âmes singulières?
La larve file où se formaient des pleurs.*

Onde estão dos mortos as orações familiares,
A arte pessoal, as almas singulares?
A larva fia onde prantos se formavam.

É menos pelas fantasias do que pelo estilo que um autor busca, e, às vezes, obtém provisória imortalidade.

O conflito superego/ego ideal no estilo

Os psicanalistas nova-iorquinos que, a exemplo de Edelheit, estudaram a linguagem na ótica da *ego-psychology*, salientaram, depois de Freud, o paralelismo da constituição do superego e da aquisição da fala. A língua é um código abstrato imposto de fora e transcende os indivíduos que dela se servem. Possuir esse código permite comunicar-se com todos os que falam a mesma língua humana natural, e ao mesmo tempo fazer com que essa possiblidade dependa de uma submissão a regras comuns – o que na França Piera Aulagnier-Castoriadis (1975) descreveu como "violência da interpretação" (eu preferiria escrever: violência da semiotização). A aquisição da fala, no decorrer do segundo ano de vida, supõe portanto a existência de um superego que nem é o herdeiro mais tardio do complexo de Édipo descrito por Freud, nem o núcleo de sadismo precoce postulado por Mélanie Klein. Por sua vez, o exercício bem-sucedido da fala fortalece a instância de um superego regulador.

Para que uma narrativa seja comunicável, é preciso que o locutor fale a mesma língua dos ouvintes. Mas, para fazê-los entender o que tem de mais íntimo para expressar, sente necessidade de dizê-lo à sua maneira. Se for compreendido demais, arrisca-se a cair no anonimato. Se permanecer subjetivo demais, arrisca-se a ser incompreendido. Sem ligá-lo ao uso da fala, Winnicott (1963) observou esse duplo movimento antagônico na criança: fazer-se compreender e permanecer impenetrado. Ao que impõe-se portanto uma conclusão: em termos dinâmico-tópicos, a dialética do estilo depende de um conflito intersistêmico entre o superego, que exige dobrar-se às normas comuns, e o eu ideal, que afirma o valor individual e narcísico da pessoa. O romance de Émile Ajar, *La vie devant Soi*, prêmio Goncourt de 1975, ilustra essa dialética. Momo, o jovem herói entre dez e quinze anos, criado por uma antiga prostituta em um bairro povoado por imigrantes e marginalizados, aprende o francês falado pelos judeus e árabes desse meio. As falas atribuídas a ele pelo autor, cujo conteúdo expressa a maturidade, a desconfiança, a astúcia da criança, obedecem quanto à forma a regras comuns, do francês oral popular (e não às da linguagem infantil). Por outro lado, a narração pelo autor da história de Momo e de sua mãe adotiva à qual está ligado por uma relação de tipo fusional, está repleta, de invenções sintáticas que não só criam um clima de tristeza e de humor, como também mostram bem o não-conformismo e a inventividade de Momo. Essas invenções aparecem portanto no conteúdo do que faz e na forma da narrativa na terceira pessoa do que acontece com ele. Desaparecem na narração do próprio Momo, ou seja, no texto na primeira pessoa. Aqui, a marginalidade do estilo da narração duplica, portanto, a marginalidade do personagem principal da história. Semelhante redobramento já era flagrante no primeiro romance de Ajar, *Gros câlin*, (1974), no qual o herói, um solteirão de uns trinta anos, marcado pelo selo da pobreza fantasmática e afetiva, vive em companhia de uma 'anaconda', que o aperta– ouso dizer– nos braços e cujo o estilo, a exemplo do objeto amado, ondula, serpenteia, esconde-se, esgueira-se, desenrola-se e se fecha em si mesmo. Ajar, por um desvio sempre recomeçado do léxico e da sintaxe (mas, ao que parece, com constante respeito pela gramática), oferece ao leitor uma compreensão de Momo mais viva e mais direta do que se a narrativa, se tivesse limitado a um emprego clássico ou coloquial da língua. Comunicar-se pelo meandro de um código (superego) e comunicar-se diretamente pelo modo da participação fusional (eu ideal) encontram, assim, uma combinação singular nas particularidades próprias de cada estilo.

As relações entre estilo e fantasia; o exemplo de Robbe-Grillet

A relação da narrativa com a história, ou seja, do estilo com a fantasia, apresenta outras possibilidades além da do redobramento utilizado por Ajar, e é uma pena que os psicanalistas não as tenham explorado mais sistematicamente, principalmente em nossa época, em que a crítica literária e a linguística fizeram progredir o conhecimento das estruturas formais da narrativa. Em um artigo sobre "Le discours de l'obsessionnel dans les romans de Robbe-Grillet", publicado na revista *Les temps modernes,* em outubro de 1965, inventariei as características de estilo e de composição desse autor: falsa estruturação, deslocamento, minúcia, desdobramento, impessoalidade, imobilidade, perfeccionismo, pensamento labiríntico. Foi fácil mostrar que se tratava da transposição literária de mecanismos de defesa obsessivos. "O estilo expressa as defesas, enquanto que a intriga é a transposição da fantasia. O estilo tem por função desviar da intriga a atenção do leitor, do mesmo modo que as defesas têm por meta desviar da consciência a fantasia." A fantasia aqui é o temor aterrador de que o amor seja mortífero. "Os romances de Robbe-Grillet reproduzem o discurso interior do obsessivo."

A partir da escuta e da compreensão psicanalíticas do discurso mantido pelo narrador romanesco, fui levado a contestar a teoria do objeto apresentada por Robbe-Grillet e interinada pelos adeptos do *Nouveau Roman* e também pela maioria dos críticos, "Fazendo-nos acreditar, após rápida leitura, que não há intriga, que os objetos descritos não são investidos por um desejo humano, que os acontecimentos contados são insignificantes, o narrador do romance foi bem sucedido em seu intento, que é o de desviar nossa atenção do drama, de eliminar a significação dos acontecimentos, e de nos impor sua visão das coisas como imparcial, despojada de qualquer subjetividade, estritamente impessoal e objetiva.

Na verdade, o drama corre sob essas diversões (rasuras), essa aparente objetividade, e nos sensibiliza de modo cada vez mais intenso, à medida que a leitura prossegue, mas esse drama não é, não pode, não deve jamais ser *dito*. Dos objetos, os mais insignificantes, dos mínimos acontecimentos, os mais tênues, nenhum aí está por um acaso não intencional, por pura contingência factual, nem pela preocupação estética em situar um fundo, colocar em cena um personagem, preencher um vazio, garantir transições. Todos, sem exceção, têm um sentido para o herói ou para o narrador do romance. Sua convergência, sua insistência alardeiam esse sentido, mas o fazem mudamente; esse sentido tão gritante de um grito abafado, para dentro. E, para ter certeza de que esse longo grito não fala, o narrador mostra-nos todos esses objetos separados, esparsos, em desordem, estudados sob milhares de ângulos, a fim de que escape ao leitor o sentido que surgiria de sua reunião. Quer nos fazer acreditar que os mostra como os vê, por estarem lá, e não por serem o suporte de sua fantasia; é dessa certeza que quer nos fazer partilhar e cuja demonstração, ou melhor, a mostra, esvai-se em provar.

Nesses romances sem intriga e nos quais só haveria puros objetos, mostra-se o vivido daquilo que Bouvet chamou de relação à distância com o objeto. O mundo real do obsessivo é todo infiltrado por sua fantasia; a fantasia deixa de estar em sua mente, que retorna assim à sua inocência; está nas coisas e as coisas a esconderm...: não é minha fantasia, diz o obsessivo, a realidade o é. Os romances de Robbe-Grillet mostram a fantasia, mas sob forma de *desaparecida*. Estes são o desdobramento do mundo tal como o herói ou um narrador obsessivo quer mostrar-nos. A originalidade de Robbe-Grillet está em colocar o leitor em uma posição inovadora diante do romance. O leitor torna-se o interlocutor do herói ou do narrador. O narrador tenta fazer com que o leitor entre, por meio do romance que lhe conta, no jogo de sua neurose. O leitor acaba sua leitura convicto de que não há nada para compreender, e que o *Nouveau roman* é isso. O narrador ganhou: o leitor nada viu do que o narrador queria dissimular, embora este tivesse semeado para ele cada peça necessária à reconstituição do drama secreto. O narrador, por sua vez, está angustiado, pois toda sua história transparece, e sente-se perdido caso seja adivinhada; então perde a cabeça, multiplica as diversões, as pistas falsas, embaralha a cronologia, inverte passado e futuro, o real e o imaginado, as representações mentais de um personagem com as dos demais.

O estilo como quadro espaço-temporal subjetivo

Partindo do exemplo de um *incipit*, para o qual dispomos de uma análise literária acurada publicada por Serge Doubrovsky em anexo ao seu estudo sobre Marcel Proust, maliciosamente intitulado *La Place de la madeleine* (1975). Trata-se da primeira frase de *À la recherche du temps perdu*: "Por muito tempo, deitei cedo." No plano do conteúdo ela condensa e anuncia a história cuja narrativa se fará por fascículos sucessivos: o narrador quando criança deitava-se cedo, sofria de asma e insônia, ansiava pela vinda da mãe para conseguir adormecer; hoje, de vigília durante a noite, escreve, revive a lembrança das pessoas que conheceu e amou, mas que por seu lado o amaram insuficientemente; reúne-se a seu "passado composto" (esse é de fato o tempo dessa frase) e finalmente à mãe. Mas esse *incipit* é igualmente importante quanto à forma. É uma frase em primeira pessoa introduzindo portanto o narrador, ao passo que *Jean Vinteuil*, ensaio geral, inacabado e não-publicado por Proust, da *Recherche*, foi escrito em terceira pessoa. É o tom de uma voz interior, de uma confidência simples e curta, ao passo que o estilo proustiano desenrolará posteriormente a complexidade e a extensão de seus meandros (como uma respiração que não se consegue retomar). Essa frase também dá a impressão de estilo oral, mas de hábito não se fala nem se escreve assim: nesse sentido já é notavelmente literária. De fato, quem não fosse escritor sem dúvida escreveria: "deitei cedo durante muito tempo", e é o que falaria realmente, ao invés de escrever fazendo de conta que falava, escreveria algo como: "Deitava cedo quando garoto, e mesmo por muito tempo depois". É uma frase no passado composto* que anuncia o caráter iterativo da narrativa proustiana, em oposição ao presente ou ao pretérito perfeito simples, que são os tempos da narrativa próprios do romance tradicional, encadeamentos de acontecimentos. É também detalhe que escapou a Doubrovsky, um decassílabo cujo o ritmo é claramente marcado pela cesura mediana e pela similitude de cada hemistíquio (duas sílabas seguidas por outras três), pois a prosa narrativa pode e sabe utilizar os procedimentos de evocação oral vocal próprias à poesia. E se Proust contrariamente a Chateaubriand, por exemplo, utiliza-os de maneira mais leve em seu vasto romance, é tanto menos insignificante que seu *incipit* seja um verso: evocador nostálgico da reunião direta, no adormecimento, com a mãe e a voz que assinala sua presença; anunciador da inversão em seu contrário que afetará a narração a vir (a forma) ao mesmo tempo que a história (o conteúdo); a escrita permitindo ao escritor a reunião indireta com a lembrança da mãe desaparecida pelo desvio e decorrer de períodos intermináveis embaralhados e arrítmicos. Em resumo, a frase é outro elemento que o crítico não percebeu composta por um verbo pronominal ou, mais exatamente, reflexivo (deitar-se) – marca narcísica por remeter o sujeito a si mesmo –, encravado entre duas expressões adverbiais de tempo, a primeira ("por muito tempo") denotando a duração, a segunda ("cedo") denotando o momento de ruptura na duração: o simples estilo dessa frase propõe ao leitor uma figuração formal do que irá constituir todo o conteúdo temático de À *la recherche du temps perdu*, o debate de um sujeito narcisicamente frágil, preso entre a fuga do tempo que se escoa e separa e o reencontro dos instantes de *bonne heure***. Assim, a dupla articulação, fonemática e sintática, da frase inicial inscreve

---
* No original francês, *je me suis couché*, a frase está no passado composto. (N.E.)
** Associação fônico-semântica entre *bonne heure* (cedo, boa hora) e *bonheur* (felicidade).(N.T)

na própria escrita as sensações corporais, os afetos e as representações mentais do garotinho, suspenso à ausência-presença da mãe que o abraça e fala com ele. Que o estilo contribua para constituir o tempo da obra é especialmente demonstrativo com Proust. Ele dedica seu romance-cíclico ao tempo subjetivo incessantemente perdido e reencontrado no decorrer de uma vida humana individual, ela mesma intrincada no decorrer de outras vidas, figuras emergindo no pano de fundo de uma evolução social que afeta a aristocracia e a alta burguesia da França no final do século XIX e início do XX. Tempo da consciência, tempo interindividual, tempo da história: o primeiro é dado pelo estilo, o último pela composição. Em Freud, ao contrário, que começa a escrever textos originais na mesmo época que Proust, mas que publica a partir de 1899 *Die Traumdeutung*, pelo menos para esta obra *princeps* o tempo eminentemente não-individual da auto-análise é dado pela composição (que estudei extensamente em minha obra sobre a *Auto-analyse de Freud*, 1975, T.2, pp. 589-663), ao passo que o estilo, essencialmente didático, desenha esse tempo abstrato no qual Freud apresenta o desenrolar da gênese teórica do aparelho psíquico considerado em sua realidade geral. A narração é isto: não para contar um acontecimento, mas para dar o ritmo, rapidez, lentidão, meandros, cortes, estilhaços com que um acontecimento (exterior ou interior) foi vivido, ou revivido, por uma ou várias consciências.

Que a análise do *incipit* proustiano leve a observações sobre o narcisismo do narrador (e ao que tudo indica do autor) não é nada surpreendente. É o tempo – e o espaço – mais do que nada, que vividos se ligam ao narcisismo. O estilo é algo que se refere aos limites (e à incerteza sobre os limites) do *self*, os níveis de estruturação do eu e suas falhas, os engodos pelos quais o eu busca fascinar a consciência. Mesmo se a meta confessa da obra for pintar o afresco de uma época histórica bem enquadrada em uma área geográfica, o estilo introduz um quadro espaço-temporal singular, cujo desvio maior ou menor do quadro comum solicitará do leitor encontrar seu próprio lugar nessa obra, a menos que o afugente caso lhe pareça estar deslocado ou, pelo contrário, só puder fundir-se no anonimato de uma multidão uniforme. Bem depressa aliás, esse tempo e esse espaço subjetivos do narcisismo que todo criador re-individualiza, tendem a se desviar da singularidade para instaurar uma escola, um academicismo, e já no criador, uma imitação de si mesmo, a saber um quadro 'objetivo'. Uma história do Surrealismo ou do *Nouveau Roman* mereceria ser escrita sob essa perspectiva. O estilo cria também um espaço — tratarei disso mais adiante. Salientemos que a sensibilidade ao espaço ou ao tempo varia conforme os autores. A Proust, recriador do tempo, poderíamos opor por exemplo um Henri Michaux, cuja obra é dedicada principalmente à exploração dos primeiros espaços do *self*.

A retomada do corpo na escrita

Consideremos as diferenças entre literatura oral e escrita [1]. O discurso oral, erigido em arte na recitação dos aedos ou trovadores e na declamação dos atores, dá um estilo a um texto que geralmente não o possui (a menos que precise atenuar o excesso como é o caso do teatro em verso). O estilo oral reside nas qualidades vocais, nas características da elocução e nos inúmeros sinais da comunicação não-verbal: gestos, mímicas, posturas. Esses diversos sistemas de comunicação infralingüísticos têm dois traços em comum. Primeiramente, o corpo é o instrumento da comunicação; é evidente no caso das comunicações não-verbais; mas também é verdade para o grito e mais comumente para a voz, em cuja emissão colaboram praticamente todos os músculos do corpo. A escrita, por outro lado, só necessita do controle, pelo pensamento, de um código semiótico abstrato e do controle, pelo córtex e pela mão, de certos gestos precisos, isolados do resto do organismo. Na fala, a expressão é de natureza histeróide; por sua vez, a escrita

---
[1] Não posso abordar aqui os problemas intermediários levantados pela transcrição dos relatos orais pelos representantes de todos os cultos, etnógrafos, lingüistas, psicólogos, romancistas que ditam sua obra, os *copy-desk* profissionais, relatores de encontros, etc.

praticamente não passa pelo corpo; aparenta-se com um mecanismo obsessivo. Em segundo lugar, a relação do signo com o referente no estilo oral é uma relação simbólica. Convém definir com exatidão este último termo ao qual lingüistas, críticos e psicanalistas dão acepções múltiplas, incoerentes, e até desconcertantes. Para minha demonstração, e de acordo com as observações de Gibello no início de sua contribuição para a presente obra, eu me limitarei ao sentido que é estritamente freudiano: um símbolo é um signo corporal ou material que evoca, por semelhança ou por contigüidade, a coisa significada. Por semelhança: é a onomatopéia; a cruz de Santo André anunciando uma interseção ao motorista; são, como Scherner ensinou a Freud, as casas vistas em sonho que representam o corpo sexuado e suas partes. Por contigüidade, é o *sumbôlon* grego, dois pedaços de uma tabuinha quebrada intencionalmente para servir de sinal de reconhecimento, de téssera, aos possuidores de cada um dos pedaços; é em Morse as duas letras H e I que significam "eu rio", porque 'Hi, hi' acompanha costumeiramente a risada; é o cochicho para exprimir o segredo. Por outro lado, como Saussure enunciou pela primeira vez, no código das línguas naturais, a relação de significante com significado é arbitrária e convencional.

Posso agora voltar à literatura narrativa escrita: o estilo, e também o gênero e a composição, constitui para o autor o conjunto dos procedimentos puramente lingüísticos graças aos quais serão produzidos no leitor efeitos análogos àqueles que os símbolos infralingüísticos produzem no ouvinte; são portanto transpostas a um nível superior de simbolização tentativas de recuperar o funcionamento do nível elementar desta.

O estudo sistemático da simbolização e da semiotização exigiria, a meu ver, distinguir:
• um primeiro nível, qualificado por Hanna Segal como o das equações simbólicas;
• um segundo nível, ao qual a hermenêutica freudiana dos sonhos nos acostumou, o dos símbolos propriamente ditos;

- um terceiro nível, recorrendo a um sistema lingüístico convencional, não mais simbólico e que é o da leitura, ou seja, de uma palavra mais centrada no código do que no corpo;
- um quarto nível, o da escrita, em que apenas o código é significante e no qual o vivido corporal, especialmente coenestésico e próprioceptivo, do narrador não pode ser expresso em uma comunicação direta, mas deve ser dado indiretamente por efeitos de estilo;
- finalmente um quinto nível, de raro acesso, ao qual acedem alguns grandes escritores, onde o estilo não transcreve unicamente a vida psíquica do narrador, mas onde ele imprime uma personalidade específica aos principais personagens apresentados no decorrer da narração: estes são então individualizados e diferenciados pelo estilo de seus discursos e não apenas por sua história, ações, ou papel na intriga.

Gérard Genette (*Figures III*, 1972) ilustrou este último nível para Proust. Mostra que os 'Guermantes, Cottard, Charlus, Françoise', etc. têm cada qual: primeiro seus tiques de linguagem, segundo, o tratamento próprio do vocabulário, e terceiro, um tipo particular de discurso. Sartre sem dúvida aludia a essa complexidade quando, em uma das entrevistas publicadas na revista *Le Nouvel Observateur* (23-27 de junho de 1975), dizia: "O estilo é primeiro uma maneira de dizer três ou quatro coisas em uma única". Via uma diferença fundamental entre a escrita narrativa e a filosófica – eu diria didática – em que convém que uma frase diga uma única coisa.

Recuperar o corpo na letra: esse artifício é próprio do estilo. É aliás uma das molas da "ilusão narrativa", sendo de fato uma narrativa uma ficção tão habilmente arranjada que oferece ao ouvinte, ao leitor a ilusão de uma presença real dos acontecimentos descritos.

O poder do estilo reside no que proponho chamar de ilusão simbólica. Genette (1972) falou de ilusão semântica nesse mesmo sentido. A criança adormecida em todo adulto aceita com dificuldade, após crescer e aprender a falar de acordo com o código da linguagem natural, o arbitrário que liga o significante ao significado e conserva a nostalgia dos sistemas de comunicações infralingüísticos e da relação simbólica entre os signos e seus referentes. O estilo reintroduz a mensagem simbólica na língua convencional por meio de técnicas emprestadas unicamente dessa última: assinala assim a origem do sentido das coisas. Assim, não causará espanto que os estudiosos de estilística e os teóricos estruturalistas da lingüística tenham caracterizado a mensagem (ou a fala, ou a performance) pela metáfora e metonímia, que correspondem na língua convencional à semelhança e a contigüidade, fundamentais na expressão simbólica. A ilusão simbólica é o sonho de uma língua em que a palavra ou se pareceria com a coisa, ou seria parte constituinte da coisa. Ela expressa a imperecível nostalgia de um estado em que a mãe que ensina a falar se confundiria com a mãe que proporcionou o prazer dos cuidados corporais. Os contos de Jorge Luis Borges almejam recriar essa coincidência, como tentei mostrar em meu estudo sobre eles em *Le corps et le code* (D. Anzieu, 1971). Eles a recriam não mais implicitamente, só com o estilo, mas com o tema explícito da narração: assim esse cartógrafo está tão preocupado em fazer com que o mapa corresponda exatamente à paisagem, que Borges imagina que ele acabou aplicando o primeiro sobre a segunda para reproduzi-lo o mais perfeitamente possível em todas as suas configurações reais. A ilusão simbólica parece-me também indicada nessa sentença notável, atribuída a diversos autores, e que é, creio eu, de Victor Hugo: "A forma é o fundo trazido à tona".

O estilo é um produto do trabalho psíquico próprio do pré-consciente, trabalho que Freud, no capítulo sete do *Die Traumdeutung* (1900) definiu, baseado no exemplo do sonho, tendo por objetivo reavivar as representações (dramatização), permutá-las (deslocamento), uni-las (condensação), invertê-las (inversão em seu contrário) para torná-las aptas a significar. O estilo funciona com relação à escrita como a figuração simbólica com relação ao sonho. Permite contornar as duas censuras (entre o inconsciente e o pré-consciente, entre o pré-consciente e a consciência), realizar o desejo, inscrever no texto as vivências corporais. Certas figuras de retórica – Ella Sharpe (1937) demonstrou o claramente para a metáfora – extraem sua força da referência a sensações ou a uma simbólica corporais, retomadas no código lingüístico convencional. Mas de que corpo se trata? Qual é o espaço do estilo? Uma primeira oposição ocorre, na obra, entre a re-criação do espaço fusional ou simbiótico que unia a mãe ao filho e o estabelecimento da boa distância (nem perto nem longe demais) para comunicar-se com o leitor de acordo com as normas do código comum. Uma segunda oposição refere-se à estrutura do corpo em jogo no estilo (e também na composição): mobilização ora de um corpo imaginário, objeto de investimentos narcísicos e pulsionais, ora de esquemas de natureza sensório-motora, sentidos no funcionamento do corpo real; daí uma tensão entre o figurativo e o operatório, cujas manifestações na narração mereceriam um estudo, ainda em estágio balbuciante, para ter seu lugar aqui.

As estruturas pré-conscientes da narrativa

Há um estreito parentesco entre os processos intrapsíquicos que servem para aquilo que Freud chamou de dramatização do sonho e os procedimentos estilísticos que têm por objetivo produzir a ilusão narrativa. Relatar uma cena no presente narrativo (ou passar bruscamente do presente intemporal ou ético – o dos enunciados universais, das verdades gerais – para o presente narrativo) dá ao leitor a impressão de que o narrador lhe relata eventos aos quais está assistindo, e à medida que se desenrolam, como em uma reportagem. Da mesma forma, o presente atual é o tempo único dos sonhos noturnos: não sonhamos no futuro ou no passado; os eventos do sonho desenrolam-se no presente para o sonhador. A ilusão narrativa também pode ser provocada pelo imperfeito, que permite acreditarmos que o narrador se lembra

diante de nós de cenas às quais realmente assistiu outrora.
Estabelece-se assim um paralelo com um fato comprovado pelos neurofisiologistas quando registram os traçados eletroencefalográficos da pessoa adormecida e depois coletam ao despertar o relato de seu sonho: os sonhos, mesmo que vividos no presente, sempre são relatados no imperfeito. Quanto à ilusão da realidade da lembrança, sabemos o quanto a fantasia contribui para isso. Da mesma forma, um relato só produz a ilusão de uma presença real, atual ou passada, de uma cena, quando organiza dados eventualmente reais em torno de uma fantasia consciente ou inconsciente.

Na literatura narrativa, a ilusão da presença do narrador no evento acentua-se quando este, intervindo na primeira pessoa, apresenta-se como testemunha que a ele assiste ("eu vejo", "ouço", etc.) e comunica ao leitor a emoção supostamente suscitada nele ("tenho um sobressalto", "assusto-me", etc). As intervenções do narrador no relato são análogas às reflexões e julgamentos que, pela elaboração secundária, o sonhador imiscui-se no sonho enquanto ocorre. Por outro lado, inúmeros tipos de produções narrativas – a fábula, o conto, o mito, e muitas vezes até o romance – são relatos que têm por meta, explícita ou implícita, ressaltar uma lição. A ilusão narrativa, ao autenticar o relato, legitima a conseqüência de ordem moral que o autor extrai ou sugere ao leitor extrair. A redundância, quer seja consonântica (a aliteração por exemplo) quer seja semântica (a paráfrase por exemplo), por sua insistência intensifica tal conseqüência. Sabemos que o sonho é também um arlequim servindo dois senhores: o desejo recalcado e o superego censurador. O sonhador só continua a dormir se enganar o superego pelo disfarce e pela figuração simbólica dos desejos e se enganar seus desejos pela alucinação de sua realização.

Outros procedimentos concorrem para a dramatização. A personificação das instâncias psíquicas em conflito é comum à fantasia e ao sonho. Da mesma forma, o gênero narrativo exige a representação de personagens que pareçam dotadas de vida própria, independente da do narrador, mesmo que se trate de um monólogo interior deste último. Na inversão do conteúdo latente do sonho em seu contrário, no conteúdo manifesto, corresponde, no relato, a rupturas inversas, destinadas a levar o leitor a despertar da ilusão em que foi mergulhado e a acreditar que agora é a verdadeira realidade que terá de enfrentar: brusca passagem do presente para o futuro ou para um dos tempos do passado (para marcar que o que o narrador apresentava como cena atual é na verdade antecipação ou rememoração); detalhes até então entendidos como conotações e que são agora interpretados como denotações; pensamento que se apresenta claro e desperto e que revela ser um fragmento obscuro de sonho noturno; metáforas desembocando bruscamente em metonímias, a saber, que o leitor, induzido a pensar a partir de um objeto qualquer em termos de similaridade, percebe que se engana e que é a contigüidade que importa para compreender o desenrolar dos eventos; metalepses ou inversões do antecedente e do subseqüente, etc. Inversamente, se passamos da consideração do gênero narrativo para a do gênero poético, essas rupturas só preenchem um papel secundário. O que importa antes de mais nada, é a novidade da metáfora ou da metonímia, a música da frase, a elipse de certas representações mentais para, em seu lugar, liberar um afeto... E assim chegamos provisoriamente à seguinte conclusão: a meta do estilo narrativo está em produzir uma ilusão envolvendo realidade no leitor por uma condensação de fantasias com dados factuais, pela dramatização do relato, pela ficção de personagens, por rupturas, inversões, reviravoltas nos tropos, nos modos temporais, no enquadramento da situação.

O inconsciente é a sede das representações de coisa; o pré-consciente, o das representações de palavra. Essa visão freudiana exige certas organizações. Existem representações pré-conscientes de letras (e de sons): a partir da *Psychopathologie de la vie quotidienne* (1901), Freud dá exemplos e a escola lacaniana muito as privilegiou. Acredito existirem também representações pré-conscientes de relato, ou seja, de encadeamentos de palavras e frases suscetíveis de representar, pela ilusão narrativa, encadeamentos de eventos. Os trabalhos de semióticos como Todorov (1966) e Brémond (1973) sobre a lógica da narrativa colocam o psicanalista na direção de tais representações, mesmo que, em sua perspectiva, se trate apenas de estruturas do discurso. Sem dúvida pode-se supor que a criança adquire a estruturação do relato por internalização, primeiro, dos relatos que ouve os adultos fazerem entre si, segundo, dos relatos que os adultos lhe fazem e especialmente das lendas familiais, regionais ou nacionais. Preferimos pensar que a estruturação do relato só pode ser adquirida com certo grau de desenvolvimento do pré-consciente, por exemplo, se a criança sonha, e ao despertar sabe que sonhou, e também se ela se representa nas rêveries despertas, jogos e brincadeiras, depois em desenhos e finalmente na sua mente. As palavras para dizê-lo não passam de uma questão de cultura e de meio ambiente. Entre essas rêveries, algumas constituiriam inclusive um modelo narrativo por excelência: desse modo Marthe Robert (1972) viu no romance familial a origem do romance. Para mim, o sonho constitui o modelo freudiano da frase.

As representações pré-conscientes de relato desempenham importante papel em psicanálise. De fato, a cura instaura uma situação narrativa: o paciente é convidado a relatar o que se apresenta em sua mente: projetos, lembranças, sonhos, ações ou relatos narrados por outros, monólogos interiores e, às vezes, "discurso imediato" (no sentido dos teóricos do discurso) sobre o que pensa e sente na situação. Pelo menos o psicanalista-leitor conhece essencialmente de seu paciente não um texto – como erroneamente afirmam os lacanianos –, texto sem cessar esboçado, retomado, rasurado, mas (com exceção dos silêncios e dos *acting out*) uma narração em que, como em toda narração, a relação transferencial para o destinatário (o "narratário" dos teóricos do discurso) interfere na relação do paciente-narrador: 1) com a história (supostos eventos da realidade, exterior ou interior) que relata; 2) com o próprio discurso. No que se refere à relação da narração com a história, o histérico por exemplo presentifica ao máximo personagens e ações, o histerofóbico prefere o estilo indireto livre, o obcecado distancia-se dos afetos. Quanto à relação do paciente com o próprio discurso, o tratamento psicótico das palavras consideradas como coisas é bem conhecido; a deriva indefinida do discurso por livres associações, metafóricas, metonímicas ou consonânticas, constitui uma forma de defesa narcísica (e a poesia de Saint-John Perse serve como bom exemplo).

A conduta verbal do psicanalista por sua vez quase nunca é narrativa (a menos que comunique sua interpretação sob forma de apólogo) nem poética; ela quer ser explicativa, ou seja, depende do modo didático. Mas para se fazer entender, para tocar o paciente, para deixar aparecer sua contratransferência, o psicanalista recorre (voluntariamente? espontaneamente?) a figuras de retórica (raras no discurso didático, numerosas no narrativo, e inúmeras no poético): estabelece comparações (metáfora), diz parte daquilo que o paciente cala ou reconstitui o todo do qual este só apresentou elementos (sinédoque, que os estudiosos de estilística vinculam à metonímia), diz o contrário do que o paciente – defensivamente – afirma (litotes, ironia, antífrase, eufemismo). Nisso se reconhecem as associações de idéias por semelhança, por contigüidade e por contraste dos empiristas ingleses, bem como o deslocamento, a condensação e a inversão em seu contrário nos quais Freud viu os três processos fundamentais em ação no trabalho do sonho.

O modo didático, aquele no qual os efeitos de estilo são reduzidos ao mínimo, exige expor uma idéia pela inteligência escolarizada e socializada. O falso-*self* descrito por Winnicott pode revelar-se muito hábil. O estilo, que é uma questão inerente aos modos narrativo (relato de eventos) ou poético (expressão de afetos), tem por objetivo comunicar algo do verdadeiro self (embora um falso-*self* bem-treinado possa ser bem-sucedido na arte do pastiche, fabricar um falso estilo e até forjar com arte). É nesse sentido que o estilo é eminentemente individual. A razão é a seguinte, como tentei desmonstrar neste artigo: o estilo é uma elaboração pré-consciente de um vivido corporal primário (sinestésico, próprioceptivo, cenestésico, sensório-motor) – mas uma elaboração que, passando diretamente do vivido à semiotização, impede o trânsito habitual pela expressão corporal (gesto, mímica, postura, entonação, grito, etc.) com a qual se contentam, o mais das vezes, a maioria (o que as dispensam, quando escrevem um relato de eventos para um destinatário real ou fictício, de ter um estilo...). Com isso aproximamo-nos de Ehrenzweig (1967): a criação literária traz representalibilidade para um vivido individual inconsciente que dela carecia – mas ela o traz por uma série de usos específicos da linguagem relacionados com representações pré-conscientes de discurso.

A linguagem e o esquizofrênico

9

Wilfred R. Bion[1]

Problemas teóricos e técnicos levantados pela psicose

Neste artigo falarei da utilização da linguagem pelo esquizofrênico e das conseqüências dessa utilização na teoria e prática do tratamento. Para ser melhor compreendido, devo esclarecer que mesmo quando não me refiro diretamente à obra de Mélanie Klein, esta ocupa um lugar central em minha concepção da teoria psicanalítica da esquizofrenia. Suponho que sejam conhecidas, por meio de seus trabalhos, as definições de termos como "identificação projetiva" e as posições ditas "paranóide" e "depressiva".

Há inúmeras observações de Freud sobre o aporte da psicanálise para o conhecimento da psicose, mas aqui só falarei de uma ou duas delas. Em seu artigo de 1924 sobre *Névrose et psychose,* Freud estabelece uma fórmula bem simples que talvez expresse a maior das diferenças genéticas entre neurose e psicose: "a neurose resultaria de um conflito entre o ego e o id; a psicose é o resultado análogo de um distúrbio equivalente nas relações entre o ego e o mundo exterior" (trad. fr., p. 283). Tal e qual, essa afirmação parece colocar lado a lado um conflito intrapsíquico com um conflito entre a personalidade e o meio ambiente, e permite todo tipo de confusão. Acredito não estar traindo as idéias de Freud

---

[1] Language and the schizophrenic. In: M. Klein, P. Heimann, R.E. Money-Kyrie (edit.), 1955, *New directions in psycho-analysis,* Londres, Tavistock Publications Ltd., pp. 220-239. Traduzido do inglês por Marcel Thaon; trad. revista por Didier Anzieu.

ao dizer que são mais fielmente representadas pelos trechos nos quais a dinâmica da neurose e da psicose são incontestavelmente fundamentadas no conceito de conflito intrapsíquico. E no entanto, a fórmula de Freud, por apontar a hostilidade do psicótico à realidade exterior, ajuda-nos a compreender um elemento que determina a natureza do conflito intrapsíquico, por isso a ela recorro.

Volto-me agora para trechos de seu artigo de 1911 intitulado: *Formulations concernant les deux principes du fonctionnement psychique*. Estudarei a sucessão das adaptações necessárias devido às novas exigências do princípio de realidade, em um aparelho psíquico do qual Freud afirma que "devido ao nosso insuficiente ou incerto conhecimento, apenas podemos traçar as linhas mestras", pois acredito poder fazer sugestões sobre a questão, inspiradas por certas experiências com as quais me deparei no meu trabalho.

Ele escreve:

> A importância crescente da realidade externa também aumenta o investimento dos órgãos sensoriais dirigidos para esse mundo exterior e do estado de consciência a ele ligado; a consciência aprende então a compreender as qualidades sensitivas além das qualidades de prazer e de *dor* que até então eram as únicas que o interessavam.

Afirmo que o conflito com a realidade no psicótico o leva por caminhos próprios a nos fazer duvidar de que tenha algum dia aprendido a "compreender as qualidades sensitivas além das qualidades de prazer e de *dor*". Além disso há indícios de que ataques destruidores vindos do paciente, ou do id do paciente, foram dirigidos contra os órgãos sensoriais recém-investidos e "a consciência que a ele se liga". A meu ver, o que Freud descreve como a instauração do princípio de realidade é uma etapa que, nesse caso, jamais foi satisfatoriamente elaborada pelo psicótico, e seu maior fracasso situa-se no momento descrito por Mélanie Klein como desenvolvimento da posição depressiva. Caso funcionasse, o princípio de realidade tornaria a criança psicótica capaz de perceber que ela tem relações com objetos totais; esta sentiria então a depressão e a culpabilidade associadas à posição depressiva. Ora, é precisamente nesse momento que o esquizofrênico ataca destrutivamente todos os elementos de sua personalidade, de seu ego, cuja função é estabelecer o contato com a realidade externa e interna. Quais são esses elementos específicos do ego? Freud cita: 1) *a atenção*; 2) *O registro* que afirma pertencer à memória, 3) *o julgamento imparcial*; 4) uma nova função relacionada com a descarga motora e que agora diz respeito à ação; e finalmente 5) *evitação da ação* "por meio do processo de pensamento, desenvolvido a partir da ideação". Freud escreve:

> O pensamento se viu provido de qualidades que possibilitaram ao aparelho psíquico suportar maiores tensões, podendo assim ser retardado o processo de descarga. Em resumo, é uma maneira experimental de agir, acompanhada do deslocamento de menores quantidades de investimento e de seu menor gasto (descarga).

Explicarei mais adiante porque acredito que todos esses mecanismos especializados (exceto o 4 do qual falarei em outro contexto) são, na realidade, aspectos do estabelecimento do pensamento verbal e que, ademais, esse desenvolvimento é um dos avatares das forças de síntese e de integração que, segundo Melanie Klein, caracterizam a posição depressiva. Espero também demonstrar que os distúrbios do pensamento verbal são um aspecto importante da psicose e especialmente da esquizofrenia; e isso apesar de não desejar que acreditem que desconheço as particularidades da relação de objeto do esquizofrênico, cujo pensamento verbal, embora importante, não passa de função subordinada. A melhor maneira de demonstrá-lo está talvez em citar um artigo do qual voltarei a falar. Freud, em seu artigo de 1915 sobre o *Inconsciente*, escreve a respeito um dos casos ao qual voltarei mais tarde: "a análise mostra que ele elabora seu complexo de castração na própria pele". Confrontando minha experiência com a formulação de Freud segundo a qual, na psicose, o conflito se desenrola entre o ego e o meio ambiente, sugiro que seria uma descrição mais frutífera supor que as castrações do psicótico são elaboradas em sua pele mental - a saber, no seu ego. Mais especeficamente, a castração do ego consiste em ataques destruidores sobre: 1) a consciência ligada aos órgãos sensoriais; 2) a atenção, função que Freud disse ter sido instituída para explorar o mundo exterior; 3) o sistema de registro que descreve como pertencente à memória; 4) a função de julgamento que foi desenvolvida para substituir o recalque; – e finalmente – 5) o pensamento como meio de suportar o aumento de tensão provocado pela interrupção da descarga motora. Quanto a este último, acrescentarei que, o pensamento verbal é a característica essencial dessas cinco funções do ego e que os ataques destruidores contra o pensamento verbal ou seus rudimentos inevitavelmente atingem a todas.

Passemos à natureza desses ataques: proponho-me mostrar que ilustram os mecanismos descritos por Mélanie Klein a respeito das posicões paranóide-esquizóide e depressiva, e especialmente a identificação projetiva. Em seu artigo sobre *L'importance de la formation du symbole dans le développement du moi* (1930), descreve as fantasias do bebê no que se refere aos conteúdos imaginários do corpo materno e o sadismo com o qual os ataca. Acredito que esse mesmo sadismo oral, anal, uretral e muscular que ela descreve como típico dos ataques contra o corpo da mãe e a sexualidade dos pais, atua contra o eu. A castração do eu manifesta-se então em ataques profundamente sádicos sobre: 1) a consciência ligada aos órgãos sensoriais; 2) a atenção; 3) o sistema de registro; 4) a função de julgar; 5) a capacidade de tolerar a frustração de descarga motora; e portanto, no desenvolvimento completo do pensamento verbal, cujos elementos por mim citados são aspectos específicos e não, como disse Freud, apenas o último. Entre os métodos de ataques mais empregados contra o pensamento verbal, citemos a clivagem, que Freud e outros descreveram tantas vezes. Mas o essencial reside no fato de que a clivagem do pensamento verbal é conduzida de maneira cruel, e que as tentativas de síntese típicas da posição depressiva são, no psicótico como nos demais, contrariadas pela aproximação cruel das partes clivadas.

Espero também demonstrar que o mecanismo de clivagem é instalado para controlar a avidez do paciente e portanto, não é apenas uma dessas infelizes catástrofes que ocorrem quando o eu do paciente se estilhaça devido a sua determinação em clivar seus objetos; esse mecanismo é o resultado de um projeto que pode ser expresso verbalmente como a intenção de ser o maior número de pessoas possível, a fim de estar no maior número de lugares possíveis, a fim de obter o máximo, pelo máximo de tempo possível – na verdade, eternamente.

O material apresentado a seguir provém da análise de seis pacientes: dois eram toxicômanos, o terceiro, um obsessivo com traços esquizóides, e os demais esquizofrênicos; todos sofriam de alucinações que puderam vir à tona durante os quatro ou cinco anos de análise. Dos três, dois apresentavam traços paranóides acentuados, e o outro traços depressivos.

Uma única vez afastei-me voluntariamente do procedimento que usualmente emprego com os neuróticos, levando sempre em consideração, ao mesmo tempo, os aspectos positivos e negativos da transferência. Durante algum tempo fui obrigado a visitar um paciente no hospital, mas em geral os doentes vinham ao consultório, às vezes acompanhados por um enfermeiro. A exceção aparecerá claramente quando tratar do tema central de meu artigo: uma teoria da esquizofrenia tal como emerge das dificuldades de comunicação entre o esquizóide e o analista. Boa parte de meu artigo está centrado nos estágios rudimentares daquilo que chamo, à falta de um termo mais adequado, de pensamento verbal. Mas, antes de atingir essa etapa na análise, muito resta a ser feito, e é no decorrer deste trabalho que proponho interpretações que a maioria dos analistas criticariam como exceções à pureza da regra analítica, exigindo portanto minucioso exame.

Em nosso atual estado de ignorância, o analista que tenta tratar tais pacientes deve estar preparado para descobrir que, para a maior parte de uma sessão de análise, os únicos indícios nos quais baseia suas interpretações devem ser encontrados na contratransferência. Dou um exemplo prático de como isso ocorre: um paciente tinha ficado deitado em silêncio no divã por uns vinte minutos. Conscientizei-me durante esses minutos, de uma sensação de angústia e de uma tensão que cresciam em mim, que associei com informações sobre o doente adquiridas durante os seis primeiros meses de análise. Como o silêncio se prolongava, comecei a recear que o paciente estivesse pensando em me agredir fisicamente embora não tenha observado nenhuma mudança visível em sua postura. Como a tensão aumentasse, tive uma certeza. Só então disse-lhe: "você fez com que no meu interior penetrasse o receio que você tem de me matar". A posição do paciente não mudou, mas percebi que ele cerrava a tal ponto os punhos que a pele das articulações embranqueciam. O silêncio se prolongava. No mesmo instante, senti que a tensão na sala – que provavelmente existia entre ele e mim – havia diminuído. Disse-lhe: "quando lhe falei, você fez voltar para você o medo de me matar; você agora teme atacar-me mortalmente". Segui o mesmo método durante toda a sessão, esperando que as impressões se empilhassem até sentir-me fundamentado para dar uma interpretacão. Pode-se observar que minha interpretação utiliza a noção de identificação projetiva, introduzida por Mélanie Klein, primeiro para compreender a contratransferência, e a seguir para construir a interpretação que dei ao paciente.

Esse método permite graves objeções teóricas, e acredito que é preciso enfrentá-las. É dispensável mencionar os debates que prosseguem em torno das teorias de Mélanie Klein, mas gostaria de discutir mais extensamente o uso que faço da contratransferência.

A objeção de que projeto meus conflitos e minhas fantasias no paciente não pode – e não deve – ser facilmente rechaçada. Minha defesa está nos dados brutos da própria situação analítica, a saber, que no atual estado do conhecimento psicanalítico, o analista não pode basear-se em teorias perfeitamente autenticadas.

Além disso, é obrigado a pressupor que sua própria análise foi suficientemente longe para tornar improváveis as interpretações desastrosas. Finalmente, acredito que há signos que permitem, ao mesmo tempo em que a experiência se acumula, detectar e apresentar fatos que existem, mas que não são diretamente (clinicamente) visíveis. Podemos observá-los pelo atalho da pressão que exercem para produzir aquilo que chamo de contratransferência. Não gostaria que pensassem que proponho tal uso da contratransferência como única solução; mas, antes, trata-se de um expediente de que é possível usar até que se apresente algo melhor.

Em ampla medida, e por razões que apresento mais adiante, é preciso aceitar que o psicótico faça *acting out*, mas tenho certeza de que o psicanalista deve sempre – pela maneira de conduzir o tratamento – fazer com que mostre que fala com uma pessoa sã de espírito e pela qual espera ser, de certo modo, compreendido. É um ponto importante pois, explicarei mais adiante, os pacientes utilizarão o mecanismo de identificação projetiva para tentar livrar-se de sua 'saúde mental'. Se o analista parece, por seu comportamento, permitir-lhes isso, abre-se o caminho para uma regressão maciça, e de acordo com minha experiência será então necessário passar muito tempo para salvar a situação. Sob esse ponto de vista, concordo plenamente com as idéias de Maurits Katan (1953) sobre a importância da parte não-psicótica da personalidade do esquizofrênico.

Posso apresentar dois motivos que me permitem supor que meu procedimento se justifique. O primeiro, o peitoril, nos oferece a facilidade do psicótico em indicar quando pensa ser a vítima das projeções do analista. Isso não prova que semelhante projeção ocorreu, mas tem o mérito de chamar nossa atenção. O segundo, é que o método funciona.

A linguagem do esquizofrênico

O esquizofrênico emprega a linguagem de três maneiras: como modo de ação; como método de comunicação; como modo de pensamento. Preferirá a ação nos casos em que outros pacientes perceberiam que a resposta adequada é o pensamento; por exemplo, ele se dirige até um piano a fim de entender, com esse movimento, porque alguém toca piano. Reciprocamente, se tem um problema cuja solução depende de uma ação dele (como mudar de lugar), empregará o pensamento onipotente como modo de transporte.

Por enquanto quero apenas considerar a utilização do pensamento como modo de ação a serviço da identificação projetiva e da clivagem do objeto. Pode-se observar que é apenas um aspecto da relação de objeto do esquizofrênico: aquele pelo qual ora cliva seus objetos, ora entra e sai deles.

A primeira dessas duas utilizações está a serviço da identificação projetiva. Nesta, o paciente utiliza palavras como se fossem coisas, ou como partes clivadas dele mesmo, que 'enterra' profundamente no analista. A crença desse paciente que tinha a impressão de entrar em mim no início de cada sessão – lugar do qual era preciso extirpá-lo no final – é típica do procedimento.

A linguagem também é empregada como modo de ação na clivagem dos objetos. Isso ocorre quando o analista é identificado com os perseguidores internos, mas também em outras circunstâncias. Eis dois exemplos dessa utilização da linguagem: o paciente entra na sala, aperta calorosamente minha mão, e depois olhando-me intensamente nos olhos diz: "Acredito que as sessões não demoram muito, mas sempre me impedem de sair." Por experiência sei que esse doente se queixa de que as sessões sejam muito poucas e que interferem com o seu tempo de lazer. Ele tentava clivar-me forçando-me a dar duas interpretações contrárias ao mesmo tempo, como mostra sua associação seguinte, quando diz: "Como é que o elevador sabe o que fazer quando aperto dois botões ao mesmo tempo?"

O segundo exemplo tem múltiplas implicações que – em suas relações com a insônia – não posso desenvolver aqui. A técnica utilizada combina dois elementos incompatíveis: o paciente fala com voz sonolenta no intuito de adormecer o analista. Ao mesmo tempo estimula sua curiosidade. A intenção ainda é de clivar o analista, a quem não é permitido nem dormir nem ficar acordado. Observaremos um terceiro exemplo de clivagem mais adiante na descrição de um paciente que clivava a palavra do próprio analista.

Antes de considerar as dificuldades do esquizofrênico com a linguagem como modo de pensamento, gostaria de falar um pouco de semântica. Creio que nossas dificuldades como analistas nos pareçam maiores do que são, devido a uma teoria inadequada da semântica; e especificamente, nossa utilização da teoria augustiniana, como se fosse válida em qualquer lugar. Wittgenstein (1953)[1] criticou essa utilização e parece-me ter proposto uma teoria a um tempo mais geral e mais realista. Em linguagem corrente, o sentido de uma dada palavra, e mais ainda da soma de tudo que o homem diz, depende da síntese de uma série complexa de elementos: os sons devem combinar-se para formar palavras, e as palavras, frases. A cultura e a personalidade da pessoa a quem a frase é dirigida são também depressa levadas em conta e integradas com outros elementos na mente de quem fala. A entonação e a pronúncia apropriadas devem ser empregadas, e assim por diante. Como mostrarei mais adiante, uma linguagem usual razoavelmente correta pode ser tão maltratada por aquele que ouve que seu sentido é destruído. Reciprocamente, aquele que fala pode ser tão incapaz de síntese, ou mostrar tamanhas aberrações em seus modos de integração que todo um trabalho deve ser feito para apenas perceber o que ocorreu com a comunicação verbal, e principalmente para compreender o sentido das frases. Tentarei explicar-me melhor dando exemplos clínicos no desenvolvimento desse assunto.

Passemos agora às dificuldades do esquizofrênico com a linguagem como modo de pensamento. Eis uma série de associações provenientes de uma mesma sessão, mas separadas entre si por intervalos de quatro a cinco minutos:

---

[1] L. Wittgenstein, 1953, *Investigations philosophiques*; trad. fr. apêndice ao *Tractatus logico-philosophicus*, Paris, Gallimard.

– Estou com um problema que tento resolver;
– Quando criança nunca tinha devaneios;
– Sabia que não eram reais, então os detive;
– Agora não sonho mais;
Depois de uma pausa, o paciente prosseguiu com espanto:
– Agora não sei mais o que fazer.
Respondi:
– Faz um ano, você me disse não saber pensar muito bem. Agora me diz estar tentando resolver um problema - obviamente algo em que você pensava.
O paciente: – É.
O analista: – Mas a seguir veio-lhe à mente que você não tinha devaneios de criança; em seguida, que você não sonhava; e depois você disse não saber o que fazer. Isso deve significar que sem sonho e sem devaneios você não detém os meios de resolver o seu problema e nem mesmo de pensar nele.

O paciente concordou e se pôs a falar com maior coerência e liberdade. Essa referência à inibição da capacidade de fantasiar como golpe grave ao desenvolvimento psíquico confirma as observações feitas por Mélanie Klein em seu artigo *Contribution à la théorie de l'inhibition intellectuelle* (1931).

A importância dos processos de clivagem no esquizofrênico dificulta-lhe se servir dos símbolos, e, portanto, dos substantivos e dos verbos. É indispensável fazer com que observe essas dificuldades quando aparecem; breve darei um exemplo. A capacidade de simbolizar depende:

1) da possibilidade de apreensão dos objetos totais;
2) do abandono da posição paranóide-esquizóide e da utilização correspondente da clivagem;
3) da reunificação das partes clivadas e da entrada na posição depressiva.

Como o pensamento verbal depende da possibilidade de integrar, não é nada surpreendente descobrir que sua emergência está associada à posição depressiva, fase de síntese e de integração ativas como demonstrou Mélanie Klein. O pensamento verbal afia a tomada de consciência da realidade psíquica e, portanto da depressão que está ligada à destruição e à perda dos bons objetos. A presença de perseguidores internos – outro aspecto da realidade psíquica – também permite ser reconhecida inconscientemente. O paciente acredita que a relação existente entre a posição depressiva e o pensamento verbal é de causa e efeito – o que já é uma crença fundamentada em sua capacidade de integração – e é uma causa suplementar que aumenta seu ódio já bem evidenciado pela análise, uma vez que esta afinal é um tratamento que emprega o pensamento verbal para solucionar os problemas mentais.

Nesse estágio, o paciente começa a temer o analista mesmo que acredite sentir-se melhor, mas, nisso reside o problema central, ele mostra por sua atitude que não quer saber de nada com sua capacidade embrionária de pensamento verbal. Prefere deixá-la para o analista ou, como julgo mais correto dizer, pensa que o analista está mais apto a conservá-lo em si sem incorrer em tragédia. Apesar de todo o trabalho efetuado, o paciente parece ter voltado ao uso da linguagem característica do esquizofrênico não-analisado. Ele tem maiores capacidades verbais, mas prefere empregá-las como sempre fez.

O desenvolvimento da capacidade de pensamento verbal

Para explicar porque o paciente tem tão pouca pressa em utilizar sua novas possibilidades, relatarei uma experiência que me parece extremamente significativa. Um paciente me diz: "Sou prisioneiro da psicanálise."Mais tarde durante a mesma sessão, acrescenta: "Não consigo escapar." Alguns meses depois ele diz: "Não posso sair de meu estado de espírito." Uma quantidade de matéria, cujas citações não conseguiriam expressar, se acumulou durante um período de três anos para dar a impressão de que o paciente não conseguia escapar de uma prisão que era ora eu, ora a psicanálise, ora seu estado de espírito em luta permanente com seus objetos internos.

O problema de que trato pode ser melhor compreendido se tomarmos o momento em que esse paciente tem a sensação de ter efetuado sua evasão. A evasão parece contribuir para a impressão do doente (às vezes expressa) de que está melhor; mas lhe custou muito. Ele diz: "perdi minhas palavras" e com isso queria dizer (como demonstrou a análise posterior), que o instrumento que permitira sua evasão se perdera na operação. As palavras, a capacidade de pensamento verbal, essenciais para progredir, desapareceram. Mais profundamente, começa a acreditar que seu estado é uma punição por ter forjado esse instrumento de pensamento e tê-lo utilizado para escapar de seu antigo estado mental; daí a má vontade, que descrevi, em utilizar sua maior capacidade verbal, exceto como modo de ação.

E agora temos o exemplo que prometi quando falava dos distúrbios causados pela clivagem esquizofrênica na formação dos símbolos e no desenvolvimento do pensamento verbal. O paciente é um esquizofrênico que há cinco anos faz análise; a seguir descrevo os pontos essenciais de duas sessões. Preciso adverti-los de que diante da necessidade de concisão vi-me obrigado a descartar as múltiplas formulações repetitivas às quais recorri e que atenuariam a brutalidade de minhas interpretações tais como as transcrevo aqui. Acredito que as interpretações devem ser em uma linguagem a um só tempo simples, exata e adulta:

O paciente: – Arranquei um pedacinho de pele do rosto e me sinto muito vazio.
O analista: – O pedacinho de pele é o pênis que você arrancou, e todos os seus órgãos internos saíram junto.
O paciente: – não entendo... pênis... apenas sílabas.
O analista: – Você cortou a palavra 'pênis' em sílabas e ficou sem sentido.
O paciente: – Não entendo o sentido, mas sinto vontade de dizer: 'se não posso soletrar, não posso pensar.
O analista: – As sílabas foram agora cortadas em letras; você não pode soletrar, ou seja, você não pode juntar novamente as letras a fim de formar palavras, então não pode pensar.

O paciente começou a sessão no dia seguinte com associações desconexas e se queixou de não conseguir pensar. Lembrei-lhe a última sessão, e imediatamente retomou em linguagem ordenada:

O paciente: – Não consigo achar comida interessante.
O analista: – Você tem a impressão de que comeram tudo.
O paciente: – Sinto-me incapaz de comprar roupas novas e minhas meias estão furadas.
O analista: – Ao arrancar o pedacinho de pele ontem, você se feriu tão gravemente que você nem mesmo pode comprar roupas; você está vazio e não tem mais nada para comprar.
O paciente: – Embora estejam furadas, elas me apertam os pés.
O analista: – Você não só arrancou o próprio pênis, como também o meu. Assim, hoje não tem comida interessante, só um buraco, uma meia. Mas até essa meia é feita de um monte de buracos, e todos esses buracos que você construiu, você os junta para apertar, engolir, ferir seu pé.

As sessões seguintes confirmaram que ele acreditava ter comido o pênis e que portanto não havia mais comida interessante, só um buraco. Mas esse buraco era agora tão persecutório que foi preciso clivá-lo. Devido à clivagem, o buraco transformou-se em uma massa de buracos que se juntaram para atacar seu pé. A tendência do paciente em se triturar foi elaborada em análise há uns três anos. Inicialmente ele só se preocupou com todos os cravos. Agora, cito a descrição que Freud faz de três casos, um observado por ele mesmo, um pelo Dr. Tausk, e um por Reitler, e que se assemelhavam ao de meu paciente. Foram transcritos de seu artigo de 1915 sobre o inconsciente.

Freud relata que seu paciente "havia abandonado todos os interesses na vida, devido à má condição da pele do rosto. Afirma ter cravos que são buracos profundos que todos notam". Freud escreve que ele elabora seu complexo de castração na pele e que toda vez que espreme os cravos, tem a impressão de que isso forma uma profunda cavidade em seu rosto. E prossegue: "A cavidade que aparece então como conseqüência de seu ato culpado é o sexo feminino, ou seja que representa a realização da ameaça de castração (ou da fantasia que a representa) provocada pelo onanismo". Freud compara tais formações substitutivas às do histérico e diz:

> Um buraquinho como o do poro da pele nunca será empregado pelo histérico como símbolo da vagina, que comparará mais facilmente com qualquer objeto capaz de encerrar um espaço. Além disso, acreditamos que a multiplicidade dessas pequenas capacidades o impediriam de usá-las como substituto do sexo feminino.

Escreve sobre o caso de Tausk: "Ao tirar as meias, preocupava-se com a idéia que tinha de afastar as malhas, isto é, os buracos, e cada buraco era para ele o símbolo do orifício genital feminino".

Ao falar sobre o caso de Reitler, diz que o paciente "encontrou a explicação de que seu pé simbolizava o pênis; pôr as meias representava o onanismo".

Voltemos agora a meu paciente durante uma sessão dez dias mais tarde. Uma lágrima saiu dos olhos dele e ele disse com um misto de desespero e agressividade: "As lágrimas começam a sair de meus ouvidos agora".

Esse tipo de associação já me era familiar, e assim percebi que me era apresentado um problema de interpretação. Mas dessa vez o doente, que fazia análise há seis anos, era capaz de um bom grau de identificação com o analista e me ajudava. Não tentarei descrever as etapas que me levaram às conclusões a que cheguei. Os passos foram lentos e laboriosos, embora tendo seis anos de análise a sustentá-los.

Aconteceu que ele deplorava um lapso que parecia confirmar sua impressão de que suas qualidades de comunicação verbal teriam sido atingidas. Parecia-lhe que sua frase era apenas mais um exemplo de sua incapacidade em juntar palavras.

Após termos discutido, percebemos que as lágrimas eram algo muito ruim, que ele tinha a mesma sensação para as lágrimas que escorriam dos ouvidos como para o suor dos poros quando tirou os cravos ou outras coisas da pele. As idéias que tinha sobre as lágrimas dos ouvidos eram semelhantes às que se referiam à urina proveniente do buraco deixado ao arrancar o pênis; a má urina continuava saindo. Quando me disse que não conseguia ouvir direito, aproveitei para lembrar-lhe de que, de qualquer modo, precisávamos saber porque sua mente estava repleta de tais pensamentos naquele exato momento, e sugeri que provavelmente a sua audição me parecia ruim porque minhas palavras estavam afogadas pelas lágrimas que escorriam de seus ouvidos.

Quando pareceu que ele também não podia falar direito, sugeri que era porque lhe parecia que a língua havia sido arrancada e que sobrara apenas uma orelha.

A isso seguiu-se uma série de palavras e barulhos, aparentemente caóticos. Interpretei que agora ele sentia que possuía uma língua, mas que ela era tão ruim quanto seu ouvido – apenas permitia que um fluxo de linguagem destruída escorresse. Em resumo, parecia que apesar de seus desejos e dos meus, não podíamos (ou ele pensava que não podíamos) nos comunicar. Sugeri-lhe que ele tinha a impressão de ter um objeto extremamente ruim e hostil dentro de si, o qual atacava nossa relação verbal de modo destrutivo como ele havia feito com a relação parental, sexual ou verbal.

Em um primeiro momento, ele parecia sentir com muita intensidade as falhas na sua capacidade de comunicação ou de pensamento; havia também uma boa parcela de jogo na pronúncia da palavra lágrima (*tears* se transformava em *teers* [rasgar] ou *tares* [joio], enfatizando na maior parte do tempo a incapacidade de juntar os objetos, as palavras, ou as palavras e a pronúncia, a não ser de maneira cruel. Mas nesse momento ele pareceu compreender que sua associação fora o ponto de partida de um diálogo completo. E murmurou então: "muitas pessoas". Parece que ele passou rapidamente da idéia de que sua capacidade verbal havia sido irremediavelmente destruída por ataques contra nossa conversa à idéia de que sua comunicação verbal era extremamente invejosa. Essa vontade se manifestava pela clivagem dele mesmo em inúmeras pessoas; a tal ponto, que ele conseguia colocar-se em vários lugares ao mesmo tempo para escutar numerosas interpretações que eu - clivado também em "inúmeras pessoas"– podia agora dar simultaneamente em vez de uma por vez. Sua vontade, e os ataque contra a comunicação verbal pelos perseguidores internos, podiam portanto se relacionar.

A crença do paciente no fato de a clivagem ter destruído sua capacidade de pensar era muito grave para ele, porque não podia acreditar que a ação representasse uma solução para o tipo de problema que enfrentava. Esse estado era chamado pelo paciente de "loucura".

O doente acredita ter perdido a possibilidade de pensar verbalmente porque a deixou para trás, no seu antigo estado mental, na psicanálise ou no psicanalista. Acredita também que suas possibilidades de pensamento verbal foram arrancadas dele pelo analista, que agora é uma pessoa assustadora. Essas duas crenças dão lugar a uma angústia característica. Pensa estar louco, que não poderá prosseguir a menos que volte a seu estado anterior para retomar seu pensamento. Mas não ousa fazê-lo por temer seu estado mental anterior ser novamente trancado nele. A crença de que o analista retirou dele a capacidade de pensamento verbal faz com que o paciente tema empregar suas novas possibilidades de conceitualização, por medo de provocar o ódio do analista e de vê-lo retomar seus ataques. Ele mostra portanto com relação ao pensamento verbal as mesmas atitudes que mostra diante de suas capacidades sexuais ou de suas possibilidade de trabalhar ou amar. Do ponto de vista do paciente, o acesso ao pensamento verbal foi um evento muito infeliz. O pensamento verbal é tão ligado à catástrofe e à depressão que ele a cliva, e, recorrendo à identificação projetiva, faz com que penetre no analista. Uma vez mais os resultados são deploráveis para o paciente; a perda de sua capacidade é agora sentida como equivalendo a estar louco. Por outro lado, reassumir o pensamento verbal parece-lhe inseparável da depressão e da tomada de consciência, desta vez no plano real, de que está "louco". O que parece concretizar as fantasias do paciente sobre as catástrofes que ocorreriam caso se arriscasse a introjetar sua capacidade de pensamento verbal. Não se deve acreditar que o paciente descarte esse problema durante essa fase. De tempos em tempos dará ao analista informações concretas e precisas sobre a questão. O problema do analista é o terror agora manifesto que o paciente sente, seu medo de tentar compreender psicanaliticamente o que sente, em parte por perceber que a psicanálise exige que empregue esse pensamento verbal que o aterroriza.

Até agora falei do problema da comunicação entre o analista e seu paciente esquizofrênico. Considerarei agora a experiência que o doente tem quando sobrevive ao processo de aquisição de um controle suficiente da linguagem para emergir da "prisão psicanalítica", ou do estado mental no qual se sentia até então trancado sem esperança de salvação. Aparentemente o paciente tornou-se insensível a toda existência exterior ao consultório; nunca fala daquilo que faz fora. Há apenas uma existência longe do analista que não garante nada, exceto que "vai indo" ou que "está melhor", e uma relação com o analista que o paciente afirma ser ruim. Os intervalos entre as sessões são aceitos e temidos. Queixa-se de estar louco, expressa seu medo das alucinações, é muito prudente em seu agir por temor de enlouquecer.

A revivescência das emoções pertencentes a essa fase permite uma evolução para uma maior valorização do objeto exterior, às custas do objeto interno alucinado. Isso exige a análise das alucinações do paciente e de sua insistência em dar aos objetos reais um papel subalterno. Se isso foi feito, o psicanalista vê desenvolver-se diante dele um eu e relações de objeto mais normais. Afirmo que houve elaboração adequada dos processos de clivagem, das angústias persecutórias subjacentes e da reintegração. Herbert Rosenfeld (1947)[1] descreveu alguns dos

---

[1] H. Rosenfeld, 1947, Analysis of a schizophrenic state with despersonalization. *Internat. J. Psycho-Anal.*, p. 38.

perigos dessa fase. Minha experiência confirma essas descobertas. Observei a progressão que vai da clivagem múltipla à clivagem em quatro partes, e depois de quatro para duas, e a terrível angústia que surge enquanto a integração ocorre e que tende a voltar a um estado violentamente desintegrado. Isso se deve à incapacidade de suportar a posição depressiva, os perseguidores internos e o pensamento verbal. Se a clivagem foi eleborada de modo satisfatório, a tendência em clivar o objeto e o eu ao mesmo tempo é contida. Cada sessão é um passo no desenvolvimento do eu.

Conscientização da loucura

A punição por ter tentado esclarecer a complexidade das relações de objeto de um paciente esquizofrênico é tal que, se for bem sucedida, ela engana e desnorteia. Gostaria de restabelecer o equilíbrio examinando os fatos relatados sob um ângulo diferente. Tomarei como ponto de partida o momento em que os elementos clivados são reunidos, quando o paciente escapa da prisão de seu estado mental e quando a posição depressiva aparece. Gostaria essencialmente de chamar a atenção sobre essa concatenação de eventos que está sob o foco do desenvolvimento da capacidade de pensamento verbal. Já especifiquei que é um momento capital da análise, e, ao fazê-lo, consegui transmitir a impressão de que a seguir o processo analítico entrava em águas calmas. Mas, se o analista foi bem sucedido, uma crise controlada de esquizofrênia se desencadeia e no seu decorrer o paciente dirige ao analista poderosos sentimentos de ódio. Se foi dado todo o cuidado necessário, no decorrer da análise, quando é levada em consideração tanto a transferência negativa como a positiva, acredito ter condições de afirmar que o paciente não tentará matar realmente o analista – embora seja melhor não contar muito com isso – mas que ele se contentará em repetir, com convicção e ódio intensos, que o analista não apenas o levou a perceber que ele é vítima de uma alucinação e de ilusão, mas que é também responsável por seu estado.

Até que saibamos mais sobre o tratamento de tais casos, é provável que, se o paciente ainda não estiver hospitalizado, deverá sê-lo. O analista deve contar com o fato de que a preocupação com a proteção do doente leve a família a intervir. Deverá opor-se a qualquer sugestão de tratamento cirúrgico ou eletrochoques, e concentrar-se na tarefa de impedir que o paciente fuja da conscientização da loucura ou de seu ódio pelo analista, que fez com que chegasse a esse ponto, depois de tantos anos escapando de sua realidade psíquica. Será talvez o mais difícil, pois, ao término da primeira reação de pânico, o próprio paciente sugerirá que está melhor. Deve-se prestar atenção a esse momento, devem ser tomadas as maiores precauções para evitar que esse alívio consiga contrariar a busca detalhada das ramificações, na situação analítica, das mudanças trazidas às relações de objetos do paciente pela conscientização de sua loucura.

Sobre alguns desenvolvimentos posteriores

Gostaria de apresentar agora como é uma sessão, quando essa fase estiver bem-estabelecida, quando o paciente aceitou sua loucura e a necessidade de prosseguir com o trabalho analítico exigido dele. Os exemplos que darei são típicos das sessões descritas como "etapas no desenvolvimento do eu". O primeiro é o de um paciente cujo problema psicológico pode ser resumido como uma rebeldia contínua contra a depressão, à qual foi forçado a agarrar-se com a maior tenacidade, por temer, segundo suas próprias palavras, "a esquizofrenia, catatônica" que a substituiria no caso de abandonar a depressão. A sessão ocorreu quinze meses após seu médico ter diagnosticado uma crise de esquizofrenia quando, chamado a atendê-lo, encontrou-o prostrado em "estupor depressivo". Quando dessa sessão, já era capaz de discutir, sem excesso de temores, o problema de saber se as diversas experiências que tinha diariamente eram o que ele chamava indistintamente de "imagens visuais", "alucinações", "ilusões", "pesadelos", "sonhos" ou se eram "verdadeiras". Aceitava a necessidade de distinguir, e demonstrava, implicita e explicitamente, que era mais importante saber se algo era verdadeiro do que se era agradável. Podia também aceitar o fato, demonstrável, de que passava com freqüência da "depressão" à "esquizofrenia" e vice-versa; em resumo, que a crise temida não era algo do passado, decididamente abolida, mas um fenômeno recorrente. Tentava ainda recusá-lo, chamando minha atenção para a assiduidade bem recente em conferências e cursos de engenharia. Jamais deixei de levar em consideração, mas salientava que isso não refutava necessariamente minha interpretação.

Na sessão que descrevo, apresentei uma interpretação mostrando que sua incapacidade em emitir juízos de valor, de que ele acabava de se queixar, seguira associações nas quais tinha cada vez mais dificuldades no emprego de palavras.

Paciente: – Não consigo lembrar exatamente do que você acaba de dizer.
Analista: – Desde que você pensa que lhe faltam palavras, você também acredita que lhe faltam meios de armazenar as palavras na sua mente. A sensação é tão forte que você acredita ter esquecido, quer seja verdade ou não.
Paciente: – Ah, sim, agora me lembro. (Então fica depressivo). Receio dar-lhe muitos aborrecimentos.
Analista: – Veja: assim que você se sente capaz de pensar, e portanto de se lembrar, você tem a impressão de ter-me prejudicado, causado aborrecimentos e a depressão ocorre.
Paciente: – Meus músculos ficam rígidos. (Ele se espreguiça, um braço depois do outro, de modo bastante rígido, mas como durante um bocejo ou como um atleta que se aquece). Será a esquizofrenia?
Analista: – Sabemos o quanto você teme a depressão; mas agora você não precisa mais estar depressivo, uma vez que tem essa horrível 'esquizofrenia' no braço para controlar a depressão.
Paciente (depressivo): Não sei como agüentarei chegar até o fim do dia.
Analista: – E na verdade você está de novo deprimido – ou sofre dessa má 'esquizofrenia' ou dessa má 'depressão'; ou uma ou outra.

Paciente (intrigado): – É esquisito, no entanto agora freqüento cursos e gosto disso.

O analista: – Você não consegue entender como trabalhar ou ser feliz, ao passo que desde sempre você sente que só pode ou estar deprimido ou ser o que você chama de 'esquizofrênico'.

Escolhi esse exemplo, pois mostra bem a maneira como um paciente reúne, em algumas associações, uma crise inteira que exigiu anos para atingir; a experiência contra a qual mobilizou tantas defesas é agora vivida bem facilmente. Isso mostra como a posição depressiva pode ser utilizada como escapatória da posição paranóide-esquizóide e vice-versa; e também a parcela desempenhada pela integração e desintegração do pensamento verbal nessas mudanças.

O próximo exemplo mostra as dificuldades encontradas pelo paciente esquizofrênico ao tentar empregar palavras. Esse doente elaborava a sua "crise" há uns nove meses quando esse episódio ocorreu. A sessão fora marcada por inúmeras especulações de caráter bastante abstrato sobre dificuldades que tinha no trabalho; em dado momento empregou a palavra "selexual". Imediatamente reagiu com um gesto de impaciência colérica. "O que significa isso?" perguntei. "Ah, nada, uma palavra subiu na outra e fizeram coisas sexuais." Respondi: "Você pensa que suas palavras não ajudarão quando quiser, mas que começarão a ter relações sexuais. Elas parecem comportar-se como seus pais com relação a você; que ficam o tempo todo perseguindo-o ao fazer amor." Lembrou-se daquilo a que me referia, pois tínhamos trabalhado muito sobre a cena primitiva em seus múltiplos aspectos e estava familiarizado com suas manifestações como objeto interno. O que surpreende nessa associação é que ela denota uma síntese na qual os objetos se juntam, ou em que lhes é permitido reunirem-se de maneira muito mais criadora do que antes da "crise". Até então eles jamais puderam nascer, mesmo quando eram reunidos, e no mais das vezes eram reunidos de maneira cruel, a saber, incongruente e frustradora. Além disso, o paciente estava com raiva, mas não se sentia perseguido. Finalmente existia em torno do episódio uma qualidade emocional que acho difícil traduzir. No entanto me esforçarei, pois é de capital importância. Pela primeira vez em toda a sua análise, senti-me divertido e capaz de acreditar que se o paciente houvesse percebido meu divertimento, ele me teria perdoado. Antes disso, houve momentos, por exemplo quando me contou um sonho no qual animais formados de metades incompatíveis se reuniam, em que me pareceu que eu fôra convidado a partilhar o que apenas consigo descrever como uma brincadeira 'não engraçada'. Ele muitas vezes imaginou, com furor crescente e perigoso, que eu zombavam dele. Mas nunca, antes dessa vez, sua aspereza se suavizara com uma nota de ternura. Pela primeira vez, parecia possível ver um dia o paciente demonstrar senso de humor. Chamei sua atenção, enquanto que a entonação que empregara, continuava provavelmente ainda presente em sua mente, para o fato de que ele havia falado do comportamento sexual desses dois objetos com exasperação, mas também com amor; e lembrei-lhe em contrapartida o ódio incessante que até então demonstrara pela vida sexual dos pais.

O último exemplo desse período é uma réplica dada por um esquizofrênico quando mostrei que como de costume ele duvidava da pertinência de uma interpretação que eu fizera. "Eu me perguntei se ela era agradável ou desagradável, ao que respondeu que também não sabia se era verdadeira ou não." Sugeri que isso podia explicar as recriminações que fizera há alguns dias sobre a angústia de não saber se uma experiência era ou não alucinatória: "Se você só quer saber se algo é ou não agradável, é lógico você acreditar que nunca aprendeu a distinguir o real do imaginário".

As conseqüências decorrentes da intuição do doente me convenceram de que um desdobramento inacabado da posição depressiva está intimamente associado à supremacia contínua do princípio de prazer e dos ataques destruidores contra o eu, de que tratei neste texto. Estou disposto a enfatizar que, tanto nesse paciente como em outro, o ódio pelo sofrimento era aparentemente mais forte do que o amor pelo prazer. (Sugiro, além disso, como hipótese a ser testada, que na posição paranóide-esquizóide o sofrimento é identificado ao superego arcaico.) Isto é, ataques contra o eu eram desencadeados pela determinação do paciente em evitar a qualquer preço o sofrimento, mesmo sacrificando a possibilidade de sentir prazer. Mas os ataques contra o eu são, na minha opinião, a origem de temores intensos de desintegração, aniquilação, morte. Na medida em que tem certeza de que seus ataques mortíferos foram bem sucedidos, o paciente tem a impressão de que ocorreu um desastre interno, que a ausência de estímulo desagradável testemunha que a morte ganhou; que voltou ao ponto de partida; a realidade psíquica em que se encontrava antes de nascer [1].

Resultados

Ainda não estou preparado para formular uma opinião sobre as perspectivas de tratamento, a não ser dizer que dois dos três esquizofrênicos que mencionei agora se sustentam trabalhando. Acredito que, se o caminho que indiquei for seguido, pode-se esperar que o esquizofrênico consiga ajustar-se de certa forma à realidade que pode ser chamada de 'cura', mesmo que não seja do mesmo tipo alcançado por doentes menos 'atingidos'.

De qualquer forma, parece-me impossível esperar o menor progresso (por mínimo que seja) quando o analista, no momento crucial que mencionei, tenta tranqüilizar o doente e destrincha assim o bom trabalho que levou o doente a conscientizar-se da gravidade de seu estado. Nesse momento abre-se uma possiblidade que não se pode perder, a de explorar com o paciente o que significa fazer um trabalho analítico (ou qualquer outro tipo de trabalho) quando se é louco. As experiências descritas forçam-me a concluir

---

[1] Neste parágrafo Bion condensa várias idéias que expôs mais detalhadamente em outros textos. O leitor desejoso de esclarecimentos consultará: L. Grinberg, D. Sor, E. Tabak de Bianchedi, *Introduction aux idées psychanalytiques de Bion*, trad. fr., Paris, Dunod, 1976 (N.E.).

que no início da posição depressiva infantil, elementos de pensamento verbal aumentam em intensidade e profundidade. Conseqüentemente, os sofrimentos da realidade psíquica são exacerbados e o paciente que regride à posição paranóide-esquizóide destruirá ao mesmo tempo sua capacidade embrionária de pensamento verbal como um dos elementos que o levaram ao sofrimento.

O corpo fantasmático do gago 10

Annie Anzieu

A importância costumeira do corpo todo na emissão fonética adquire com a gagueira um valor específico. Podemos constatar, por exemplo, como um gago utiliza a musculatura em seus esforços de emissão verbal, e a luta que trava ao mesmo tempo contra o movimento espontâneo e contra a rigidez que o contraria. Pode-se ficar tentado por um estudo dos problemas psicomotores que essa constatação de uma dinâmica específica do corpo muscular na gagueira deixa adivinhar. Minha imaginação pessoal está antes orientada para o que se refere ao corpo fantasmático do gago. Aplico no tocante a isso uma decodificação do sentido simbólico ao discurso emitido pelos gagos, para alcançar representações, certamente hipotéticas, que estariam na origem do sintoma e de seus significados.

Minhas reflexões sobre o que pode ser o corpo imaginário para o gago não são gratuitas. Estão destinadas a captar mais intimamente o vivido inconsciente desse corpo nos pontos de sofrimento e de fixação. Essa abordagem é necessária para realizar minha meta terapêutica. Disponho apenas de minhas próprias possibilidades de identificação e de representação para estar em concordância com os movimentos afetivos, a forma tomada pelas emoções do paciente. Tento portanto, por meio desse acesso clínico-teórico, entender em minha própria fantasmática do corpo o que pode ser evocado e que existe em comum entre mim e alguém que sofre de 'balbucio'.

A concepção da fantasia implica uma noção de dinâmica na representação. A primeira acepção dessa noção em Freud, a partir de 1895, é a de construções imaginárias, cenas, ficções em que entram em jogo diferentes imagens, como na atividade onírica. Essa noção foi a seguir estendida a processos inconscientes, espécie de rêveries subliminares, que podem ou não aparecer na esfera das representações conscientes. As construções imaginárias que delas são fruto podem também ser fonte de pensamentos, ações, comportamentos ou sintomas. Assim, o superego é constituído por parte do eu identificada inconscientemente com uma figura parental deformada por nossas projeções. A fantasia, para Freud, está em estreita relação com a pulsão. Aquela tenderia a resolver no modo alucinatório a tensão provocada pela pulsão.

As fantasias, assim descritas por Freud, aparecem provavelmente por volta dos dois ou três anos. São construções já bastante elaboradas e utilizam mecanismos estabelecidos muito antes do aparecimento da fala.

Para compreender quais os processos que envolvem a criança em uma patologia verbal, recorro à teoria kleiniana da fantasia, que considera o desenvolvimento psíquico do bebê. De acordo com Mélanie Klein, uma fantasia inconsciente é a expressão mental das pulsões parciais e da relação, entre si, dos objetos paulatinamente interiorizados. Existe portanto desde o começo da vida.

Nos primeiros meses, a criança, totalmente impotente, é submetida à realidade externa que o ambiente materno representa, conforme descrito por Winnicott. Ela constrói então as fantasias necessárias à satisfação de seus desejos não-saciados pelo exterior, como construiu as que resultavam da satisfação oferecida pela mãe. Também constrói as fantasias oriundas dessa não-saciedade, a saber, fantasias de destruição. Sente-se repleta de raiva, ódio, mal-estar, e portanto atacada por dentro por esse mal-estar.

Apoiando-me nessas bases teóricas, tentei compreender os processos fantasmáticos que determinam no inconsciente da criança o modo de utilização da fala, de onde nasce a gagueira.

A analidade

Nota-se que freqüentemente a gagueira se instala na criancinha em um estágio de sua vida em que a maturação psicomotora torna-a capaz de satisfazer duas grandes necessidades, aparentemente muito diferentes: a fala e a limpeza esfincteriana. Esse momento servirá de pano de fundo identificável ao processo da gagueira.

Entre os 18 e 30 meses aproximadamente, a criança adquire meios de expressão e de deslocamento que fazem dela uma pessoa, com relação ao bebê impotente que era até então. Os adultos podem reencontrar nela um semelhante e dirigir-se a ela identificando-se com partes dela. Os pais projetam-se na criança com maior facilidade. A maleabilidade da personalidade associa-se, nessa idade precoce, a caracteres já definidos do eu em formação.

Falar é o signo do humano. A verbalização não é apenas, na criança, um meio de expressão de si, de seus desejos, de suas recusas. É também sinal de conformidade com o meio humano. Esse meio manifesta para a criança a exigência do controle esfincteriano. É ao preço da retenção urinária e fecal que a criança conquista seu lugar entre os adultos, pelo menos na maioria das sociedades. A criança entra então em contato mais precisamente com os conteúdos do corpo e estabelece sentidos determinados por seus afetos com tais conteúdos.

Se todos os pais esperam de seu filho esse ponto de maturação, a maneira como expressam tal espera varia conforme sua personalidade. O que a criança gaga interiorizará dos pais é uma imagem superegóica especialmente exigente. Talvez não seja sem motivo externo. Tais pais me parecem realmente exigentes; mesmo que essa exigência possa ser traduzida conscientemente por um interesse perfeitamente compreensível para com sua descendência, ditada pela esperança de satisfações narcísicas insuspeitadas de sua consciência. Quando a exigência ultrapassa os limites toleráveis para aquele a quem é dirigida, atinge um ponto de perseguição. A gagueira instala-se nesse registro.

Acima tratei das particularidades da relação pais/filhos, da exigência e da perseguição recíprocas. Gostaria de tentar aqui abordar de preferência o sistema de construção de si, que a criança poderá utilizar nessa situação, e as imagens que agirão nessa construção.

Talvez seja mais importante do que se pensa que a fala se instaure na criança ao mesmo tempo que o controle esfincteriano. Essa instalação também está de acordo, em seu desenvolvimento temporal, com a aquisição mais estável da verticalidade, e com a descoberta do prazer em sua relação com as zonas erógenas.

Zonas de prazer, orifícios do corpo, lugares de percepção: no segundo ano de vida as funções se confundem. A verticalidade diminui a importância do olfato, primordial no primeiro período da vida, quando a mãe carrega a criança, ou quando esta engatinha. A criança, nessa fase, está na altura dos objetos colocados no chão, dos quais se aproxima com o corpo todo, e também com o olfato. Esse sentido permanece particularmente desenvolvido nas crianças psicóticas como persistência dessa estreita relação com o corpo materno, e por associação com todo objeto concreto reconhecido antes de mais nada pela mais arcaica percepção.

A audição presta-se tanto a sentimentos de perseguição por penetração incontrolável quanto à identificação do emissor dos sons ou da voz percebidos. As palavras perseguem, a tonalidade também, às vezes.

As zonas erógenas são descobertas aos poucos, investidas, nessa fase da vida, em função das atividades que lhes são próprias. Pois o prazer ligado a essas partes do corpo depende do contato pelo toque, mas também do próprio funcionamento: prazer oral da mamada, do alimento, da voz e depois da linguagem; prazer anal da retenção e da defecação; prazer uretral da micção.

Antes da formação de uma culpabilidade edipiana tal como descrita por Freud, ocorrem muitas coisas quanto à descoberta do erotismo pela criancinha. Só aos poucos ligará as necessidades de satisfação despertadas tanto por sua descoberta como pelas pessoas ao seu redor suscetíveis de satisfazê-las. Quando a criança atravessou sem problema os primeiros meses, quando sente prazer em mamar, e depois em comer e andar, e sua agressividade natural se manifesta facilmente, especificamente com gritos, o sistema do desenvolvimento oral funciona facilmente, e evolui para a aquisição de uma fala cada vez mais definida e construída. Aparece então um interesse por outros orifícios do corpo e suas emissões: urina e fezes. A defecação tem o atrativo de ser misteriosa para a criança, por revelar a existência de um orifício não diretamente visível e pelas possibilidades de retenção de um objeto interno. Daí, decorrem muitas inquietações quanto ao objeto que escapa desse lugar ainda ignorado.

Lembro-me de um garotinho de dezoito meses levantando do penico ao constatar que ali deixara algo evocador para ele, uma vez que, aos prantos, procurava seu "piupiu" escondido pela camisa. Essa criança estabelecia uma relação muito precisa entre outra parte do corpo diretamente perceptível e o objeto separado desse corpo. Exemplificava o que os psicanalistas infantis chamam de pênis anal. Mas muitas crianças ficam apenas assustadas com o aparecimento de um objeto que sentem ter saído de si mesmas e cujo sentido e origem não entendem, mas que adquire o sentido de um objeto morto ou perdido. Este objeto é pois perfeitamente designado para servir de apoio à fantasmatização e a construções imaginárias sobre os orifícios do corpo.

É a partir de seu surgimento, entre outros momentos, que a boca e seus prazeres serão investidos de um modo novo. Os processos de funcionamento oral vão integrar a analidade e ser reelaborados em suas possibilidades de expressão. A agressividade, especificamente, adquire um novo sentido, uma vez que os objetos de rejeição do corpo, como a urina e as matérias fecais, poderão tornar-se simbólicas por meio da fala e de uma descarga pulsional. Esse processo simbólico do prazer anal, sem dúvida, não consegue efetivar-se na criança gaga. No mínimo, sente-se vigorosamente culpabilizada.

É comum constatar como um gago pode aliviar-se proferindo insultos, grosserias ou simplesmente ficando enraivecido. As palavras são então projetadas, como coisas, sem dificuldade, com toda a violência provocada pelos maus objetos contidos em um 'ventre-cabeça' dolorido e agredido. O gago esvazia-se assim da carga negativa ligada às palavras por afetos destruidores inconscientes.

Levanto, pois, a hipótese de que o funcionamento oral é reinvestido em um modo anal quando da aquisição simultânea da fala e da limpeza, e que o erotismo da criança evolui então do auto-erotismo para um erotismo difuso, mas voltado para um objeto mais distinto de sua própria pessoa. A relação com os pais desempenha nesse momento papel fundamental. Sua ansiedade pode ser sentida pela criança como sinal de uma exigência insuperável e de uma insatisfação deprimente. A angústia de castração, como exemplificada pelo garotinho de que falei anteriormente, pode então reportar-se para todos os orifícios do corpo, inclusive a boca, e provocar regressões de forma oral. A importância das outras zonas em evolução se manifestará pelo meio de expressão essencial que é a fala. O corpo se embaralha com o pensamento, interpõe-se entre a fala e o mundo exterior.

É nesse quadro que o pequeno gago constrói com o corpo as imagens que tentarei descrever.

Aberto-fechado

A gagueira apresenta uma forma específica de emissão da fala, que, pela sucessão dos bloqueios e precipitação da elocução, evoca a alternância fechado-aberto. Múltiplos são os exemplos clínicos coletados nas análises de adultos e crianças.

Jeannette tem mais de quarenta anos e é solteira. Sofre de uma grave neurose de tipo obsessivo.

Expressa-se muito bem, mas gaguejou na infância. Liga esse episódio difícil da infância à constipação persistente e que até hoje está presente: sente-se, tanto do ponto de vista sexual como do anal, "fechada como um ovo". Quando era criança a mãe lhe colocava supositórios à força, o que suscitava uma raiva "monstruosa", que não ousava expressar devido, provavelmente, a essa monstruosidade. Interiorizava portanto essa agressão, que lhe lembra também a higiêne íntima feita da mesma forma pela mãe que a penetrava dolorosamente com os dedos. Sentia a parte inferior do corpo aberta, rasgada, e agora entende o quanto se fechava o mais hermeticamente possível a essa invasão materna. "O que poderia dizer para protestar é inimaginável", disse. Tais comportamentos maternos levavam-na a pensar que a mãe conseguia imaginar o que ela tinha na cabeça e também na barriga: daí a reticência em falar, naquela época. Todos os orifícios do corpo tornavam-se perigosos para ela, entregavam-na ao inimigo e era preciso fechar ao máximo esse corpo perfurado do qual não podia deixar escapar nenhum objeto que também seria entregue à vingança e inveja maternas.

Marcel tem sete anos. Gagueja muito. Tentativas de dar um ritmo à sua fala fracassaram. Sua mãe não admite uma psicoterapia em comum com o filho. Acoberta toda a situação com um discurso, questões aparentemente sem pé nem cabeça. O pai de Marcel é agressivo e impetuoso, doentiamente exigente com os resultados do tratamento do filho. Foi preciso separá-los para tentar fazer algo pela criança.

Primeiro, Marcel brincou com massa de modelar, fabricando bolas maiores ou menores, que furava com satisfação com um lápis. E assim interpretei esses jogos como o sinal de uma agressividade voltada para o corpo e seus conteúdos; ataques destinados à mãe 'intrusa' que represento no momento para ele, uma vez que a representação que tem de mim, provavelmente, é que vou buscar nele, seus pensamentos, suas palavras, em sua cabeça. O que imita é o que sente. O trabalho realizado em torno desses jogos permite a Marcel passar para um sistema simbólico mais elaborado: desenha em vez de agir. Os desenhos são, em um primeiro momento, espaços circulares que preenche com cores, cujo conteúdo se desestrutura bem depressa e se transforma em rabiscos; emaranha tudo com um prazer sádico. Os orifícios nem mesmo estão localizados no espaço do corpo representado como um 'envelope' perfurado. Depois, são formas sem aberturas, nas quais parece nada ocorrer.

Mas o corpo toma uma forma cuja oclusão se torna manifesta e intencional. Pouco a pouco bombardeia os desenhos como fazia com as bolinhas de massa. E recomeço a lhe falar do que ele talvez sinta, do corpo que gostaria sem orifícios, que é preciso fechar à penetração, à violência; corpo do qual essa violência destruidora pode tornar a sair, pelos mesmos orifícios. Marcel se expressa melhor depois de dois ou três meses de trabalho. É nessa época que fala em se tornar cirurgião e portanto, sistematizar de maneira reparadora essa compulsão 'intrusa' que interiorizou. Nosso trabalho está longe de estar concluído.

Nessa problemática do fechado-aberto, inclui-se sem dúvida a incapacidade, em que o gago se encontra, de articular as consoantes oclusivas. Esses fonemas arcam com o sentido inconsciente que a oclusão do orifício oral adquiriu para aquele que fala: o contato articulatório bloqueia o fechamento como um ferrolho apertado. A representação inconsciente evocada pela passagem da palavra, do ar, do som da voz, pelo relaxamento e separação dos músculos bucais, reativa o perigo suscitado pela abertura de um orifício no corpo e pela possível saída de seu conteúdo.

Vazio-cheio

A problemática das aberturas do corpo para fora e para dentro só tem sentido em função das representações de um conteúdo. Os objetos fantasmáticos são projetados nos produtos das excreções nasais, bucais, vesiculares e intestinais, e também nas sensações internas da respiração, deglutição, espasmos viscerais. A tonalidade dessas projeções é essencialmente persecutória no caso do bebê que se tornará gago.

A criança gaga evoluiu o suficiente a ponto de alcançar um nível de representação simbólica normal. Mas nesse nível as palavras se tornam, para ela, símbolos concretos dos objetos agressivos interiorizados. Em sua utilização introduz-se o sentido inconsciente que ela dá a esses objetos simbólicos. São objetos projetados para fora, ou a imagem mental desses objetos, 'envelopes' de coisas persecutórias. As palavras tornam-se então equivalentes simbólicos (de acordo com Segal) persecutórios de um corpo-envelope perseguido.

As palavras consideradas objetos parecem-me investidas pelo gago de duas categorias de afetos relacionadas respectivamente com a agressividade e com a proibição. O estudo dos detalhes que um discurso pode veicular nos levaria longe demais. Direi apenas que tanto a agressividade como a proibição evocam o temor da punição. Ambas estão no entanto ligadas a posições do eu, bem diversas. Sendo a agressividade uma das mais fundamentais pulsões, exige movimentos arcaicos e também secundários. A sensação de proibição põe em jogo o superego e evoca a castração ligada ao desenvolvimento edipiano. É portanto mais tardia. Tal como a reação agressiva, questiona a megalomania precoce que a fala utiliza em seu desenvolvimento. Mas ao que tudo indica, a autoridade onipotente do superego no gago manifesta a aliança de processos arcaicos de agressividade e dos processos secundários da proibição, e que os elementos construtivos destes processos são enrijecidos pelas defesas que tais processos levantam.

Voltemos a Nicole (que anteriormente mencionamos)[1]. Ambiciona tornar-se manequim. Sonha com um envelope corporal que corresponda a uma foto de revista feminina. Ora, ela é bulímica e portanto rechonchuda demais para corresponder a tal imagem. Conta-me como suas privações estão relacionadas com melões. Por exemplo: "Adoro os melões", disse com a mímica de mamar que se refere tão bem a esta fruta. Facilmente consegue comer um depois do outro para encher o estômago-cabeça que se distende tal como um seio nutridor. Seu discurso vazio preenche o espaço entre nós, preenchendo-me de vazio. A única plenitude que consegue sentir é a de seu estômago, e não a de um pensamento ativo. Até que algo desse muro de oralidade desabe, e que apele desesperadamente a uma imagem, finalmente interiorizada, de uma

---

[1] *De la chair au verbe*, p.111.

parte feminina ativa e mais presente, de que a minha pessoa lhe sugere a existência. Inconscientemente, passa de uma imagem dinâmica, muscular, para um possível contato além do oral. Poderemos encontrar-nos em algum momento, minha própria fala talvez a ajude a *constituir* (em vez de *sentir*), um envelope eficiente para seu corpo inquietador. Angústia por sentir esse corpo em seu espaço de excitação, angústia de busca de um objeto de satisfação cujo verdadeiro sentido é evidentemente sexual.

André tem trinta anos e faz análise com objetivo profissional. Lembra-se que gaguejava quando tinha entre dois anos e meio e três anos. Ou talvez tenha sido o que lhe contaram. Acrescentaram também que a mãe se dirigia a ele em duas línguas e que a teriam aconselhado a só utilizar uma ao conversar com ele. Foi o que ela fez, e ele deixou de gaguejar. Esse é o romance familial. André lembra-se da surpresa e descontentamento quando do nascimento da irmã. Sentia ciúmes da mãe e desejava ter também uma criança na barriga. Mas jamais pôde expressar tal desejo, e compreendia também vagamente que era melhor não dizer esse tipo de coisa.

Vemos em ambos os casos como o desejo culpabilizado de um conteúdo corporal acarreta a proibição da comunicação. A segunda língua utilizada pela mãe com André representou sem dúvida na época um modo de comunicação que excluía o pai, e que deixava então repleta de culpa a outra janela do desejo do menino, desejo confuso de ter engravidado a mãe. Sem dúvida, a gagueira cedeu facilmente, devido à secundariedade dos movimentos afetivos aos quais estava ligada. Mas, ao mesmo tempo, o menino sentiu-se esvaziado com relação à barriga da mãe, cheia de bebês. Também estabeleceu uma relação entre essa constatação e outra, mais recente: o vazio do sexo da irmã. A sensação de sua castração interna, da ausência dos objetos sexuais que desejava dentro de si, é então redobrada pelo temor de uma possível castração externa, de uma devoração do pênis pelo sexo-boca mudo da irmã. O horror inconsciente, que mescla tantos desejos e tantos riscos, reporta à fala esse incomunicável e a culpabilidade que a ela se liga. A fala torna-se um modo simbólico da castração interna (nada sai) e externa (nada é manifesto). O corpo do pensamento é fragmentado, rasgado, atrofiado. Recolocar no devido lugar a imagem paterna pela utilização de uma única língua comum às três pessoas em questão, bastará felizmente para repor em ordem a fala da criança, legitimada pela forma acessível ao pai, que adquire a partir daí, introduzindo essa terceira pessoa legisladora nos desejos e suas expressões.

Fragmentado-rígido

Casos graves de atraso na linguagem levaram-me a pensar que é possível imaginar outra representação do vivido corporal em sujeitos que sofrem disso. Trata-se de representações próximas da imagem de si, que certos psicóticos às vezes nos dão. Os elementos mais arcaicos do desenvolvimento libidinal oral que surgem nos três primeiros meses e que Mélanie Klein denomina de posição paranóide-esquizóide formam talvez sua base.

Émile, um menino de sete anos, inadaptado na escola, autista, agressivo em casa, é um exemplo disso. Levado de psiquiatra para pediatra e para reeducador, chega ao meu consultório em desespero de causa. Fechado, voltado para si, emburrado, o olhar torvo, mas vivo, Émile não parecia nem débil, como pensavam, e tampouco inacessível a sentimentos positivos. Porém, estava na defensiva e até arredio... Logo coloquei em prática minhas idéias, e construí com massa de modelar um boneco com boca e dentes, diante do menino. Nas primeiras sessões, o olhar do garoto se desviou do boneco e não mais olhou para ele. Aos poucos, começou a mexer nele, e um dia construiu com a massa um cordão comprido no qual enrolou o boneco, cuidando de tapar-lhe a boca e os ouvidos. Nas sessões seguintes, dedicou-se a despedaçar outros bonecos; o que estava amarrado permanecia, como garantia de um corpo inteiro.

Parece-me ter percebido em Émile, e depois em adultos jovens para quem todos os tratamentos praticamente falharam, uma das mais profundas origens da gagueira: a sensação não-ultrapassada da fragmentação primeira na qual o bebê vive. Se essa fase da vida não for amadurecida com a ajuda de um ambiente favorável, a representação de si não resulta na sensação de unidade e tampouco pode desembocar na expressão de um *self* simbolizado por meio da fala. No máximo consegue resultar um em sentir os pedacinhos esparsos que um corpo difuso espalha, cujas partes não se juntam bem ou competem entre si.

A obsessão

Freqüentemente aconteceu, durante análises, de eu me perguntar por que tal paciente não gaguejou. Seu discurso, pelas particularidades lingüísticas e conteúdo, parece possuir todas as características do discurso do gago. Também aconteceu de saber que esse paciente efetivamente gaguejou.

A diferença entre esse tipo de pacientes e os gagos parece estar no fato de que seu sistema de defesa resultou na formação de um caráter obsessivo. Para resumir, o sujeito acabou separando a cabeça do corpo. O que significa que o pensamento pode girar sobre si mesmo e se expressar de forma mais ou menos clara sobre aquilo que não diz respeito à vida do corpo, e em especial à sexualidade. A relação com a vida concreta ocorre por meio de um corpo e de objetos idealizados, quando não ocorre serem simplesmente ignorados. A cabeça funciona como lugar do pensamento e da fala, longe do resto do corpo, abandonado à vida mecânica, separada, na medida do possível, da vida afetiva.

Se a criança consegue ultrapassar, mesmo gaguejando, a angústia de viver em um corpo perfurado, atacado e esvaziado, redescobre uma nova angústia sob forma de castração. A relação libidinal que liga a criança gaga à mãe não lhe permite integrar completamente a situação edipiana. A castração oral é ultrapassada, mas não a anal nem a genital. O corpo permanece um lugar de riscos, de conteúdo ansiógeno. A linguagem será utilizada para mascarar e conter essa angústia. As idéias servirão de conteúdo de substituição para um corpo, por assim dizer, limitado à cabeça.

Um homem gago, de trinta anos, contou que seu trabalho (intelectual) preenchia muito seu tempo e vida, e que assim encontrava o equilíbrio. Quanto a mulheres, conheceu algumas, mas prefere não viver com elas. Sente-se mais livre sozinho. Caso contrário, sente-se invadido por uma presença feminina constante. Sem dúvida, esse quadro limita-se a um esboço que não exclui a existência de sujeitos cuja evolução ocorreu, de maneira mais equilibrada, sobre uma base de 'gagueira'. Entretanto, na maioria dos casos, fica claro que alguns traços de personalidade se aproximam dessa descrição.

Esses comentários sobre o corpo fantasmático do gago não acarretam perspectiva terapêutica realmente apropriada. No entanto, prendo-me durante esses tratamentos, à análise mais próxima possível dos sentimentos de perseguição, intrusão e conseqüentemente dos aspectos da dependência ligados à relação sadomasoquista.

Os métodos de reeducação, se forem um tanto rígidos e aplicados de forma pedagógica, quer se trate da elocução ou do controle do pensamento, correm o risco de cair nessa ferida escancarada que o gago expõe à perseguição. Tudo lhe parece um supositório.

Bibliografia

ABRABHAM K. Une forme particulière de résistance névrotique à la méthode psychanalytique. In: *Œuvres Complètes*, II, Paris, Payout (1966), 1919.

_____ Etude psychanalytique de la formation du caractère. In: *Œuvres Complètes*, II, Paris, Payot (1966), 1925.

AJAR, E. *Gros Câlin*, Paris, Mercure de France, 1974.

_____ La vie devant soi, Paris, Mercure de France, 1975.

ALVAREZ DE TOLEDO L. G. El analisis de l' 'associar', del 'interpretar', cf. de 'las palavras', *Revista de psicoanalisis*, 11, n° 3, 267-313, 1954.

ANZIEU D. Le discours de l'obsessionnel dans les romans de Robbe-Grillet, *Les Temps Modernes*, 233, 608-637, 1965.

_____ Difficulté d'une étude psychanalytique de l'interprétation, *Bulletin de l'Association Psychanalytique de France*, n° 5, 12-32, 1969.

_____ Freud et la mythologie, *Nouvelle Revue de Psychanalyse*, n° 1, 114-115, 1970a.

_____ L'interprétation. *Revue Française de Psychanalyse*, 34, n° 5-6, 755-819, 1970b.

_____ Contribution to Panel on Language and Psycho-analysis. In: *Edelheit*, V., 1970c.

_____ De la méthode psychanalytique et de ses règles dans les situations de groupe, *Perspectives Psychiatriques*, 33, 5-14, 1971a.

_____ Le corps et le code dans les contes de Borgès, *Nouvelle Revue de Psychanalyse*, 3, 177-210, 1971b.

_____ Le moi-peau, *Nouvelle Revue de Psychanalyse*, 9, 195-208, 1974a.

_____ Vers une métapsychologie de la création. In: Anzieu D., Mathieu M., Besdine M., Jaques E., Guillaumin J., *Psychanalyse du génie créateur*, Paris, Dunod, 1-30, 1974b.

_____ Le transfert paradoxal, *Nouvelle Revue de Psychanalyse*, 12, 49-72, 1975a.

_____ *Contes à rebours*, Paris, Christian Bourgois, 1975b.

_____ Le groupe machine. In: *Le groupe et l'Inconscient*, Paris, Dunod, 1975c.

_____ *L'auto-analyse de Freud et la découverte de la Psychanalyse*, Paris, P.U.F., 2 vol., 1975d.

_____ L'enveloppe sonore du soi, *Nouvelle Revue de Psychanalyse*, 13, 161-179, 1976.

BAKER, S.J. Speech and sexual taboos. *International Journal of Sexologie*, 2, n° 1, 13-19, 1949.

BALKANYI C. Language, verbalization and superego. *International Journal of Psycho-Analysis,* 49, 712-718, 1968.

BARANDE R. Essai métapsychologique sur le silence. *Revue Française de Psychanalyse*, 27, n° 1, 53-115, 1963.

BARBIZET J., GRISON B. Etudes des fonctions supérieures. *Enseignement post-universitaire*, 31, 1970.

BENVENISTE E., Remarques sur la fonction du langage dans la découverte freudienne. *La Psychanalyse*, 1, 3-16, 1956.

BERENSTEIN I. De la phrase latente au contenu manifeste. Rhétorique du rêve. *Bulletin de psychologie*, n° sobre 'l'interprétation psychanalytique des oeuvres', 21, n° 336, fasc. 12-17, pp. 674-90, 1978.

BETH E. W. *La crise de la raison et la logique,* Paris, Gauthier-Villars, 1957.

BETTELHEIM B. *La forteresse vide*, Paris, Gallimard (1969), 1967.

BION W. R. Théorie de la pensée, *Revue Française de Psychanalyse*, 28, n° 1, 75-84, 1964.

_____ *L'attention et l'interprétation*, Paris, Payot (1974), 1970.

BREMOND C. *Logique du récit*. Paris, Les Editions du Seuil, 1973.

BROCKBANK R. On the analyst silence in psycho-analysis : a synthesis of intra-psychic content and interpersonal manifestations. *International Journal of Psycho-analysis,* 51, 457-464, 1970.

BRONCKART J.P., MALBIEU P., SIGUAN SOLER M., SINCLAIR DE ZWART H., SLAMA-CAZACU T., TABOURET-KELLER A. *La genèse de la parole,* paris, P.U.F., 1977.

BUXBAUM E. The role of the second language in the formation of ego and superego. *Psychoanalytic Quaterly,* 17, n° 3, 279-289, 1948.

BUYSSENS E. *La communication et l'articulation linguistique,* Paris, P.U.F., 1967.

CASTORIADIS-AULAGNIER P. *La violence de l'interprétation.* Paris, P.U.F., 1975.

CHASSEGUET-SMIRGEL J. Réflexions sur le concept de 'réparation' et la hiérarchie des actes créateurs. In: *Pour une Psychanalyse de l'art et de la créativité,* Paris, Payot, 89-103, 1965.

_____ Le Rossignol de l'Empereur de Chine, *Revue Française de Psychanalyse,* 38, 115-142, 1969.

CRESSOT M. *Le style et ses techniques,* Paris, P.U.F. (1976), 1947.

DELEUZE G. Le schizophrène et le mot, *Critique,* 255-256, 731-746, 1968.

DOLTO F. Au jeu du désir, les dés sont pipés et les cartes truquées, *Bulletin de la Société Française de Philosophie,* 4, 1972.

DOUBROVSKY S. *La Place de la Madeleine,* Paris, Mercure de France, 1975.

EDELHEIT H., ANZIEU D., GADDINI E., LIBERMAN D., LIDZ T., MAHL G.F. Panel on "Language and psychoanalysis". *International Journal of Psycho-analysis,* 1970, *51,* 237-243, 1969.

EDELHEIT H. Parole et structure psychique : l'organisation auditivo-vocale du Moi, *Journal of American psycho-analytic Association, 17,* 381-412, 1969.

EHRENZWEIG A. *L'ordre caché de l'art.* Paris, Gallimard (1974), 1967.

FÉDIDA P. *Corps du vide et espace de séance.* Paris, J. P. Delarge, 1977.

FENICHEL O. *La théorie psychanalytique des névroses,* Paris, P.U.F., 1953.

FERENCZI S. Mots obscènes, trad. fr., in: *Œuvres Complètes, I*, Paris, Payot (1968), 126-137, 1910.

_____ Symptômes transitoires au cours d'une psychanalyse, trad. fr., in: *Œuvres Complètes, I*, op. cit., 199-209, 1912.

_____ Ontogénèse des symboles, trad. fr. in: *Œuvres Complètes*, op. cit., 105-108, 1913.

_____ Anomalies psychiques de la phonation, trad., fr., in: *Œuvres Complètes II*, op. cit., 167-170, 1915.

_____ Le silence est d'or, trad. fr., in: *Œuvres Complètes, II*, op. cit., 255-256, 1916.

FLIESS R. Silence and verbalization, *International Journal of Psychoanalysis, 30,* n° 1, 21-30, 1949.

FONAGY I. Les bases pulsionnelles de la phonation, *Revue Française de Psychanalyse*, 34, n° 1, 101-136, 1970.

_____ Les bases pulsionnelles de la phonation (II), *Revue Française de Psychanalyse*, 35, n° 4, 542-591, 1971.

FREUD, S Zur Auffassung der Aphasien *Gesamelte Werke, 1*, trad. angl. *On Aphasia*, Imago Publishing (1953), 1891.

_____ Esquisse d'une psychologie scientifique, trad. fr. In: S. Freud, *Naissance de la Psychanalyse*, Paris, P.U.F. (1969), 307-396, 1895.

_____ *L'interprétation des rêves,* Paris, P.U.F. (1967), 1900.

_____*Psychopathologie de la vie quotidienne*, Paris, Payot (1971), 1901.

_____ *Trois essais sur la théorie de la sexualité*, Paris, Gallimard (1967), 1905a.

_____ *Le mot d'esprit et ses rapports avec l'inconscient*, Paris, Gallimard (1965), 1905b.

_____ *Délire et rêves dans la "Gradiva" de Jensen*, Paris, Gallimard (1971), 1907.

_____ Analyse d'une phobie d'un petit garçon de cinq ans : Le petit Hans. In: *Cinq Psychanalyses*, Paris, P.U.F. (1954), 1909.

_____ Des sens opposés dans les mots primitifs. In: Freud S., *Essais de Psychanalyse appliquée*, Paris, Gallimard (1971), 59-68, 1910.

_____ *Formulierung über die zwei Prinzipien des psychischen Geschehens* (Formulation sur les deux principes du fonctionnement psychique), G. W. VIII, 223-54 ; S. E., XII, 218-26, 1911.

_____ *Totem et tabou*, Paris, Payot (1970), 1912-1913.

_____ Remémoration, répétition et élaboration. In: *La technique psychanalytique*, Paris, P.U.F. (1967), 1914.

_____ L'inconscient. In: *Métapsychologie*, Paris, P.U.F. (1952), 1915.

_____ *Introduction à la Psychanalyse*, Paris, Payot (1965), 1916-1917.

_____ Au delà du principe du plaisir. In: *Essais de Psychanalyse*, Paris, Payot (1970), 83-164, 1920.

_____ Le Moi et le Ça. In: *Essais de Psychanalyse, op. cit.*, 177-234, 1923.

_____ Névrose et psychose. In: *Névrose, psychose et perversion*, Paris, P.U.F. (1973), 1924.

_____ La négation, *Revue Française de Psychanalyse* (1934), 7, n° 2, 174-177, 1925.

_____ *Nouvelles conférences sur la psychanalyse*, Paris, Gallimard (1971), 1933.

FREUD S., BREUER J. *Études sur l'hystérie*, Paris, P.U.F. (1967), 1895.

GENETTE G. *Figures III*, Paris, Editions du Seuil, 1972.

GIBELLO G. Dysharmonies cognitives. Dyspraxies, dysgnosies, dyschronies : des anomalies de l'intelligence qui permettent de lutter contre l'angoisse dépressive. *Revue de Neuropsychiatrie infantile*, 9, 439-452, 1976.

GLAUBER I. P. The psychoanalysis of Stuttering. In: Eisenson J., éd., *"Stuttering"* a *symposium*, Harper and Brothers, Nova York, 1958.

GORI R. Wolfson ou la parole comme objet *Mouvement Psychiatrique*, 3, 19-27, 1972.

_____ L'objet-parole dans les groupes de formation, B*ulletin de Psychologie*, 26, n° 10-11, 634-648, 1972-1973a.

_____ Les théories sexuelles spiritualistes, *Bulletin de Psychologie*, 26, n° 12-13, 681-697b.

_____ Essai sur la parole et la dynamique du discours dans la découverte freudienne, *Mouvement Psychiatrique*, 6, 13-27, 1973a.

_____ Parler dans les groupes, *Bulletin de Psychologie*, 1974b, número especial sobre os grupos, 204-226.

_____ Ce que parler peut être ou l'allégeance du texte au corps, *L'évolution psychiatrique*, 1974, 2, 293-313, et 4, 167-185, 1974.

_____ Les murailles sonores, *l'Evolution Psychiatrique*, 4, 779-803, 1975.

_____ Essai sur le savoir préalable dans les groupes de formation. In: Kaës R., Anzieu D., *et al.*, *Désir de former et formation du savoir*, Paris, Dunod, 1976a.

_____ *L'acte de parole, Recherches cliniques et psychanalytiques*, Thèse pour le Doctorat d'Etat en Lettres et Sciences Humaines, 673 p., Université de Paris X, Nanterre, 1976b.

_____ *Le corps et le signe dans l'acte de parole*, Paris, Dunod, 1978.

GORI R., JACOBI B., MIOLLAN C. *Cadres en vacances*, Laboratoire de Psychologie Clinique et Pathologique, Département de Psychologie de l'Université de Provence (Ronéoté), 1975.

GREEN A. *Le discours vivant*, Paris, P.U.F., 1973.

GREENACRE Ph. Problèmes généraux du passage à l'acte. In: *Traumatisme, croissance et personnalité*, Paris, P.U.F, 1970.

GREENSON R. R. The mother langue and the mother, *International Journal of Psychoanalysis*, 31, n° 1-2, 18-23, 1950.

_____ About the sound "mmm...". *Psycho-analytic Quarterly*, 23, 234-239, 1954.

GRINBERG L., SOR D., TABAK DE BIANCHEDI E. *Introduction aux idées psychanalytiques de Bion*, Paris, Dunod (1976), 1972.

HERMANN I. *L'instinct filial*, Paris, Denoël (1972), 1943.

ISAKOWER O. On the exceptional position of the auditory sphere, *International Journal of Psycho-analysis*, 20, n°s 3-4, 340-348.

JAKOBSON R. Deux aspects du langage et deux types d'aphasies. In: *Essais de linguistique générale*, Paris, Ed. de Minuit (1963), 1956.

_____ Why mama and papa? *Perspectives in Psychological Theory*, 538-545, 1960.

_____ Linguistique et poétique. In: *Essais de linguistique générale*, XII, Paris, Ed. de Minuit (1963), 1960.

JAQUES E. Mort et crise du milieu de la vie. In: Anzieu D., Mathieu M., *et coll.* : *Psychanalyse du génie créateur*, Paris, Dunod, 1974.

JONES E. La conception de la Vierge par l'oreille. In: *Psychanalyse, folklore, religion*, Paris, Payot (1973), 1914.

_____ The theory of symbolism. In: *Papers on psycho-analysis*, Londres, Ballière and Tindall (1968), 1916.

KAËS R. Les séminaires "analytiques" de formation : une situation sociale limite de l'institution. In: Anzieu D., *et al.*, *Le travail psychanalytique dans les groupes*, Paris, Dunod, 1-63, 1972.

_____ *Processus groupal et représentations sociales*, Thèse pour le Doctorat d'Etat en Lettres et Sciences Humaines, Université de Paris X, Nanterre, 1974.

_____ *L'appareil psychique groupal, Constructions du groupe*, Paris, Dunod, 1976.

KLEIN M. L'analyse des jeunes enfants. In: *Essais de psychanalyse*, Pris, Payot (1967), 1923.

_____ Les stades précoces du conflit oedipien. In: *Essais de psychanalyse*, Paris, Payot (1967), 1928.

_____ L'importance de la formation du symbole dans la formation du moi, trad. fr., *La Psychanalyse*, 1956, 2, 269-287, retomado em: *Essais de Psychanalyse*, Paris, Payot (1967), 1930.

_____ Contribution à la théorie de l'inhibition intellectuelle. In: *Essais de Psychanalyse*, Paris, Payot (1967), 1931.

_____ Quelques conclusions théoriques au sujet de la vie émotionnelle des bébés. In: *Développements de la Psychanalyse*, Paris, P.U.F. (1966), 1952.

_____ *La psychanalyse des enfants*, Paris, P.U.F., 1969.

KLEIN M., HEIMANN P., MONEY-KYRLE R.E. *New directions in psychoanalysis*, Londres, Tavistock Publications, 1955.

KLINE M. *Mathematical Throught from Ancient to Modern Times*, Oxford, Oxford University Press, 1973.

_____ Les fondements des mathématiques, *La Recherche, 54*, 200-208, 1975.

KRAPF H. Choice of languages in polyglotic analysis, *Psycho-analytic Quaterly, 24*, 343-357, 1955.

LACAN J. Le stade du miroir, *International Journal of Psycho-analysis*, 18, n° 1, 78, 1936.

_____ *Le séminaire, Les écrits techniques de Freud, Livre I*, Editions du Seuil (1975), 1953-1954.

_____ Fonction et champ de la parole et du langage en psychanalyse, *La Psychanalyse*, 1, 81-166, retomado in *Ecrits* (1966), 237-322, 1956.

_____ *Ecrits*, Paris, Editions du Seuil, 1966.

LAGACHE D. Sur le polyglottisme dans l'analyse, *La Psychanalyse*, 1, 167-178, 1956.

LAPLANCHE J. Dérivation des entités psychanalytiques. In: *Hommage à Jean Hyppolite*, Paris, P.U.F., 1970.

LAPLANCHE J., LECLAIRE S. L'inconscient, une étude psychanalytique, *Les temps modernes*, 183, 81-129, 1961.

LAPLANCHE J., PONTALIS J.B. *Vocabulaire de la Psychanalyse*, Paris, P.U.F., 1967.

LEVOVICI S., DIATKINE R., KLEIN F., DIATKINE-KALMANSON D. Le mutisme et les silences de l'enfant, *La Psychiatrie de l'enfant*, 6, n° 1, 79-139, 1963.

LECLAIRE S. *Psychanalyser*, Paris, Seuil, 1968.

LEVI-STRAUSS C. *Les structures élémentaires de la parenté*, Paris, P.U.F. (nova edição 1967), 1949.

LEWIN K. *Psychologie dynamique*, Paris, P.U.F., 1967.

LHERMITTE F. Conférence prononcée à l'Académie des Sciences morales et politiques, 1976.

LOEWENSTEIN R. M., LOOMIE L, ZELIGS M., ARLOW J., GREENSON R., VAN DER HEIDE C. The silent patient : panel of the American psycho-analytic Association. *Journal of the American psycho-analytic Association*, 1961, 9, 7-43.

MAHLER M. *Symbiose humaine et individuation, Psychose infantile*, Paris, Payot (1973), 1968.

MAJOR R. Le logographe obsessionnel, *Interprétation*, 2, 5-13, 1968.

_____ Langage de la perversion et perversion du langage. In: Mc Dougall I., Barande *et coll. La sexualité perverse*, Paris, Payot, 97-120, 1972.

MARTINET A. *Eléments de linguistique générale*, Paris, A. Colin, 1966.

MISSENARD A. Identification et processus groupal. In: Anzieu D., *et al.: Le travail psychanalytique dans les groupes*, Paris, Dunod, 217-250, 1972.

MOUNIN G. *Clefs pour la linguistique*, Paris, Seghers, 1970.

PANKOW G. *L'homme et sa psychose*, Paris, Aubier-Montaigne, 1969.

PIAGET J. *La formation du symbole chez l'enfant*, Lausanne, Delachaux et Niestlé, 1945.

_____ Les praxies chez l'enfant, *Revue neurologique*, *102*, 1960.

_____ *Problèmes de psychologie génétique*, Paris, Denoël-Gauthier, 1972.

PIAGET J., INHELDER B. *Genèse des structures logiques élémentaires*, Lausanne, Delachaux et Niestlé, 1967.

_____ *La Psychologie de l'enfant*, Paris, P.U.F., 1967.

PICHON E. La grammaire en tant que mode d'exploration de l'inconscient. *L'Evolution psychiatrique*, *1*, 237-257.

_____ Observations sur le travail de M. Vélikovsky. *Revue Française de Psychanalyse*, *10*, n° 1, 74-75, 1938.

PICHON-RIVIÈRE A. Dentition, walking and speech in relation to the depressive position. *International Journal of psycho-analysis*, *39*, 167-171, 1958.

PROUST M. *A la recherche du temps perdu*, Paris, Gallimard, La Pléïade, 3 vols., 1913-1927.

RAYMOND F. H. *Les principes des ordinateurs*, Paris, P.U.F., 1969.

RESNIK S. *Personne et psychose. Etudes sur le langage du corps*, Paris, Payot, 1973.

RISER M. *Pratique neurologique*, Paris, Masson, 1952.

ROBERT M. *Roman des origines et origine du roman*, Paris, Grasset, 1972.

ROHEIM G. *Origine et fonction de la culture*, Paris, Gallimard (1972), 1943.

_____ *Les portes du rêve*, Paris, Payot (1973), 1952.

ROSEN V. H. Les troubles de la communication en psychanalyse, *Journal of American psycho-analytic Association*, 15, 467-490, 1967

_____ Introduction to panel on language and psycho-analysis, *International Journal of Psycho-analysis*, 50, 113-116, 1969.

ROSENFELD H. A. Analysis of a schizophrenic state with depersonalization, *International Journal of psycho-analysis*, *28*, trad. fr. In: Rosenfeld H. A., *Etats psychotiques*, Paris, P.U.F. (1976), 1947.

_____ Le besoin d'actiong-out durant l'analyse chez les patients névrosés et psychotiques, *Bulletin de l'Association Psychanalytique de France*, 5, 179-193, 1969.

ROSOLATO G. *Essais sur le symbolique*, Paris, Gallimard, 1969.

_____ La voix : entre corps et langage, *Revue Française de Psychanalyse*, 38, n° 1, Rééd. In: *La relation d'inconnu*, Paris, Gallimard (1978), 1974a.

_____ L'oscillation métaphoro-métonymique, *Topique*, 13, 75-99, Rééd. In: *La relation d'inconnu*, Paris, Gallimard, (1978), 1974b.

_____ L'oscillation métaphoro-métonymique, *Topique*, 13, 75-99, 1974.

ROSTAND F. *Grammaire et affectivité*, Paris, Vrin, 1951.

RYCROFT Ch. Essai sur la fonction des mots dans la situation analytique, trad. fr. *Bulletin de l'Association Psychanalytique de France* (1969), 5, 145-158, 1958.

SARTRE J. P. *Les mots*, Paris, Gallimard, 1964.

SCHMIDEBERG M. Intellectual inhibitions and disturbances in eating, *International Journal of Psycho-analysis*, 19, n° 1, 17-22, 1938.

SEGAL H. Notes sur la formation du symbole, *Revue Française de Psychanalyse* (1970), 34, 685-696, 1957.

_____ *Introduction à l'aeuvre de Mélanie Klein*, Paris, P.U.F., 1969.

SEMPE J. C., DONNET J. L., SAY J., LASCAULT G., BACKES C., *La psychanalyse, le point de la question*, Paris, S.G.P.P., 1969.

SHARPE E. Mécanismes du rêve et procédés poétiques, *Nouvelle Revue de Psychanalyse* (1972), 5, 101-114, 1937.

_____ Psycho-physical problems revealed in language, *International Journal of Psycho-analysis*, 21, n° 1, 201-213, 1940.

SHEVRIN H. Condensation et métaphore, trad. fr. *Nouvelle Revue de Psychanalyse*, 5, 115-130, 1972.

SPITZ R. A. Hospitalism : an inquiry into the genesis of psychiatric condition in early childhood, *The psycho-analytic study of the child*, I, 1945.

_____ *Le non et le oui*, Paris, P.U.F. (1973), 1957.

_____ *De la naissance à la parole*, Paris, P.U.F., 1968.

TAUSK V. De la genèse de l'appareil à influencer au cours de la schizophrénie, *La Psychanalyse* (1958), *4,* 118-128, 1919.

THUILLIER P. Les Mathématiques : fin en soi ou instrument? *La Recherche, 37,* 805-809, 1973.

TODOROV T. Les catégories du récit littéraire. *Communications, 8,* 125-151, 1966.

VAN DER HEIDE C. Blank silence and the Dream screen, *Journal of American Psycho-analytic Association* (1961), 9, 7-43.

VELIKOVSKY E. Jeu de mots hébraïques. Une langue nouvellement acquise peut-elle devenir la langue de l'inconscient? *Revue Française de Psychanalyse, 10*, n° 1, 66-73.

WEYL H. *Philosophy of Mathematics and Natural Science,* Princeton, Princeton University Press, 1969.

WILDEN A. *System and structure,* Londres, Tavistock Publications, 1972.

WINNICOTT D. W. Le développement affectif primaire. In: *De la pédiatrie à la psychanalyse,* Paris, Payot (1969), 1945.

_____ Objets transitionnels et phénomènes transitionnels, *La Psychanalyse* (1959), *5,* 21-41, Repris. In: *Jeu et réalité,* Paris, Gallimard, 1975, 1951.

_____ La distorsion du Moi en termes de Vrai et de Faux Soi, *Bulletin de l'Association Psychanalytique de France,* 1969, *5,* 90-106, 1960.

_____ Psychothérapie des troubles du caractère, in *Processus de maturation chez l'enfant,* Paris, Payot (1965), 181-197, 1963.

_____ De la communication et de la non-communication. In: *De la pédiatrie à la Psychanalyse,* Paris, Payot (1970), 1963.

_____ *De la pédiatrie à la Psychanalyse,* Paris, Payot, 1969.

_____ *Jeu et réalité,* Paris, Gallimard (1975), 1971.

_____ *Le rôle du miroir de la mère et de la famille dans le développement de l'enfant,* trad. fr. *in Jeu et réalité,* Paris, Gallimard (1975), 1971.

WITTGENSTEIN L. Investigations philosophiques, trad. fr. após ao *Tractatus logico-philosophicus,* Paris, Gallimard, 1953.

WOLFSON L. *Le schizo et les langues,* Paris, Gallimard, 1970.

WORMHOUDT A. The unconscious identification words-milk, *The American Imago, 1,* 57-58, 1949.

Impresso nas oficinas da
EDITORA PARMA LTDA.
Telefone: (011) 6412-7822
Av. Antonio Bardella, 280
Guarulhos - São Paulo - Brasil
Com filmes fornecidos pelo editor